언어교수이론과
한국어교육

언어교수이론과 한국어교육

남 성 우 외

한국문화사

언어교수이론과 한국어교육

1판 1쇄 발행 2006년 3월 15일
1판 2쇄 발행 2006년 9월 15일
1판 3쇄 발행 2007년 8월 30일
1판 4쇄 발행 2009년 3월 20일
1판 5쇄 발행 2011년 2월 25일
1판 6쇄 발행 2014년 2월 25일
1판 7쇄 발행 2017년 8월 25일
1판 8쇄 발행 2021년 2월 25일

지 은 이 | 남성우 외
펴 낸 이 | 김진수
펴 낸 곳 | 한국문화사
등   록 | 제1994-9호
주   소 | 서울시 성동구 아차산로49, 404호(성수동1가, 서울숲코오롱디지털타워3차)
전   화 | 02-464-7708
팩   스 | 02-499-0846
이 메 일 | hkm7708@hanmail.net
홈페이지 | http://hph.co.kr

ISBN 978-89-5726-366-2 93370

 이 책은 한국외국어대학교 한국어교육과에 몸담으시면서 후학 양성에 힘쓰셨던 남성우 교수님의 정년퇴임에 즈음하여 한국외국어대학교 한국어교육과 출신의 한국어 교육자들이 뜻을 모아 만든 것이다.

 최근 전 세계적으로 한국어교육이 활성화되면서 한국어 학습자들이 날로 증가하고 있다. 따라서 한국어 학습의 장도 지역별로 차이가 있다. 지역별 한국어 프로그램에서 한국어 교육의 목표 또는 교과 과정에 따라서 수업 진행 방식이 다소 다르게 나타나고 있다는 것이다. 이는 지금까지 알려지고 사용되어 온 여러 유형의 다양한 교수법들이 교과 과정에 따라 취사선택되어 각 프로그램의 특성에 맞게 적용되고 있음을 이른다. 이러한 시점에서 제2언어로서의 한국어 교육에서의 언어 습득 과정을 한번 되짚어 보고 이에 근거하여 각각의 교수법을 실제 한국어 수업에 어떻게 적용할 것인가를 시도해 봄은 가치 있는 일이라 하겠다.

 이 책은 외국어로서의 한국어 교육에 관심을 가지고 있는 대학생, 대학원생 및 한국어 교사가 되려는 사람들을 위해 만들어졌으며 위에 언급한 대로 이미 알려진 여러 가지 교수법을 실제 한국어 수업에 어떻게 적용할 것인가에 대한 고민의 소산이다.

 영어에는 왕도가 없다는 말에서도 알 수 있듯이 외국어 교육에 있어서 최적의 교수법이란 있을 수 없다. 교수법이란 학문이 아닌 단지 기술일 뿐이어서 교육 환경과 학습자에게 맞게 적절히 사용되었을 때 최고의 가치를 발휘하기 때문이다. 최적의 학습 효과를 이끌어 내기 위해서는 가르치는 내용에 따라 적절한 교수법을 사용할 수 있어야 하며, 그러기 위해서는 교육을 담당하는 사람들이 여러 가지 교수법의 이론과 실제 적용 방법을 숙지하여 적재적소에 활용할 수 있어야 하는데, 이 책은 이론은 물론 실제 활용에 중점을 두어 구체적인 지도 방법을 제시함으로써 현재 한국어를 가르치고 있거나 앞으로 가르치고자 하는 예비 교사들에게 실제적인 도움을 주고자 기획되었다.

책의 내용은 크게 두 부분으로 나뉜다. 제1부에서는 제2언어습득과 관련된 이론들을 시대적 흐름에 따라 기술하여 언어습득에 대한 이론적인 기틀을 제공하고자 하였으며, 이와 함께 이러한 이론들이 실제 적용된 언어교육의 역사를 간단하게 기술하여 언어교육 방법의 시대적 변화를 엿볼 수 있게 하였다. 제2부에서는 각각의 교수법이 가지는 이론적인 배경과 특징을 활용하여 실제 한국어 수업에 어떻게 적용할 것인가에 대한 내용을 담았다. 교수법에 대한 설명은 각각의 이론적인 배경, 원리와 특징에 기초하여 교수법의 적용 방법에 대하여 구체적이고 실제적인 정보를 제시하였다. 또한 각 교수법이 적용된 지도안을 첨부하여 독자들로 하여금 각각의 교수법이 가진 원리가 한국어 수업에서 어떻게 적용되는지를 좀 더 구체적으로 파악할 수 있도록 하였다.

이 책은 언어교육 이론에 대한 기본적인 정보를 제공할 뿐만 아니라 실제 수업에 적용할 때의 유의점과 실제 자료, 지도안을 담고 있어 언어교육 이론을 처음 접하는 사람들이나 수업에 새로운 방법을 도입하여 좀 더 생동감 있는 수업을 하기를 원하는 한국어 교육자들에게 유익한 지침서가 될 것이다.

끝으로 강의와 연구로 바쁘신 가운데에도 흔쾌히 집필에 참여해 주신 여러 선생님들과 이 책의 출간을 맡아 정성을 기울여 주신 한국문화사의 김진수 사장님과 편집진, 그리고 이 책이 나오기까지 출판에 신경을 써 주신 모든 분들께 깊은 감사의 뜻을 전한다.

2006년 2월 28일

한국외국어대학교 사범대학 한국어교육과 교수 허 용

차 례

Part 1

언어 습득 이론

제2언어 습득론

성인이 되어 제1언어가 아닌 다른 언어를 익힌다는 것은 결코 쉬운 일이 아니다. 그러나 어린이들은 외국어나 제2언어를 익히는 데 있어 성인이 상상할 수 없을 정도로 쉽게 배운다. 지적 능력으로 보면 도저히 성인과 견줄 수 없을 정도의 낮은 능력을 가진 어린이들이 어떻게 그렇게 쉽게 외국어를 습득할 수 있을까 하는 것은 외국어 교육에 관심이 있는 모든 사람들의 궁금증의 대상이 된다.

외국어 습득 또는 제2언어 습득(Second Language Acquisition; SLA) 이론은 위와 같은 사실을 바탕으로 제2언어를 습득하는 과정이 어떻게 이루어지는지를 타당성 있게 설명하고, 왜 어떤 학습자는 다른 학습자들보다 성공적으로 습득하는지를 밝히고자 하는 데 목표를 둔다. 이 장에서는 제2언어 습득에 대한 여러 가지 이론들의 배경과 특징 그리고 이를 바탕으로 한 제2언어 습득 모형들에 대해서 살펴보도록 한다.[1]

Larsen-Freeman & Long(1991)에 의하면 제2언어 습득과 관련된 이

---

[1] 일반적으로 언어를 배우는 것에 대해 '습득'과 '학습'을 구분하여 사용하는 경우가 많다. 즉, '습득'은 제1언어와 같이 자연적 환경에서 익히는 것을 말하며, '학습'은 의식적인 활동을 통해 익히는 것을 말한다. 그래서 교실에서 외국어를 배우는 것은 '습득'이 아니라 '학습'이라고 한다. 그러나 Ellis(1985)와 Lightbown & Spada(1993)는 이러한 구분이 아주 특별한 의미가 있는지에 대해 회의를 갖는다. 이 글에서도 그들의 견해를 따라 특별한 경우가 아니면 두 용어 사이에 구별을 두지 않기로 한다. 다만, 심리학의 경우는 언어 차원이 아닌 모든 경우에 인간이 어떻게 배우는가 하는 문제를 다루므로, '학습'이라는 용어를 그대로 사용한다. 그리고 제2언어와 외국어는 분명하게 구분되는 경우가 많지만, 이 글에서는 특별한 경우가 아니면 편의상 제2언어로 통일하여 사용하기로 한다.

론이나 가설은 40여 개나 된다(김진우, 2002). 이들은 모두 언어학과 심리학, 교육학은 물론이고 다양한 인접 학문의 특정 사상을 배경으로 하여 복합적으로 이루어진 경우가 많으나, 대체로 인간은 어떻게 배우는가에 대해 논의한 심리학에서의 '학습'이론과, 언어학에 바탕을 둔 언어습득 이론을 통해 발전해 왔다.

언어습득 이론은 크게 두 가지 방법으로 유형화한다. 하나는 '환경설(또는 경험설), 생득설(또는 내재설), 상호작용설' 등과 같이 인간의 언어습득능력이 선천적인 것인지 아니면 후천적인 환경에 의한 것인지, 또는 둘 사이의 상호작용에 의한 것인지에 따라 유형화하는 방법이다(예: Larsen-Freeman & Long, 1991). 다른 하나는 '행동주의, 인지주의, 구성주의(사회적 상호작용주의)' 등과 같이 인간의 학습에 대한 사상적 배경과 연관시켜 유형화하는 방법이다(예: Brown, 2000). 이 둘은 서로 '환경설 = 행동주의, 생득설 = 인지주의, 상호작용설 = 사회적 상호작용주의'와 같이 연결시킬 수도 있으나, 기술 방법상 장단점이 있다. 전자의 경우는 시대와 관계없이 비슷한 성격의 이론들을 비교할 수 있다는 점이 좋으나 이론들의 시대적 흐름을 파악하는 데 어려움이 있다는 단점이 있고, 후자의 경우는 여러 이론들의 시대적 흐름을 파악하기는 좋으나, 자칫 시대적으로 앞선 이론들은 더 이상 쓸모가 없다는 식의 사고를 유발하는 단점이 있다. 이 글에서는 제2언어 습득의 시대적 흐름을 파악한다는 관점에서 후자의 방법으로 기술하도록 한다.

1. 행동주의 이론

1940~1950년대에 행동주의 심리학과 구조주의 언어학에 이론적 토대를 두고 이루어진 행동주의(behaviorism) 이론은 '환경'과 '습관 형성'을 주요 내용으로 하고 있다.

1.1 이론적 배경

① 행동주의 심리학의 '학습' 이론

경험주의 철학의 영향을 받은 당시의 행동주의 심리학자들은 인간은 태어날 때 백지(tabula rasa) 상태이며, 그 후 자라나면서의 환경에 따라 인간의 행동이 결정된다고 보았다. 따라서 그들은 추상적이고 정신적인 것—지식, 직관, 의식, 사고, 개념 형성 등—보다는 눈으로 분명하게 관찰될 수 있는 행동들만을 연구의 대상으로 삼았다.

행동주의 심리학에서 주장하는 '학습(learning)'은 연습과 반복을 통한 습관화이다. 이에는 크게 세 가지 방법이 있다. 첫째는 고전적 행동주의(Classical Behaviorism)라고 불리는 Pavlov의 고전적 조건반사 학습 이론에 바탕을 둔 '자극-반응(S-R)'이다. 개에게 소리굽쇠 소리와 함께 음식을 주다 보면 음식을 주지 않고 소리굽쇠 소리만으로도 침을 흘린다는 실험 결과를 통해서 나온 이론이다. Pavlov는 인간도 갓난아이 때 백지상태에서 시작하여 자극과 반응의 반복을 통하여 습관화될 때 행동의 영속적인 변화가 일어나고, 이 변화를 학습이라고 하였다. 둘째는 신행동주의라고 불리는 Skinner의 조작적 조건화(operant conditioning)에 바탕을 둔 '강화'의 원리이다. 이는 자극에 대한 반응이나 연습과 반복을 통해 형성되는 새로운 습관은 그에 대한 정신적·물질적 보상(reinforcement)에 의해 더욱 강화된다는 주장이다. 셋째는 Bandura와 같은 학자들이 주장하는 사회학습 이론(Social Learning Theory)으로 이들은 인간의 행동이 모방을 통해 습관화된다고 주장한다. 이 외에도 Thorndike와 같은 학자는 시행착오와 보상의 연합에 의해 학습이 이루어진다고 하였다(조명한 외, 2003).

이들 행동주의 심리학자들은 학습이란 자극과 반응의 결과로 이루어지며, 시행착오의 과정을 거친 후 변화된 행동이 습관화되는 것이라고 하였다. 그리고 환경을 조절하면 학습자의 행동을 변화시킬 수 있으며 학습도 증진시킬 수 있다고 주장했다. 그리하여 Watson은 다음과 같은 학습의 원리를 제시하였다.

자극 (stimulus) ▶ 반응 (response) ▶ 강화 (reinforcement) ▶ 습관형성 (habit of formation)

② 구조주의 언어학의 언어관

행동주의 심리학에서 주장하는 학습으로서의 습관 형성은 당시 구조주의(structuralism) 언어학자들에게서도 유사하게 나타난다. 이들은 언어를 하나의 체계 즉, 작은 요소들의 종합으로 인식하고, 그 요소들의 구조적 특성을 밝혀 언어를 이해하고자 하였다.[2] Bloomfield를 비롯한 많은 구조주의 언어학자들은 '직관, 정신, 의미' 같은 것이 아닌 명백하게 나타나는 것만을 과학적 연구의 대상으로 삼았다. 그리고 일체의 주관을 배제한 철저한 객관적인 방법으로 언어 체계를 형성하는 요소들에 대한 연구를 바르게 '관찰'하고 그것을 정확하게 '기술'하는 작업을 하였다. 따라서 이들은 현상적으로 나타나는 데이터를 매우 중요시하였다(이흥수 외, 2001). 이에 따라 구조주의 언어학자들은 언어에 있어서도 심층구조(deep structure)보다는 표면구조(surface structure)를, 언어능력(competence)보다 언어수행(performance)을 중요하게 생각했다. 그리하여 그들은 'A language is what its native speakers say, not what someone thinks they ought to say.'(Moulton, 1961)라고 하여 규범적 성

---

2) 이와 같이 전체를 부분의 총합으로 보는 견해를 연합주의(associationism/connectionism)라 한다. 연합주의를 주장한 대표적 인물로는 심리학자인 Thorndike이다. 언어를 작은 요소들의 종합이라고 파악한 구조주의자들의 생각은 제2언어 학습에도 큰 영향을 미쳤다. 뒤에서 다시 언급하겠지만, 그들은 전체를 한꺼번에 연습하기보다는 몇 개의 부분으로 나누어 연습한 후 그것을 종합하는 것이 보다 효과적이라는 '부분의 법칙'을 내세웠다(정양수·김영은, 2005).

격의 언어보다는 자연스러운 발화 그 자체를 중요시하였다. Moulton은 이 외에도 구조주의 언어관에 대해 다음과 같이 요약하여 말하고 있다 (장신재, 1996).

- Language is speech, not writing. (언어는 말이지 글이 아니다.)
- A language is a set of habits. (언어는 일련의 습관이다.)
- Teach the language, not about the language. (언어에 대해 가르치지 말고, 언어 자체를 가르치라.)
- Languages are different. (언어는 서로 다르다.)

1.2 행동주의 이론에서의 언어습득 원리와 제2언어 습득 원리

① 언어습득 원리

행동주의 이론에서의 언어습득은 일종의 학습이므로 습관화가 중요하다. 예를 들어, 부모는 어린이에게 그들이 배울 문장을 제시하고, 어린이들은 이들 문장을 반복하여 학습하게 된다. 물론 학습 과정 중에서 어린이들은 실수를 하게 될 것이고 부모는 실수에 대해 적절한 수정이 이루어질 수 있도록 강화 요인을 제공한다. 어린이들은 계속적으로 이러한 문장들을 연습하게 되고 부모 또한 자녀들에게 강화요인을 제공하는 과정을 계속적으로 반복하게 된다. 이렇게 몇 해가 지나면 어린이들은 의사소통을 하는 데 전혀 어려움이 없는 인간 언어를 발화하게 된다(정양수·김영은, 2005). 대표적인 행동주의 이론가인 Bloomfield(1993)는 어린이가 'doll'이라는 단어를 학습하는 단계를 '옹알이－모방－습관형성－강화－보상을 통한 완성'의 다섯 단계로 나누어 설명하였다.[3] 결국 Lado(1957)의 언급처럼 언어는 습관에 의한 것이고, 그 습관은 반

---

3) 보다 구체적인 내용은 장신재(1996)을 참조할 것.

복에 의해 형성되며, 언어 학습이란 두뇌의 사고 과정이 아니고, 기계적인 반복 과정인 것이다(정동빈, 1992). 이러한 견해는 환경설(또는 경험설)과 연결된다.

2 제2언어 습득 원리[4]

언어는 곧 습관이라고 주장하는 행동주의 이론에서는 언어습득 원리가 제2언어 습득에도 그대로 적용된다고 한다. 그리하여 학습자들이 제2언어를 습득하고자 할 때 모방, 반복 연습, 암기 등을 가장 좋은 방법이라고 보아 청각구두식 교수법(Audio-Lingual Method)을 강조하였다. 그들은 제1언어 습득 과정에서 성인의 말을 목표로 하여 모방하듯이, 제2언어의 경우는 그 제2언어를 제1언어로 쓰는 사람들의 말이 학습목표가 되므로 제2언어는 제1언어 화자의 말을 그대로 모방하고 암기하여 하나의 새로운 습관을 형성할 때 습득된다고 보았다. 행동주의 이론에 바탕을 둔 제2언어 습득에 대해서는 구조주의 학자인 Fries(1945)와 Rivers(1964)에 잘 나타나 있다. 이들의 의견을 종합하면 다음과 같다.

첫째, 글이 아니라 말을 먼저 배워야 한다. 그 기본은 발음이다.

둘째, 학습자는 자신의 제1언어를 잊고 제2언어를 습관화해야 한다. 제2언어는 제2언어 습득에 장애 요인이다.

셋째, 제2언어를 이론적으로 학습하지 말고 모방하고 암기하라. 이론적인 접근은 제2언어 습득에 무익하다.[5]

넷째, 제2언어 습득이란 기계적인 습관 형성이다. 따라서 대화나 문형을 반복해서 암기하여 실수가 습관화되지 않도록 해야 한다.

---

4) 이 부분의 내용은 장신재(1996)를 요약하여 재기술한 것이다.
5) Rivers는 이를 부분 수정하여 제2언어 습득에서 유추는 매우 중요하지만, 모방과 반복을 통해 제2언어를 습득하다 보면 귀납적으로 문법을 알게 된다고 하였다.

다섯째, 제2언어 습득은 '부분의 법칙'을 이용하여 발음 → 단어 → 문형의 순서대로 나아가는 것이 제2언어 습관 형성에 효과적이다.

여섯째, 제1언어 습득의 순서와 마찬가지로, '듣기 → 말하기 → 읽기 → 쓰기의 순서대로 가르쳐야 제2언어 습관 형성에 효과적이다.

결국 행동주의 이론은 제2언어 습득 원리가 '언어 = 습관'의 제1언어 습득 원리와 같다고 말하면서, 모방과 반복 연습의 중요성을 강조하였다. 다만, 모방과 반복 연습을 통하여 다른 언어의 습관을 형성하는 데 가장 큰 장애 요인이 되는 것이 제1언어이기 때문에 대조분석(contrastive analysis)을 통하여 두 언어 간의 공통점과 차이점을 알면 보다 쉽게 다른 언어를 습득할 수 있다고 했다. 이러한 대조분석 가설이 끝내는 SLA를 규명하는 데 실패하자 오류분석(error analysis) 가설이 출현하였으며, 이 오류를 뒤에 언급할 Chomsky의 언어습득장치와 연결하여 나타난 이론이 Selinker(1972)의 중간언어(interlanguage) 또는 Nemser (1971)의 근사체계(approximate system)이다(김인석, 1999; 이홍수 편). 대조분석 방법을 통한 연구는 제2언어를 교수하는 데 필요한 교재와 교수법을 개발할 수 있는바, 교사가 제2언어의 어떤 부분이 학습자에게 어려운지를 예측하게 되어 그 난점을 분석하고 나아가 해결책의 실마리를 얻을 수 있다고 생각하였다. 그리고 그것을 바탕으로 문형의 반복 연습과 발음의 정확성 및 언어자료의 제시 순서 등 언어의 형식에 대한 언어학적 연구와 습관 형성을 강조하는 학습이론이 대두되었다(김임득, 1999). 교수 방법적인 면으로는 행동주의 이론을 받아들여, 문장이나 대화를 모방과 반복 학습을 통해 암기함으로써 자동적으로 사용할 수 있도록 청각구두식 교수법(Audio-Lingual Method)의 적용을 주장하였다.

1.3 행동주의 이론 모형: 대조분석 가설

1.3.1 대조분석 가설의 이론

1 언어전이

행동주의자들은 전이(transfer)라는 개념을 이용하여 자신들의 주장을 이론화하였다. 전이란 이전의 경험을 통해 습득된 행동이 차후에 습득하려는 행동에 영향을 미친다는 것인데, 제2언어 습득의 경우에도 바로 이러한 전이가 적용된다는 것이다. 이를 언어전이(language transfer)라 한다. 즉, 제1언어와 제2언어 사이에 유사성이 많으면 제1언어의 습관과 규칙이 긍정적 전이(positive transfer)를 일으켜 제2언어 습득에 도움을 주는 반면, 제1언어와 제2언어 사이에 차이점이 많을 경우에는 부정적 전이(negative transfer) 또는 간섭(interference)을 일으켜 제2언어를 배우는 데 제1언어의 습관과 규칙이 간섭 현상(interference)으로 나타나 어려움을 겪게 되는 것이다. Fries(1945)는 새로운 언어의 습득은 제2언어의 구조적인 어려움보다는 제1언어 사용으로 인해 이미 뿌리내려진 습관이 제2언어 습득에 지속적으로 간섭하여 방해한다고 하여 제2언어 학습에서의 오류는 제1언어의 간섭 때문이라고 하였으며, Lado(1957)도 학습에 있어서의 난점은 철저하게 두 언어 간의 차이라고 하였다.

언어전이의 관점에서 볼 때 제2언어 습득에서 해결해야 할 가장 큰 문제점은 제1언어로부터의 부정적 전이이다. 그것은 부정적 전이로 인해 오류가 일어나기 때문이다. 따라서 제2언어 습득에서 갖는 문제점을 해결하기 위해서는 제1언어와 제2언어 사이에 나타나는 차이가 무엇인지를 아는 것이 중요하다.

2 언어대조표를 통한 오류의 예측 가능성 파악

이에 따라 Lado를 비롯한 행동주의자들은 제2언어 교수에 있어서 대조분석 방법을 활용하면 학습자의 오류를 예측할 수 있다고 주장하였다. 이들은 두 언어 요소들 사이의 공통점과 차이점을 언어대조표로 작성하면 교사는 학습자가 제2언어를 습득할 때 발생하는 문제점들을 파악할 수 있기 때문에 제2언어의 어떤 부분이 학습자에게 어려운지를 예측하여 그 난점을 분석하고 나아가 해결책의 실마리를 얻을 수 있을 뿐 아니라 그에 적합한 교재와 교수법을 개발할 수 있고 교수요목을 작성할 때나 실제 강의를 할 때에도 어떤 부분에 가장 큰 비중을 두고 교육을 해야 하는지를 알 수 있다고 생각하였다. 이처럼 대조분석가설에서는 언어대조표를 통하면 제1언어의 어떤 표현에 상응하는 제2언어의 정확한 표현을 기계적으로 선별할 수는 없다 하더라도 그 표현에 대해 제2언어의 기대되는 표현을 예측할 수 있게 된다고 주장한다.

③ 청각구두식 교수법

대조분석 방법을 통한 연구는 제2언어를 교수하는 데 필요한 교재와 교수법을 개발할 수 있는바, 이를 바탕으로 문형의 반복 연습과 발음의 정확성 및 언어자료의 제시 순서 등 언어의 형식에 대한 언어학적 연구와 습관 형성을 강조하는 학습이론이 대두되었다(김임득, 1999). 교수 방법적인 면으로는 행동주의 이론을 받아들여, 문장이나 대화를 모방과 반복 학습을 통해 암기함으로써 자동적으로 사용할 수 있도록 청각구두식 교수법(Audio-Lingual Method)의 적용을 주장하였다.

1.3.2 대조분석 가설에 대한 비판

'제1언어와 제2언어의 구조적 동일성 또는 유사성 = 긍정적 전이', '제1언어와 제2언어의 구조적 상이성 = 부정적 전이'를 주장한 대조분석 가설은 언어학을 바탕으로 하는 매우 강력하면서도 이분법적인 단순한 이론이다. 이 이론은 크게 보아 다음의 몇 가지 면에서 비판을 받는다.

첫째, 대조분석 가설에서 주장하는 것처럼 오류는 정말 두 언어의 구조적 차이에 의한 것인가 하는 것이다. 오류는 두 언어의 구조적 차이에 의한 것도 있지만, 제2언어의 구조를 잘 알지 못해서 일어나는 오류도 있으며, 경우에 따라서는 제1언어와 제2언어에서도 찾을 수 없는 제3의 오류도 일어난다. 또 나이, 적성, 인지 유형, 동기, 성격 등의 개인적인 차이나 사회문화적 요인, 그리고 교사의 교수법 등도 오류를 유발하는 요인이 된다. 따라서 대조분석 가설은 오류 발생 요인을 지나치게 단순화한 것이다. 이러한 비판에 의해 언어 대조분석은 예측의 기능을 하기보다는 진단적 기능을 한다는 소극적인 대조분석 가설이 주장되기도 하였다. 둘째, 제2언어 습득은 제1언어 습득과는 다른 습관의 형성, 즉 '제1언어 습득 ≠ 제2언어 습득'이라는 대조분석 가설이 옳은 것인가에 대한 것이다. 이에 대해 Dulay & Burt(1973, 1974)는 실험을 통해 인간에게는 선천적으로 지니고 태어난 언어습득과정의 보편성이 있다고 주장하였다. 그들은 스페인어를 제1언어로 하는 어린이들의 영어 습득 과정 실험을 통하여 제2언어를 습득하는 데 나타나는 오류 중 제1언어의 간섭에 의한 오류는 극히 적고 대부분이 제1언어를 습득하는 데 나타나는 것과 거의 비슷한 유형의 오류라는 것을 밝혀냈다. 이러한 것은 중국어와 스페인어를 제1언어로 하는 어린이들의 영어 습득 과정 실험에서도 동일하게 나타났다. 보다 구체적으로 말하면, 제2언어를 습득하는 과정에서 학습자들이 세우는 가설적인 규칙은 제1언어의 지식과는 관계없이 보편적 인지 원칙에 의하여 그 언어(제2언어)에 맞게 설정된다. 따라서 제1언어를 습득하는 과정에서 발생한 오류는 그 후 그것이 교정되었다 하더라도 그와 유사한 오류가 제2언어를 습득하는 과정에서 다시 나타나게 되는 것이다. 이 때의 오류는 과거 제1언어를 습득할 때의 오류를 답습한 것이 아니라 새로이 접하게 되는 언어에 대한 능동적이고 창조적인 접근인 것이다. 이렇게 볼 때 제2언어 습득 과정은 제1언어 습득 과정과 동일한 것으로 언어습득과정은 보편적 성격을 갖는다.[6] 셋째, '구조적 차이 → 습득의 어려움 → 오류'의 인과 관계가 성립하는가 하는 것이다. 그러나 언어적 특성(구조적 차이)과 심리적 특성(습득의 어려움)을 연결시킬 수 없으며, 습득의 어려움이 바로 오류와 연결되는 것은 아니다. Ellis(1991)는 두 언어를 대조분석하면 언어학적인 차이는 밝힐 수 있지만, 그것이 곧 학습의 어려움으로 연결되는 것은 아니라고 하였다. 즉, 학습의 어려움은 언어적 요소뿐만 아니라 심리적 요인을 안고 있는 문제이기 때문에 언어적 상이점의 존재와는 별개의 것이라는 것이다. 구조적 차이에 의해 어려울 것으로 예측되는 것들이 오류를 낳지 않고, 반대로 쉬울 것으로 예측되는 것들에서 학습자들은 오류를 일으키기도 한다. 이러한 것은 한국어교육에서도 찾아볼 수 있는데, 한국어 조사를 습득하는 데 있어 조사가 없는 언어인 영어권 화자와 조사가 있는 언어인 일본어권 화자가 거의 비슷한 오류를 일으키고 있다. 그리고 습득의 어려움이 항상 오류로 나타나는 것은 아니어서 습득하기 어려운 문법의 경우, 그것을 사용하지 않고 피해가는 회피 전략을 써서 오류로 나타나지 않는 경우도 있다. 그리고 대조분석가설과는 반대로 두 언어 사이에 유사성이 있을 경우에 간섭 현상이 더 많이 나타나며, 두 언어 사이에 상이성이 더 많은 경우에 간섭 현상은 오히려 줄어든다는 연구 보고도 있다(Lee, 1968; Wode, 1976).

---

6) 이러한 실험을 통해 그들은 '제1언어=제2언어 가설'(혹은 동일성 가설)을 주장했다. 그러나 다른 학자들의 실험(특별히 성인들을 대상으로 한 실험)에서는 제2언어 습득에 제1언어 간섭 현상이 상당히 많은 것으로 나타나 이 가설 또한 많은 비판을 받았다.

1.4 행동주의 이론에 대한 평가

대조분석 가설의 이론적 모태가 되는 행동주의 이론에 대한 평가는 대체로 부정적인 것들로, 다음과 같은 것들이 제기되었다.

첫째, 만약 언어습득이 환경의 영향, 강화와 모방에 의해서만 이루어진다면, 그것은 어린이의 환경과 지적 능력에 따라 달라져야 하는데 대부분의 어린이들은 언어습득을 함에 있어 어려움을 겪지 않는다. 둘째, 언어는 복잡한 규칙으로 구성되어 있는 하나의 체계인데, 어린이들이 부모로부터 자극을 받는 것은 규칙이 아니라 문장이다. 행동주의 이론으로는 단순히 문장이라는 자극을 통해 어떻게 복잡한 내재적 언어 체계를 습득하게 되는지를 설명하지 못한다. 셋째, 언어습득이 모방의 결과라면, 어린이들은 결코 새로운 문장을 생성하지 못할 것이다. 그러나 인간은 들어보지 못한 문장을 생성하고 이해하는 창의적인 능력을 가졌다. 넷째, 모방이나 강화는 기본적인 언어 구조나 문형을 익히는 데에는 도움을 줄지 모르지만 언어의 모든 것을 습득하게 하는 데에는 한계가 있다. 다섯째, 어린이에게 자극을 주고, 어린이들이 모방하고자 하는 부모들의 말도 완전하지 않다. 어린이들이 완벽하게 언어를 배운다는 점에서 볼 때 어른들이 자극의 관점에서 제공하는 언어는 너무 불충분하다. 여섯째, 어린이들은 어른들이 사용하지 않는 단어나 표현을 사용한다. 예를 들어, 'go'의 과거형을 'goed'라고 한다든지, '밥 먹자'와 같은 말을 '밥 먹으자'라고 하는데 이러한 발화는 어른들에게서는 볼 수 없는 것들이다.

이러한 비판에도 불구하고, 박이도(1996)는 인간의 일반적 행위나 언어행위가 행동주의 원칙에 따라서 진행된다는 점을 완전히 배제할 수 없으며 오히려 제2언어 교수법에 지대하게 기여한 점이 있다고 평가하였다.

2. 인지주의 이론

인지주의 이론은 행동주의 학습이론과 언어습득 이론을 비판하면서 태동하였다. 그들이 주장하는 언어습득은 행동주의 이론과는 달리 환경이 아닌 인간의 내재적 속성인 인지를 통해 이루어진다는 것이다. 이 이론은 크게 두 가지로 나뉘는데 하나는 인지의 절대성을 주장하는 순수 인지주의이고, 다른 하나는 인지의 절대성을 부인하고 인지와 환경과의 상호작용을 강조하고 있는 구성주의이다.[7] 전자의 경우는 언어습득의 생득론을 주장한 생성주의 언어학자들과 형태심리학자들이 대표적이며, 후자의 경우는 Piaget와 같은 학자가 대표적이다. 후자의 경우는 다음 절에서 다루기로 한다.

2.1 이론적 배경

2.1.1 형태심리학과 인지주의

① 형태심리학의 '학습' 이론

아래에서 볼 생성주의 언어학자들이 언어습득의 관점에서 행동주의를 부정했다면, 인지주의 심리학자들은 언어 학습과 기억에 관한 연구를 통해서 행동주의적 접근의 부적절함을 주장했다. 그들은 언어 학습에서의 기억에 관한 실험을 통해 사람은 제시된 순서대로 기억해 내는 것이 아니라 단어들 사이의 일정한 관계, 범주적 관계나 연상 관계에 의해 몇 개의 덩이(chunk, cluster)로 묶어 기억해 낸다는 사실을 발견하였다.[8] 결국, 학습과 기억은 자극과 반응을 통해 기계적이고 수동

---

7) 구성주의는 인지를 중요시한다는 점에서는 인지주의에 속하지만, 학습이 인지와 환경의 상호작용에 의해 이루어진다는 점에서 독자적인 사상으로 간주되기도 한다.

적으로 이루어지는 것이 아니라 학습자 스스로 어떤 관계성을 파악한 다음 그에 따라 새로운 순서로 재구성하고 조직화하여 이루어지며, 이 것을 가능하게 하는 것은 바로 인지구조라는 것이다.

이와 같은 인지주의 심리학은 Koffka, Wertheimer, Lewin, Köhler로 대표되는 1930-1940년대의 형태심리학(Gestalt Psychology)에서 출발하였다. 여기서 형태란, '조직된 전체' 또는 '그것의 부분들과 어떤 특정한 관계에 놓여있는 전체'라는 의미이다. 즉, 위에서 본 바와 같이 행동주의나 구조주의가 부분을 통해 전체로 나아가는 관점이라면, 형태심리학은 전체를 꿰뚫을 때 부분과 전체의 관계를 보다 명확히 알 수 있다는 입장이다.

이와 같은 배경에서 그들은 학습이론으로 통찰설(Insight Theory)을 내세웠다. Köhler는 원숭이들이 높은 곳에 있는 바나나를 먹기 위하여 주위의 상자와 막대기를 이용하는 실험을 통해 학습은 시행착오를 통해 얻어지는 것이 아니라 전체를 통찰할 때 가능한 것이라고 하였다. 그렇다고 이들이 전체를 구성하는 요소들을 무시한 것은 아니다. 다만, 전체를 파악하기 위해 그 구성요소들을 학습할 때 단순히 모방과 반복으로 할 것이 아니라, 사물의 전체를 이루는 구성 원리와 원칙을 알아야 한다고 주장한다(장신재, 2002).

형태심리학자들이 내세운 또 하나의 주장은 인간은 새로운 정보를 접할 때 그것을 기존의 정보와 관련 지워 지식으로 습득한다는 것이다(박이도, 1996). Ausubel(1968)이 그 대표적인 학자로 그는 학습을

---

8) 이러한 것을 '덩이짓기(chunking, clustering)'이라 하는데, 주어진 자료를 한 꺼번에 모두 암기해서 기억하는 것이 아니라 몇 개의 덩어리로 나누어서 기억한다는 것이다. 전화번호에서 '-'로 나누어 놓은 것도 보다 잘 기억하기 위한 '덩이짓기'의 한 방법이다(후쿠이 가즈시게 '두뇌혁신학습법'(2004) 임수진 역 / 동양문고). 그리고 우리가 '태정태세 문단세 / 예성연중 인명선'과 같이 나누어 외우는 것도 이러한 방법의 일환이다. 그런데 단어의 경우는 단어 사이의 관계로 '덩이짓기'를 하여 기억한다(필자 주).

기존의 인지구조와는 무관하거나 거의 관련이 없는 지식을 저장하는 기계적 학습(rote learning)과 새로운 지식을 인지 구조 내에 이미 존재하는 관련 사항과 포섭(subsumption)되는 지식을 저장하는 유의적 학습(meaningful learning)으로 나누었다. 결국 이들에게 있어 학습이란 새로운 정보와 기존의 정보가 상호작용하여 새로운 전체를 재구성하는 창조적 과정이다. 형태심리학자들은 이러한 인지(또는 사고) 능력을 인간의 내재적인 것으로 보았으며, 후천적인 경험은 언어습득에 거의 아무런 역할을 하지 못하며, 오직 인간의 지능이나 사고력, 정신구조 등과 같은 인지에 의해서만 가능하다고 주장하였다는 점에서 생성주의 언어학자들과 견해를 같이 한다(박이도, 1996).

② 형태심리학의 학습방법

인지주의 이론이 행동주의 심리학이나 구조주의 언어학과 또 하나 다른 점은 대상에 대한 물음의 차이이다. 구조주의는 인간 행동에 대해 '무엇(what)'이라는 물음에 관심을 가졌고, 그것을 연구하려고 하였다. '무엇'이라는 물음은 '기술'과 관련된 것이다. 즉, 보이는 것에 대해 구체적으로 기술하면 된다. 그러나 생성주의는 '무엇'은 물론이고 '왜(why)'에 더 많은 관심을 가졌다. '왜'는 기술적 차원을 넘어선 설명적 차원의 문제이다(Brown, 2000). 예를 들어 말하면, 한국어에서 '주다, 꾸다, 바꾸다, 추다, 맞추다' 등과 같이 어간이 'ㅜ'로 끝나는 말은 뒤에 '-어'라는 어미가 오면 '바꿔'와 같이 축약하여 'ㅝ'가 되지만, '푸다'는 '풔'가 아닌 '퍼'가 된다. 구조주의 관점에서는 이러한 사실을 기술하면 되지만, 생성주의 관점에서는 왜 그렇게 되는지를 설명하려고 한다. 달리 말하면, 언어적 현상이 아니라 언어적 본질을 파악하고자 하는 것이다. 그러할 때 비로소 언어적 인간(Homo loquens)을 바르게 알 수 있다고 생각했다. 본질을 파악하기 위해서는 '자극과 반응', '모방과 반복', '습관화' 등의 기술적 개념으로는 가능하지 않으며, '의미,

인식, 이해, 개념, 논리, 이유' 등과 같이 근본적이고 설명적인 접근이 이루어져야 한다.

2.1.2 생성주의 언어학의 언어관

1 언어습득 이론

1960년대 들어서면서 Chomsky로 대표되는 생성주의(또는 변형생성문법) 언어학자들은 행동주의 이론으로는 인간 언어의 창의성과 복잡성 등을 충분히 설명하지 못한다고 반박하면서 모든 인간은 선천적으로 언어능력을 가지고 태어난다고 주장한다(Chomsky, 1965). 보다 구체적으로 말하면, 어린이의 언어습득은 태어날 때부터 가지고 있는 생물학적 또는 유전적으로 결정된 생득적인 능력에 의해 이루어지며, 환경에서의 경험은 이미 내재되어 있는 언어능력을 촉매해 주는 역할만 할 뿐이라는 것이다(조명한 외, 2003). 이러한 주장을 생득설이라 한다. Lenneberg와 같은 생언어학자(bio-linguist)와 McNeill과 같은 심리언어학자들도 이러한 견해에 같이 했다. 이러한 생득설을 보다 구체화하여 언어습득에 대한 여러 가설이 등장하게 되는데, 그 대표적인 것이 Krashen의 모니터 이론(Monitor Theory)과 Wexler & Culicover (1980)의 학습가능성 이론(Learnability Theory)이다.

생득설의 가장 핵심적인 개념은 후에 보편문법(Universal Grammar; UG)으로 확장되는 언어습득 장치(Language Acquisition Device; LAD)이다. Chomsky는 인간의 정신의 백지 상태(a tabula rasa)라는 행동주의 이론을 부정하고, 인간 정신 속에는 인간만이 가지는 특유의 '타고난 본능'으로서의 LAD가 있는바, 그 장치에는 언어 발달에 대한 모든 것이 프로그램화되어 있어 어린이들이 언어의 추상적이고 복잡한 규칙을 스스로 펼쳐나간다고 주장했다. 그가 주장하는 언어습득이란 언어에 내재된 규칙을 알고 그 규칙에 맞게 부리는 것이다(이에 대해서는 뒤에서 좀더 자세히 언급하도록 한다). 이처럼 LAD란 바로 규칙을 통한 언어습득을 가능하게 하는 장치인 것이고, 그것을 통해 문장의 무한한 생성이 이루어진다. 그들이 주장하는 언어습득 방법은 다음과 같다(신성철 외, 1999).

어린이는 부모나 주위로부터 주어진 언어자료를 통하여 스스로 가설을 설정하고, 또 다른 경험을 바탕으로 그 가설을 수정·보완 또는 폐기하여 보다 타당하고 체계적인 가설문법을 구축한 다음, 문법과 상황에 맞는 완전한 규칙 체계를 형성한다. LAD는 바로 어린이들이 주위를 통해 듣는 언어자료를 바탕으로 그 언어에 내재화된 체계를 구축하는 장치인 것이다.

② 심층구조에서의 규칙

Chomsky를 비롯한 생성주의(또는 변형생성 문법) 언어학자들은 인간의 입을 통해 나오는, 명백하게 나타나는 것만을 연구의 궁극적인 대상으로 삼은 구조주의 언어관을 배척하였다. 사람의 입을 통해 나오는 말이란 종종 문법적으로 맞지 않는 경우가 있는데 그것을 연구의 대상으로 삼을 수는 없다는 것이다. 그리고 제1언어 화자라면 문법적으로 맞지 않는 문장을 보면 그것을 바르게 고칠 능력을 가지고 있다. 그것은 입으로는 잘못된 문장을 표현한다 하더라도 우리의 머리 속에는 바른 문장을 알고 있기 때문이다. 비근한 예로, 26875 × 35924와 같은 곱셈을 잘못 계산하였다 해서 곱셈을 모른다고 할 수 없는 것 같은 것이다. 따라서 언어에 내재된 규칙을 찾는 언어학자들의 궁극적인 연구 대상은 입에서 나오는 말이 아니라 LAD에 저장되어 있는 언어에 대한 규칙인 것이다.

여기서 말하는 규칙이란, 심층구조(deep structure)에서의 규칙을 말한다. Chomsky를 비롯한 생성주의 언어학자들은 언어를 심층구조와 표면구조(surface structure)로 나누었는데, 실제 인간 언어를 생성하게 하는 규칙은 심층구조인 것이다. 심층구조에서의 규칙을 언어능력(linguistic competence)이라 하고 그 능력을 이용하여 입으로 표현하는 것을 언어수행(linguistic performance)이라 하였다. 언어능력에서의 규칙을 활용하면 무한대의 언어수행을 창조할 수 있는 것이다. 따라서 언어를 안다는 것은 심층구조 규칙(즉, 문법)을 알고 그 규칙을 이용하여 올바른 문장을 수행할 수 있는 것을 말하며, 언어를 습득한다는 것은 그러한 과정을 익히는 것을 말한다. 육체적으로 말을 하지 못하는 사람들도 언어를 알 수 있는 것은 언어가 입으로부터 나오는 말이 아니라 규칙이기 때문이라는 것이다. 따라서 언어습득은 심리적이고 인지적인 행위인 것이다. 이러한 심리적이고 인지적인 행위를 설명하려는 노력, 인간 행동의 저변에 있는 동기와 심층구조를 발견하려는 노력, 그리고 그 설명의 방법으로 논리, 이유, 추론 등의 도구를 사용하는 것을 이성주의적 접근법이라 하는바(Brown, 2000), Chomsky를 비롯한 생성주의 언어학자를 달리 이성주의 언어학자라고 부르는 이유가 여기에 있다. Diller(1971)은 생성주의 언어관을 아래와 같이 말했다(장신재, 1996).

  - A language is characterized by rule-governed creativity. (언어는 규칙이 지배하는 창조성의 특징이 있다.)
  - The rules of grammar are psychologically real. (문법 규칙은 심리적으로 실재한다.)
  - Man is uniquely built to learn languages. (인간만이 언어를 배울 수 있다.)

- A living language is a language in which we can think. (살아있는 언어는 그 언어로 생각할 수 있는 언어이다.)
- Languages are universal. (언어는 보편성이 있다.)

3 보편문법

구조주의 언어학자들은 언어는 서로 다르다고 주장하였음은 위에서 보았다. 물론 언어들 사이에는 다른 점도 많지만, 보다 자세히 관찰하면 공통적인 면도 매우 많다. 그리고 어린이들을 보면 그들이 어느 언어 사회에 있든 그 언어를 습득할 수 있음을 알 수 있다. Chomsky (1981, 1986)는 이러한 사실을 바탕으로 모든 인간은 선험적으로 보편문법을 가지고 있다고 주장하였다. 그가 주장한 LAD가 상대적으로 단순한 개념이라면 보편문법은 다소 진일보된 개념으로, 환경에 관계없이 언어습득을 하는 과정이 무엇인지를 보여주고자 하는 이론이다. 지금까지 제2언어 습득 이론에 가장 큰 영향을 미친 보편문법은[9] 크게 네 가지 이론으로 구성된다.[10]

첫째, 언어습득에는 자연적 순서(natural order)가 있다는 것이다. 예를 들어, 모든 문화권의 어린이들이 첫돌을 전후하여 한 단어로 된 문장을 사용하며, 18-24개월 사이에는 두 단어 문장을 사용하기 시작하

---

[9] 제1언어 습득 연구에 기여한 보편문법을 토대로 한 제2언어 습득에서의 보편문법 가설은 그 설명적 타당성 여부를 떠나 현재까지 제2언어 습득이론에 가장 큰 영향을 미친 이론이다. 김진우(2002)는 Larsen-Freeman & Long(1991)의 말을 빌려 제2언어 습득과 관련된 이론이나 가설은 40여 개나 되지만, 제2언어 연구가 하나의 학문으로 정착하는 데 산파 역할을 한 이론이나 가설은 보편문법 가설뿐이라고 하였다. 즉, 60년대 이후의 가설 중의 많은 것들이 보편문법의 토대 위에 성립된 것이다.

[10] 이 글에서는 지면 관계상 네 가지 중 세 가지만 언급하도록 한다. 여기에 언급되지 않는 이론은 학습가능성 이론(Learnability Theory)인데, 이 이론은 보편문법의 원리와 체계에 잘 맞는 언어는 습득하기 쉽고 그렇지 않은 언어는 배우기 어렵다는 것이다. 그리고 어린이들은 보편문법의 원리와 체계에 맞추어 언어를 습득한다는 내용이다.

는데, 그 문장은 으레 'my mon, my milk, this house, that horse' 등과 같이 추축어(또는 구축어)와 개방어라는 두 개의 별개의 낱말군으로 구성된 추축문법(pivot grammar; 이를 달리 구축문법 또는 중추문법이라고도 한다)에 의한 것이다. 이 추축문법은 어린이의 첫 번째 생성문법으로 알려져 있다. 그리고 4,5세 경이 되면 기본 문법 규칙을 모두 습득하게 된다. 그리고 영어권 어린이들은 '동사의 진행형(-ing) → 명사의 복수형(-s) → 불규칙 동사의 과거형 → 명사의 소유격(-'s) → 관사 → 규칙 동사의 과거형 → 동사의 3인칭 단수 현재형(-s)' 등과 같은 순서에 의해 형태소를 습득한다는 사실이 밝혀졌다. 더 나아가 농아들도 정상적인 어린이들과 유사한 과정을 거쳐 언어습득을 해 나간다는 사실이 밝혀졌다. Krashen의 모니터 이론 중 자연순서 가설은 이 주장을 바탕으로 이루어진 것이다.

둘째, 보편문법은 원리(principles)와 매개변항(parameters)으로 이루어져 있다는 것이다. 원리는 사람이 태어나면서 선천적으로 갖고 태어나는 언어능력의 일부로서 모든 언어에 공통적으로 적용되는 추상적인 규칙의 집합이다. 한편, 매개변항은 각 언어마다 차이점을 가져오는 것이다(황종배, 2004). 예를 들어, 주어, 목적어, 동사(서술어)와 같은 것은 인간 언어라면 어떤 것에든 나타난다. 그러나 이들 세 요소를 통한 어순은 언어에 따라 달라진다. 전자는 원리에 해당하고, 후자는 매개변항에 해당한다. 원리는 모든 인간 언어에 나타나는 공통점이고, 매개변항은 언어마다 다른 차이점이다. 따라서 한 사람의 제1언어는 선험적으로 내재되어 있는 보편문법의 원리를 바탕으로 하여 자신이 경험하는 제1언어의 매개변항 값을 부여한 것이다. 김진우(2002:108)의 표현을 빌면, "미국과 이탈리아의 어린이들이 이 세상에 태어날 때는 모두가 몸 안에 똑같은 문법의 원리나 모형을 지니고 태어나는데 궁극에 가서는 한쪽은 영어의 문법을 배우게 되는데 반하여 다른 쪽은 이탈리아의 문법을 배우게 되는 식으로 서로 다른 문법을 배우게 되는 것은 그들에게서 생후 4, 5년 동안 서로 다른 언어자료가 입력되는 탓으로 그것을 근거로 그들이 매개변항의 값을 서로 다르게 정하게 되기 때문"이다. 매개변항은 대체로 선택적이다. 즉, +/- 또는 on/off로 표시된다. 예를 들어, 음절말에 자음을 둘 수 있느냐는 매개변항에 대해 한국어와 영어, 프랑스어는 + 또는 on을 선택하고 일본어와 이탈리아 어는 ― 또는 off를 선택한다. 그리고 자음군을 둘 수 있다면 두 개 이상 둘 수 있느냐는 매개변항에 대해 영어와 프랑스 어는 + 또는 on을, 한국어는 ― 또는 off를 선택한다. 인간 언어의 연구는 바로 원리와 매개변항을 찾는 것이며 이것이 구조주의와 다른 점이다. 이러한 원리와 매개변항의 개념은 바로 제2언어 습득과 연결된다. 제2언어의 매개변항 세트(parametr set)가 제1언어와 일치하면 언어습득은 촉진되고, 일치하지 않으면 언어습득은 억제된다는 것으로, 이를 바탕으로 몇몇 학자들(예: Hiles 1986; Flynn 1987)에 의해 매개변항 모델(Parametrized Model)이 제2언어 습득의 이론으로 대두되었다(김인석, 1999; 김진우, 2002).

셋째, 유표성 이론(Markedness Theory)이다. 한 언어의 문법이나 규칙에는 일반적인 것이 있는가 하면 매우 특수한 것이 있다. 전자의 경우를 무표(unmarked)라 하고, 후자의 경우를 유표(marked)라 한다. 그런데 어린이들은 무표적인 것은 별다른 노력을 하지 않더라도 습득을 하는 데 비해 유표적인 것의 경우에는 의식적인 노력을 하여야 익힐수 있다. 즉, 무표적인 것보다 유표적인 것이 배우기 힘들다는 것이 유표성 이론이다. 학자들은 연구를 통해 유표성 이론이 한 언어에만 나타나는 것이 아니라, 범언어적으로도 나타난다는 사실을 알게 되었다. 장애음의 경우 무성음보다 유성음이 유표적이라는 것이 그 예가 된다. 그것은 한국어처럼 유성 장애음을 가지고 있지 않은 언어는 있지만, 무성 장애음을 가지고 있지 않은 언어는 없기 때문이다. 음절말의 경우 모음으로 끝나는 것보다 자음으로 끝나는 것이, 그리고 하나의 자음보다 두 개 이상의 자음으로 끝나는 것이 유표적이라는 것도 같은 논리로 설명된다. Keenan & Comrie(1977)은 관계절과 같은 관계화에 대해 470개의 언어를 대상으로 유표성과 관련하여 흥미로운 실험을 하였는데 그들에 의하면 '주어 > 직접목적어 > 간접목적어 > 전치사의 목적어 > 소유격 > 비교급의 목적어'의 순서로 관계화가 이루어진다고 한다. 예를 들어, 직접목적어의 관계화를 허용하는 언어는 반드시 주어의 관계화를 허용하며, 소유격의 관계화를 허용하는 언어는 반드시 그 앞의 모든 것에 대해 관계화를 허용한다는 것이다. 그러나 그 반대의 경우, 즉 소유격의 관계화는 허용하는데 그 앞의 것에 대한 관계화를 허용하지 않는 언어는 없다는 것이다(김인석, 1999).[11] 이러한 유표성에 대한 언어학적인 연구를 제2언어 습득에도 이용하여 유표성 차이 가설(Markedness difference hypothesis)이 등장하였다. 학습의 난이도가 제1언어의 간섭에 의해 결정된다는 대조분석에서의 주장이 잘못된 것이라는 연구가 발표되자 Eckman(1977)은 제1언어에서 유표적인 항목이 무표적인 항목에 비해 학습이 더 어렵다는 내용의 이 가설을 주장한 것이다(정양수·김영은, 2005). 유표성 가설은 세계 언어 구조의 특정한 분포도를 반영할 뿐만 아니라 언어습득의 용이성을 말해주기 때문에 그 후 변형생성 문법 이론이나 언어학과 심리언어학 분야에 실제적인 영향을 미치게 되었다(김인석, 1999).

④ 제2언어 습득 원리

생성주의 언어학에서는 행동주의와는 달리 제2언어 습득에 대해 구체적으로 언급한 내용은 없다. 다만, 언어는 인간의 인지 작용으로 습득된다는 생성주의 이론이 제2언어 습득에도 그대로 적용이 될 뿐이다. 즉, 제2언어의 심층구조에서의 언어능력을 터득하는 것이다. 그 능력을 통해 제2언어의 규칙을 터득하고, 문장들을 생성하게 되는 과정이 생성

11) Keenan & Comrie(1977)은 생성주의자가 아닌 기능주의자들로 분류되지만 여전히 보편문법 가설을 바탕으로 하고 있음을 알 수 있다.

주의에서의 제2언어 습득이다. 따라서 생성주의에서는 문법적으로 정확한 문장을 만들어 낼 수 있는 규칙을 터득하는 것이 가장 중요한 것이다. 특별히 최근에는 유의미한 학습을 중요시하고 있다. 이는 구조주의 언어학에서 주장하는 무의식적 반복 연습 훈련을 배제하는 것이다. 다시 말해, 구조주의 언어학에서는 언어학습을 기술 습득(skill learning)으로 보는 데 반해 생성주의에서는 언어학습을 개념 학습(conceptual learning)으로 본다. Chastain(1976)는 제2언어 학습에 대해 먼저 학습자가 자신이 배우는 것이 무엇인지 알아야 하고, 학습은 언제나 유의적이어야 하며, 언어의 부분적 지식을 무의미하게 암기하지 말고 다른 요인들과 결합해서 전체적인 의미를 찾으며 학습해야 한다고 하였다. 그리하여 듣기, 말하기, 읽기, 쓰기도 따로 배울 것이 아니라 각각의 이해와 활용을 동시에 해야 한다고 주장했다(장신재, 2004).

⑤ 제2언어 습득에서의 보편문법의 역할

제2언어 습득과 관련하여 볼 때 가장 큰 문제는 그것이 제1언어의 경우와 같은가 다른가 하는 문제인데, Chomsky의 보편문법에 대한 주장 이후 지속적으로 제기된 문제는 인간의 선천적인 언어습득 능력이 제1언어 습득이 끝난 후에는 어떤 역할을 하는가 즉, 제2언어를 습득할 때도 그 능력이 작용을 하는가 하는 것이다. 이것은 두 가지 면에서 다루어졌는데 하나는 보편문법의 가용성이고 다른 하나는 결정적 시기의 문제이다(이다미, 2000).

보편문법이 과연 제2언어 습득에 적용이 될 수 있는가에 대해서는 학자들마다 견해를 달리 하고 있으나, 대체로 다음의 경우들로 나뉜다(조명원, 1998; 이다미, 2000 등).[12]

---

12) 보편문법의 제2언어 적용 가능성에 대해 이다미(2000)는 '접근 불가능 가설(No Access Hypothesis), 부분적 접근 가능 가설(Partial Access Hypothesis), 접근 가능 가설(Full Access Hypothesis)'의 세 가지를 주장하고 있으며, White

첫째, 완전 접근 또는 접근 가설(Full Access Hypothesis)로, 제2언어 습득도 제1언어 습득과 마찬가지로 보편문법 원리를 적용하고, 목표언어에 맞게 매개변항을 재고정하는 것이라는 주장이다. Flynn(1987)의 '매개변항-설정 모형(parameter-setting Model)'이 그 대표적인 경우이다. 이러한 주장의 단점은 제2언어 학습에서는 제1언어의 경우와는 달리 화석화나 불완전성의 문제가 발생한다는 점을 설명하기 어렵다는 것이다. 둘째, 비접근 또는 접근 불가능 가설(No Access Hypothesis)로, 제2언어 습득에 있어 보편문법의 역할을 전혀 인정하지 않는 경우이다. 이 가설을 주장하는 학자들은 제2언어 습득에 나타나는 화석화와 불완전성, 제1언어 전이 현상 등을 근거로 제1언어 습득과 제2언어 습득은 다른 것이라고 주장하면서, 제2언어 습득은 제1언어의 지식과 일반적인 학습기제, 문제 해결 기제를 통해 이루어진다고 주장한다. Clahsen & Maysken(1986)과 Meisel(1991) 등의 '기본 차이 가설(Fundamental difference Hypothesis)'가 대표적이다. 셋째, 부분 접근 가설(Partial Access Hypothesis)로, 제2언어 학습자와 제1언어에서 이미 실현된 보편문법의 원리나 매개변항의 값들은 학습자의 제1언어를 통하여 제2언어 습득에서 사용이 가능하지만, 제1언어 습득에서처럼 보편문법에의 전면적인 접근은 어렵다는 주장이다.

⑥ 결정적 시기 가설

어린이들이 어른들보다 제2언어를 빨리 배우며, 성인이 되어서는 완전하게 배우기가 어렵다는 사실을 바탕으로 제기된 문제가 결정적 시

(1989)는 제1언어의 전이(transfer)와 보편문법의 이용이라는 변수를 가지고 '완전 전이 & 부분 이용 또는 이용 안함(full transfer & partial or no access), 전이 안함 & 완전 이용(no transfer & full access), 완전 전이 & 완전 이용(full transfer & full access), 부분 전이 & 완전 이용(partial transfer & full access), 부분 전이 & 부분 이용(partial transfer & partial access)'의 다섯 가지의 가능성으로 나누었다.

기(critical period) 가설이다. 이 가설을 보편문법에 적용하면 두 가지의 논란이 생기는데, 하나는 성인도 보편문법을 활용하면 제2언어를 성공적으로 학습할 수 있는가 하는 것이고, 다른 하나는 보편문법도 결정적 시기의 대상이 되는가 하는 것이다. 두 경우 모두 대립적인 의견이 있다.

첫 번째의 문제는 많은 경우 성인이 된 후에 제2언어를 배운 사람은 제2언어적 억양(foreign accent)에서 벗어나기 어렵다는 사실에서 출발한다. 그러나 이 문제는 발음만이 제2언어 습득의 대상이 아니며, 문법이나 어휘의 경우에는 상대적으로 인지가 더 발달된 성인들이 어린이들보다 훨씬 빨리 습득한다는 견해가 있어 계속 논란이 되고 있다. Dulay & Burt(1974)는 서로 다른 제1언어를 사용하는 학습자들의 경우도 영어 습득 과정에서는 거의 유사한 발달 단계가 있음을 실험을 통해 보여 Krashen이 제시한 언어습득 모형 중의 '자연순서 가설'이 적용됨을 보여 주었다(정양수 · 김영은, 2005). 그러나 다른 한편으로 Patkowski(1980)의 경우에는 사춘기 이전의 학습자와 그 이후의 학습자를 대상으로 영어 습득에 대한 비문(非文)확인 실험을 하였을 때 두 그룹 사이에 분명히 나이에 의한 차이가 있어 사춘기 이전의 학습자들이 문법적 · 비문법적 문장, 그리고 문법성에 대한 직관 등에서 능력이 뛰어남을 밝혔다(Lightbown & Spada, 1993). 나이와 관련해서 서로 다른 두 가지 대립적인 의견이 있지만, 나이라는 것만으로는 제2언어 습득에 대한 측정이 어렵다는 주장도 많다. 그것은 어린이와 성인이 갖는 제2언어에 대한 심리적 차이 등 여러 다른 환경이 복합되고 있기 때문이다.

두 번째 문제 또한 학자들마다 견해가 다르다. 위에서 언급한 대로 서로 제1언어가 다르더라도 제2언어 습득에서는 유사한 발달단계를 보인다는 실험을 통해 보편문법에 의해 통제되지 않는 개별 언어의 특성들은 결정적 시기의 영향을 받지만 보편문법은 영향을 받지 않는다는 견해와, 성인들의 경우 제2언어에 아무리 오래 노출이 되었다 하더라도 원어민과는 전혀 다른 문법적 능력을 보인다는 실험을 통해 보편문법도 결정적 시기의 영향을 받는다는 견해가 있다.

2.2 생득설의 보편문법 모형 : 중간언어 가설과 Krashen의 모니터 이론

2.2.1 중간언어 가설

1 개념과 습득 모형

근사 체계(approximative system), 학습자 언어(learner language), 특이 방언(idiosyncratic dialect)라고도 불리는 중간언어(Interlanguage)는 학습자가 습득하려는 제2언어의 입력과 출력의 중간 과정에서 산출되는 다양한 형태의 언어체계, 또는 제2언어의 정확한 언어 체계로 접근하는 과정에서 발생하는 불완전한 상태 또는 근사 체계(approximative system)의 제2언어라고 정의된다(Selinker, 1972; Ellis, 1985). 간단히 말해, 완벽한 제2언어를 향하여 가는 중간 단계의 모든 언어 체계를 중간언어라고 한다. Ellis(1997)은 중간언어로서의 제2언어 습득을 다음과 같은 모형으로 설명한다(박경자, 2000에서 재인용).

입력 [———➤(받아들인 것(intake)) ———➤ (제2언어 지식)] ———➤출력

여기서 '받아들인 것(intake)'이란 학습자에게 언어적, 사회적, 심리적으로 노출된 다양하고도 많은 입력 가운데서 학습자가 주의를 집중하거나 의식하여 선택적으로 받아들인, 학습자 내재적 입력을 말하는 것으로 Chomsky가 말한 언어습득 장치(LAD)에 상응하는 개념이다. 학습자는 이렇게 입력된 것을 자신이 가지고 있는 '제2언어 지식'으로

받아들인 후 그것을 기억장치에 저장하여 출력하게 된다. 이것이 중간언어이다. 여기서 중요한 것은 학습자가 이미 가지고 있는 '제2언어 지식'이 불완전한 것이어서 '받아들인 것'에 따라 항상 변한다는 것이다. 다만, 중간언어 가설에서는 그 변화가 아무렇게나 이루어지는 것이 아니라, 어떤 체계를 갖는다는 것이다.

② 중간언어의 특징

중간언어 가설에서 말하는 중간언어의 특징은 다음과 같다.

첫째, 중간언어는 끊임없이 변화(또는 변이)한다는 것이다. 중간언어는 위에서 언급한 대로 제2언어의 정확한 언어 체계로 접근하는 과정의 언어이기 때문에 학습자의 중간언어는 고정되어 있는 것이 아니라, 단계에 따라 끊임없이 변해가는 불안정하고 유동적 상태의 언어라는 주장이다. 이를 역동성이라고도 한다. 그러나 이와 같은 변화도 내적인 체계를 갖는다. 문제는 얼마나 가변적인가 하는 것에 대한 체계적인 설명이다.

둘째, 중간언어는 그 나름대로 체계를 갖는다는 것이다. 기존의 이론에서는 학습자의 오류를 무질서하고 우발적인 것으로 보았으나, 중간언어 가설에서는 중간언어의 문법이나 중간언어의 변이 과정이 체계적이고 조직적이라는 것이다. 이러한 견해는 어린이의 문법 발달 과정이 체계적이라는 Chomsky의 주장과, 제1언어의 습득 과정에 질서 정연한 단계가 있다고 주장하는 대개의 제1언어 습득 이론가들의 주장과 상통한다. 문제는 그 체계를 어떻게 설명할 것인가 하는 것이다. 그것은 그 체계가 고정된 것이 아니라, 위에서의 설명과 같이 항상 변화하기 때문이다.

셋째, 중간언어의 체계는 독자적이라는 것이다. 학습자가 제2언어를 향하여 스스로 체계를 형성해 나갈 때 그 체계는 제1언어나 제2언어의 일부가 아니라 독특한 규칙을 갖는 독립적인 언어 체계이다. 물론

제1언어나 제2언어와 관련을 맺지만, 제1언어나 제2언어의 체계와는 완전히 다른 제3의 체계도 존재한다. 이 제3의 체계는 주어진 제2언어의 자료를 학습자 자신의 구조로 분석한 추상적·내재적 체계로서 창조적 언어습득 과정의 결과이다. 학습자 자신의 문법으로 구축한 중간언어 체계가 습득의 단계를 따라 이어질 때 제2언어를 향하여 가는 중간언어 연속체가 형성된다.

넷째, 중간언어는 대개 화석화 현상이 일어난다는 것이다. 즉, 대부분의 학습자는 제2언어에 대한 잘못된 형태나 체계를 가져 그것을 상당히 오랜 기간 동안 지속적으로 사용하는 모습을 보인다는 것이다. 학습자는 자신이 인식을 하든 못하든 오류를 상당 기간 지속하게 되는데, 그것은 그러한 오류가 있음에도 불구하고 의사소통은 가능하기 때문이다. 나이, 사회적 기회, 동기 부족 등의 요인으로 학습이 어느 단계에서 중단된 상태에서도 화석화가 일어난다. 즉, 위의 표에서 말한 '받아들인 것'이 없는 상태에서 화석화가 일어난다. 이 화석화는 제1언어 습득에서는 볼 수 없는 현상으로, 제2언어에 노출되는 기간에 관계없이 나타난다.

다섯째, 중간언어는 보편성을 띤다는 것으로, 학습자의 제1언어나 학습 환경에 관계없이 같거나 비슷한 절차와 과정을 통해 습득해 간다는 것이다. 이것은 앞에서 언급한 자연순서 가설과 매우 흡사하며, Chomsky의 보편문법에서의 제2언어습득과도 그 맥을 같이 한다.

2.2.2 Krashen의 모니터 이론

행동주의와 구조주의를 바탕으로 한 대조분석 가설을 비판하면서 그 대안으로 제시된 제2언어 습득 이론 중의 대표적인 것이 Krashen(1977, 1978, 1981, 1985)의 모니터 이론(Monitor Theory)이다. 모니터 이론은 Shumann(1978)의 문화변용 모형(Acculturation Model)과 함께 제2언어

습득에서의 통합적 모형으로 알려져 있다(김인석, 1999). 모니터 이론은 아래와 같이 다섯 가지로 구성된다.

① 습득-학습 가설

습득-학습가설(The Acquisition-Learning Hypothesis)은 Krashen의 이론 중 가장 기본이 되는 가설로, 언어습득과 언어 학습을 구분한다. 습득은 직관적이고 무의식적인 활동이며 대개 다른 사람과의 접촉, 즉 대화를 통해 자연스럽게 저절로 얻어진다. 이러한 습득은 실제적인 의사소통에 관심을 갖기 때문에 언어 형식이나 체계의 학습보다는 의사소통적인 활동에 초점을 두게 된다. 반면 학습은 문법과 발음 등의 규칙을 배우고 반복하며 암기하고 교정하면서 익히는 논리적이고 의식적인 활동이며 주로 교실과 같은 학습 현장에서 공부를 통한 노력으로 이루어진다. 그는 습득과 학습은 별개의 것으로 그것이 이루어지는 과정 또한 다르다고 하면서 학습된 지식이 습득된 지식으로 변환될 수 없다고 하였다.[13)]

습득(acquisition)	학습(learning)
• similar to child first language acquisition • 'picking up' a language • subconscious • implicit knowledge • formal teaching does not help	• formal knowledge of language • 'knowledge about' a language • conscious • explicit knowledge • formal teaching help

(Krachen & Terell, The Natural Approach, 1983)

---

13) 한편 McLaughlin(1987)이나 Gregg(1984) 등 많은 학자들은 연습과 훈련을 거듭하면 학습된 지식도 습득된 지식이 될 수 있다고 하였다. 그러나 Krachen의 견해는 발음 면에서는 어느 정도 타당하다고 할 수 있을 것이다. 한국인이 영어의 ear와 year의 발음 차이를 이론적으로 설명할 수는 있지만 한국인이 실제 발화에서 두 발음을 구별하여 사용하기는 매우 어렵다.

Krashen에 의하면 성인의 제2언어 습득은 '습득'과 '학습'의 두 가지 요소가 상호작용하면서 이루어진다고 한다.[14] 습득은 유창성과 관련이 있으며, 학습은 정확성과 관련이 있다. 습득된 문법(또는 언어체계)은 제1언어처럼 대화 속에 자연스럽게 표출되는 반면, 학습된 문법(또는 언어 체계)은 실제 의사소통에는 커다란 영향을 미치지 못한다. 따라서 제2언어 습득에서는 습득이 학습보다 훨씬 중요하며 자연스러운 의사소통 환경을 만들어 그 언어를 저절로 습득하여야 제2언어나 제2언어를 능숙하게 할 수 있는 것이다. 그는 이러한 주장을 바탕으로 자연교수법을 주창하였다. 자연교수법은 학습자의 실제적인 언어능력을 향상시키기 위해서는 교실에서 연필을 들고 의식적으로 암기하고 배우는 것을 지양하고 대화나 독서와 같은 자연스러운 의사소통 상황을 통하여야 한다는 것이다. 따라서 성인 학습자들이 교실에서 제2언어를 공부할 때도 학습을 시키지 말고 습득할 수 있도록 자연스러운 의사소통 상황을 만들어주어야 한다고 하였다.

② 모니터 가설

조정가설 또는 감시자 가설이라고도 불리는 모니터 가설(The Monitor Hypothesis)은 습득된 언어지식(acquired competence)과 학습된 언어지식(learned competence) 간의 관계에 대한 것이다. Krashen에 의하면, 제2언어 또는 제2언어의 발화는 기본적으로 저절로 익혀진 습득된 언어지식에 의해서만 행해지고, 공부를 통하여 알게 된 학습된 언어지식은 그 발화의 오류를 조정하는 기능을 한다. 발화의 오류를 조정하는

---

14) 일반적으로 제1언어의 경우에는 '습득'이라는 표현을, 제2언어의 경우에는 '학습'이라는 표현을 사용한다. 이런 점에서 제2언어의 경우에는 '습득'과 '학습'이 모두 적용된다고 할 수 있다. 그러나 이 두 용어를 구분하여 사용하는 것은 제1언어와 제2언어의 습득 순서가 다르다는 확인되지 않은 가정에 의한 것이라 하여 학자들(예: Ellis, 1985)에 따라서는 두 용어를 구분하지 않기도 한다.

이 기능을 모니터링(monitoring)라고 하였다.

예를 들어 ear와 year의 발음 구별은 제1언어 화자나 외국인 화자 중 어떤 방법으로든 이 두 발음의 차이를 습득한 경우는 이미 습득된 지식이므로 모니터 장치를 거칠 필요 없이 그대로 발화될 것이다. (물론 아주 복잡한 문장을 글로 쓸 경우에는 제1언어 화자라 할지라도 모니터 장치를 필요로 할 수 있다.) 그러나 제2언어 성인 화자가 이를 발음할 때는 일단 자신에게 습득된 지식(예: 자신의 제1언어식 발음)으로 발음하려 할 것이다. 이 때 공부를 통하여 얻게 된 두 발음의 차이에 대한 언어학적 지식은 자신의 올바르지 않은 발음에 대한 오류를 수정하는 기능을 한다. 이 모니터 기능은 발화하기 전에 일어날 수도 있고 발화가 끝난 다음에 일어날 수도 있다. 즉, 모니터는 발화의 변화를 유도하거나 발화의 오류를 인식하게 하는 장치이다. 이러한 성인의 제2언어 습득과 학습에 관해 Krachen & Terell(1983)은 아래와 같은 도식으로 나타냈다.

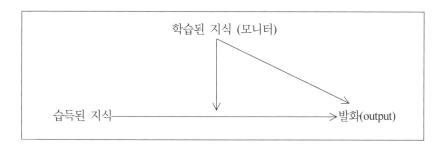

물론 발화에서 모니터 장치가 항상 작동하는 것은 아니다. 모니터 장치가 작동을 하기 위해서는 Krashen은 다음과 같은 세 가지 조건이 필요하다고 하였다.

첫째는 충분한 시간이 필요하다는 것이고, 둘째는 문법적 정확성을 위해서 형태에 초점을 두어야 한다는 것이며 셋째는 해당 언어의 규칙을 알아야 한다는 것이다.

③ 자연순서 가설

자연순서 가설(The Natural Order Hypothesis)은 인간은 언어에 내재한 문법구조들을 예측 가능한 순서에 따라 습득한다는 내용이다. 제1언어에서 먼저 습득되는 언어 구조나 형태소들이 있는 것처럼, 제2언어의 습득에서도 먼저 습득되는 요소가 있으며 나중에 습득되는 요소가 있다는 것이다. 앞에서 언급한 동일성 가설에서 Dulay & Burt(1974)가 중국인 어린이와 스페인 어린이들이 영어의 기능어를 습득하는 실험을 통해 밝힌 내용과 매우 유사한 것이다. 그리고 다른 많은 학자들의 연구를 통해 이와 유사한 결과가 나왔다. 예를 들어, 영어 형태소의 습득에 있어 제1언어 화자 어린이들은 진행형 '-ing'과 복수접미사 '-s'는 이른 시기에 습득되는 반면, 3인칭 단수 현재의 동사형에 붙는 '-s'와 소유격을 나타내는 '-s'는 늦은 시기에 습득된다(Brown, 1973)고 하였는데 제2언어 습득에서도 이와 꼭 같지는 않지만 비슷한 양상을 보인다는 연구 결과가 나왔다.[15] 그리고 최소한 제1언어와 제2언어에 유사성이 있을 경우에는 제2언어를 제1언어와 동일한 순서로 습득한다는 데에는 의견이 모아지고 있다. 따라서 이론상으로는 한 언어의 규칙들을 습득 단계별로 나눌 수 있는 것이다.

이 가설을 통해 Krashen이 주장하고자 한 또 하나의 사실은 침묵기를 인정해야 한다는 것이다. 침묵기란 제2언어 학습자들이 말하기 활동은 하지 않고 듣기 활동만 하는 기간을 말한다. 이 기간 동안 충분한 언어 입력을 제공받으면 학습자들이 발달 순서에 맞게 습득한다는 것이다. 따라서 교사가 자의적으로 습득 순서에 따라 언어 규칙을 제

---

15) 그런데 학습자가 자신 나름대로의 습득 방책을 사용하면 습득 순서는 달라질 수 있다는 연구 결과(예: Wode, 1981)도 있다. 이 사실은 제2언어 습득에 있어 개인차의 중요성을 인식하게 한다.

시할 필요가 없게 된다. 습득 순서에 따른 문법 요소 제시보다는 제2
언어를 충분히 듣게 하는 것이 더 중요하다는 것이다. 중간언어 가설
도 이런 점에서 자연순서 가설과 일맥상통한다.

④ 입력 가설

Krashen은 제2언어 습득은 단순히 그 언어에 노출된다고 이루어지
는 것이 아니라 이해할 수 있는 정도의 입력이 이루어지면 자연스럽
게 습득이 되고, 이해할 수 있는 입력이 충분히 이루어지면 필요한 문
법도 자동적으로 습득된다고 주장한다. 그리고 말하기는 언어습득의
결과로서 나타나는 것이므로 말하기 능력은 직접적으로 가르칠 수 없
고 이해할 수 있는 입력이 이루어져 학습자의 언어능력이 배양되면
그 배양된 언어능력의 결과로 저절로 이루어진다고 하였다.

이러한 주장에서 공통적인 것은 '이해할 수 있는 (정도의) 입력
(comprehensible input)'이다. 이 말은 교사가 학습자들에게 그들이 충
분히 이해할 수 있는 정도의 것을 입력시키면 학습자는 자동적으로
문법을 포함한 그 언어의 모든 것을 습득하게 된다는 것이다.

문제는 어떤 것이 '이해할 수 있는 (정도의) 입력'인가 하는 것인데,
이에 대해 Krashen은 학습자의 현재 능력(i)보다 약간 넘어선(+1) 단계,
즉 'i+1' 단계라고 하였다. 다시 말해, 학습자가 현재의 단계(i)에서 의사
소통을 성공적으로 하고 있는 경우라면, 교사가 그 다음 단계의 언어자
료를 충분히 제공만 하면 학습자는 'i+1' 단계를 자동적으로 습득하게
된다는 것이다. 이 때 교사는 일부러 가르칠 필요가 없고 단지 충분한
자료만 제공해 주면 학습자 스스로 그 자료를 여과해서 해당하는 문법이
나 기타 언어지식을 익혀나간다는 것이다. 그리하여 Krashen은 교사가 자
연 순서에 따라 습득하는 언어 구조를 의도적으로 가르칠 필요는 없으며
학습자가 이해할 수 있는 입력을 충분히 수용할 수만 있으면 언어습득은
자동적으로 이루어진다고 하였다. 다만, 오랜 시간 동안 해당 언어에 노

출이 되어도 더 이상 발전이 없는 것은 화석화 현상 때문이다. 제2언어 습득의 어느 단계에서 화석화되면 더 이상의 입력은 방해를 받는다고 한다.

⑤ 감성 여과 가설

Krashen의 모니터 이론의 마지막 가설은 감성 여과 가설(The Affective Filter Hypothesis)로 이는 학습자의 정서적인 면과 언어습득의 상관관계에 대한 것이다. 구체적으로 말하면, 위에서 말한 'i+1'이 학습자에게 입력되었다 하더라도 학습자에 따라 언어를 습득하는 속도가 빠를 수도 있고 늦을 수도 있다. 이것을 결정하는 주요 요인 중의 하나가 학습자의 감성 여과인 것이다. 언어습득과 관련이 있는 감성으로는 학습동기, 불안감, 자신감, 필요성 등이 있다. 학습자들에게 동일한 입력이 일어나더라도 이러한 감성적 요소들이 긍정적으로 작용하면 감성 여과가 적어져서 언어습득이 원활하게 이루어지는 반면 부정적으로 작용하면 감성 여과가 많아져서 언어습득에 장애가 일어나게 된다. 이 과정을 Krashen은 다음과 같이 제시하였다.

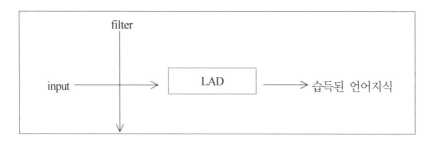

입력된 언어 내용(input)이 습득된 언어지식을 형성하기 위해서는 언어습득 장치인 LAD를 거치게 되는데, 입력과 LAD 사이에 감성 여과 장치가 존재하여 부정적인 감성 요소들이 많을 경우에는 여과장치가 상승하여 LAD에 쉽게 도달하는 것을 방해하고 긍정적 감성 요소들이

많을 경우에는 여과 장치가 하강하여 쉽게 LAD를 거쳐 습득된 언어지식을 형성한다는 것이다. 이 둘의 차이는 언어습득이 빨리 이루어지느냐 늦게 이루어지느냐의 차이로 나타난다. 참고로, 어느 시기가 감성 여과량이 적어 언어습득의 속도가 빨라지는가 하는 문제에 대해서는 학자들마다 유년기와 청소년기의 두 가지로 그 견해를 달리 한다. 다만, 성인의 경우는 감성 여과량이 많아 언어습득의 속도가 늦다는 의견에 대해서는 견해를 같이 한다.

지금까지 Krashen이 내세운 모니터 이론의 다섯 가지 가설에 대해 살펴보았다. Krashen은 이 다섯 가지 가설을 바탕으로 다음과 같은 제2언어 습득에 대한 모니터 이론을 제시하고 있다.

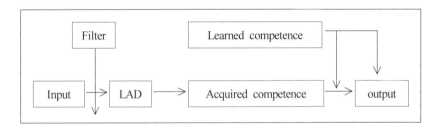

⑥ 모니터 이론에 대한 비판

모니터 이론은 다음과 같은 점에서 비판을 받고 있다.

첫째, 습득과 학습에 대한 것으로, 이 둘 사이의 구분이 명확하지 않다는 것이다. 그것은 습득은 무의식적인 과정이고 학습은 의식적인 과정이라 하지만, 그 차이를 실험적으로 검증할 수 없기 때문이다.

둘째, 학습된 언어지식은 습득된 언어지식으로 변환하지 못한다는 사실 역시 검증이 가능하지 않다는 것이다. 그리고 그러한 Krashen의 주장에 대해 위에서 언급한 것처럼 많은 학자들은 학습된 언어지식은 연습과 훈련을 통하면 습득된 언어지식으로 변환될 수 있다고 주장한다.

2.3 생성주의 이론에 대한 평가

Chomsky의 생성주의 이론에 입각한 언어습득 가설과 문법이론은 언어를 기술하고 설명하기 위해 혁신적인 견해와 역할을 부였지만, 이 또한 완벽한 것이 아니어서 비판을 받았다. 다음의 몇 가지가 그 대표적인 예이다.

첫째, 언어습득의 동력이 되는, 선천적인 LAD에 대한 증거가 없다.

둘째, 어린이들이 주어진 언어자료를 바탕으로 가설을 설정하고 검증한다는 명확한 증거가 없다.

셋째, 인간이 가지고 태어나는 인지능력은 오로지 언어습득을 위한 것이라고만 할 근거가 없다. Piaget와 같은 학자는 언어습득만을 위한 인지능력이 아니라, 일반적인 인지능력의 발달로 언어습득이 가능한 것이라고 주장한다.

넷째, 어린이가 어른보다 언어습득 속도가 훨씬 빠르다는 것은 잘못된 것이다. 동일한 조건 아래에서는 어른이 훨씬 빨리 배운다.

다섯째, Chomsky는 언어습득에 있어 언어만 고려했을 뿐 언어습득에 중요한 요소가 되는 사회·문화적 배경, 교육적 배경, 심리적 요인 등에 대해서 고려하지 않았다. 일반적으로 이러한 언어 외적인 요소들이 안정적일 때 언어습득의 효과가 더욱 커진다.

3. 구성주의 이론

언어습득에 대한 구성주의(constructivism) 이론을 요약하면 인지와 환경과의 상호작용이다. 따라서 이를 달리 상호작용주의라고도 한다. 이러한 구성주의 이론은 1960년대 후반 이후에 구성주의 심리학과 인본주의 심리학, 그리고 기능주의 언어학에 의해 이루어졌다.

3.1 이론적 배경

1 구성주의 심리학의 '학습' 이론[16]

앞에서 본 인지주의나 생성주의의 견해는 언어 등과 같이 학습의 대상이 되는 것들이 학습자의 외부 세계에 존재하고 있으며, 따라서 그 실체나 본질을 파악하는 데 있어서는 대상의 속성을 정확히 파악해야 한다는 객관주의적 관점을 가지고 있었다. 이러한 경우에는 개인의 경험은 그다지 중요한 것이 아니며, 경우에 따라서는 대상의 본질을 파악하는 데 장애 요소가 될 수 있는 것이다.

객관주의 관점에서 볼 때 지식이란 학습의 과정을 통해 얻어지는 것이 아니기 때문에 학습과정보다는 학습의 결과로 학습자들이 대상을 올바르게 파악하였느냐가 중요하다. 따라서 교사는 학습자들이 꼭 알아야 할 실체와 그 실체가 가지고 있는 속성을 선택하여 학습자가 그 구조를 잘 파악할 수 있도록 잘 조직하여 학습자에게 제공하는 것이다.

반면, 구성주의에서는 연구의 대상은 학습자의 외부에 존재하는 것은 사실이나 그것을 인식하고 이해하는 방식은 외부 실체와의 상호작용을 통해서 이루어지는 각 개인의 경험에 의해 구성된다고 본다. 따라서 경험이 다른 두 사람은 동일한 지식을 가질 수 없는 것으로 본다. 구성주의에서의 학습이 이와 같이 개인적이면서도 개별적인 경험의 세계를 구축하는 것이므로 교사의 중요한 역할은 학습자들이 어떻게 세계를 이해할 것인가를 잘 보여주는 것이다. 즉, 학습자들에게 대상을 맹목적으로 받아들이거나 암기하게 하는 것이 아니라, 실제와 동일한 복잡한 문제 상황 속에서 학습된 지식을 활용하여 문제를 해결하는 과제의 수행 과정을 파악하게 하는 것이 중요하다.

---

16) 이 부분의 내용은 정양수・김영은(2005)을 발췌・요약한 것이다.

② 인본주의 심리학

위의 구성주의는 근본적으로 인본주의 심리학(Humanistic Psychology)에 바탕을 두고 있다. Rogers로 대표되는 인본주의 심리학은 한 마디로 인간 전체 또는 전인(whole person)을 배운다는 것이다. 학습에 있어서도 행동주의와 같이 사물의 부분을 배우는 것도 아니고, 인지주의와 같이 사물의 원리를 배우는 것도 아니며, 사물이 주는 느낌까지 포함하여 그 사물 전체를 배우는 것으로 보았다. 인본주의는 가르친다는 개념보다는 배운다는 개념을 중시하여, 배우는 주체인 학습자 중심(student-centered)의 학습을 강조하였다. 그리고 인간의 정의적 영역을 중시하여 진실한 의사소통을 바탕으로 한 학습을 강조하였다. Dulay & Burt(1974, 1977)의 감성 여과 장치 가설이나 Krashen & Terrell(1983)의 자연적 접근법(Natural Approach)은 이러한 정의적 요소에 중점을 둔 교수 방법론이다(김임득, 1999).

또 교사는 가르침보다 도와주는 자의 역할을 담당하여야 한다고 하면서, 인간은 학습 환경만 잘 조성되면 무엇이든 배울 수 있기 때문에 교사는 진실한 의사소통을 가능한 최적의 학습 환경을 만들어야 한다고 했다(장신재, 2004).

③ 기능주의 언어학의 언어관

Chomsky와 McNeill 등에 의해 주창된 생성주의 언어학은 Bloom(1976), Hymes(1972), Canale & Swain(1980) 등의 기능주의 언어학자들에 의해 많은 비판을 받았다. Brown(2000)에 의하면 기능주의 언어학자들은 생성론적 인지주의와 크게 다르지 않지만 두 가지 면에서 차이가 나는데, 첫째는 언어를 화자가 세상이나 다른 사람들과의 관계를 형성하기 위한 인지적·정의적 표현의 능력, 즉 사회적 상호작용을 위한 것으로 인식하였다는 것이고, 둘째는 그것을 위해서 필요한 것은 언어의 형식이 아니라 기능이라는 것이다. 예를 들어, '이 옷은 촌스럽다'라는 말은 단순히 '옷의 촌스러움'에 대한 명제적 표현이 아니라, '이 옷은 안 사겠다'와 같은 의미이며, 언어습득은 바로 언어표현이 갖는 의미를 바르게 이해하는 것이라는 관점이다.

그리하여 기능주의자들의 연구의 초점은 언어의 규칙보다는 의미·기능 전달에 맞추어졌는데, 일례로 Bloom(1976)은 생성주의자들이 어린이의 첫 문법 단계로만 보았던 추축문법의 의미 기능에 대해 연구하여, 추축문법이 단순한 문법의 표현이라기보다는 의사소통을 위한 기능적 역할이 더 크다고 하였다. 예를 들어, 어린이가 '엄마 옷'이라고 하면 그것은 최소한 '엄마의 옷', '엄마 나 옷 입혀 줘', '엄마 옷 봐' 등과 같은 의미를 갖는다는 것이다. 그리하여 이들은 정확한 발음, 정확한 문법만으로 의사소통이 되는 것이 아니라 의미 전달과 의미 파악이 가장 중요하다고 하였다.

또 기능주의자들(예: Hymes 1972)은 Chomsky의 언어능력(language competence) 대신 의사소통 능력(communicative competence)을 중시하였으며, 이를 위해 생성주의자들이 관심을 갖지 않았던 언어수행에도 깊은 관심을 가져 '쉼(pause), 머뭇거림, 더듬거림, 번복' 등과 같은 문장 외적인 표현은 물론이고, 사회·문화적 규칙들도 알아야 한다고 주장했다(장신재, 2004). 그리고 의사소통 능력에 대한 연구가 활발히 이루어졌는바, Canale & Swain(1980)의 경우 의사소통 능력을 네 가지로 나누어, 문법 체계를 활용하여 발화문의 의미를 정확히 이해하고 표현하는 데 활용할 수 있는 문법적 능력(grammatical competence), 그 사회의 관습은 물론이고 대화 상대자의 지위, 나이, 신분 등 모든 사회·문화적 맥락 속에서 대화를 주고받을 수 있는 사회언어학적 능력(sociolinguistic competence), 발화를 독립된 단어나 표현보다는 대화의 전반적인 맥락 속에서 파악해내는 담화능력(discourse competence), 그리고 대화의 시작과 전환, 그리고 달리 표현하기 등과 같이 대화를 효율적으로 이끌어가는 데 필요한 전략적 능력(strategic competence)의 네 가지로 나누었다. 이러한 의사소통 능력은 언어교수법에 지대한 영향을 미쳤다. Richards & Rodgers(1986)은 기능주의 언어관을 다음과 같이 요약하고 있다(장신재, 2004).

- Language is a system for the expression of meaning. (언어는 의미 표현을 위한 체계이다.)
- The primary function of language is for interaction and communication. (언어의 가장 기본적인 기능은 대화이며 의사소통이다.)
- The structure of language reflects its functional communicative uses. (언어구조는 언어의 기능적 의사소통의 용법을 반영한다.)
- The primary units of language are not merely its grammatical and structural features, but categories of functional and communicative meaning as exemplified in discourse. (언어의 기본단위는 단순히 문법적·구조적 요소가 아니라 담화 안에서의 기능적·의사소통적 의미 범주이다.)

3.2 구성주의 이론에서의 언어습득 원리와 제2언어 습득 원리

① 언어습득 원리

구성주의 이론에서의 언어습득은 사회적 상호작용에 의해 이루어진다. Piaget, Bruner, Slobin, Vygotsky와 같은 구성주의 심리학자들은 형태심리학자들과 견해를 달리하는바, 그들은 인지의 내재성은 인정하지만, 그것은 외부의 경험을 통해 구체화된다고 하였다. 이들은 인간의 언어 구조란 생득적이고 내재적인 인지 능력이 외재적인 환경과의 끊임없는 상호작용의 결과로 나타난 것이라고 주장한다. 즉, 생득설과 환경설을 부분적으로 공유하고 있다. 따라서 두 가설에서 주장하는 바를 부분적으로 인정한다. 즉, 언어 발달은 내재적인 요소와 환경의 상호작용에 의해 일어난다는 것이다. 다만, 내재적인 요소에서는 생득설에서 주장하는 LAD나 보편문법이 아니라, 의사소통 능력을 습득하는 것이라고 하고, 환경설에서처럼 모방의 필요성을 강조하지만, 그 모방은 기계적인 것이 아니라 의사소통 능력의 발달을 위한 자신의 가설을 검증하기 위한 절차이며, 보다 확장된 표현을 얻기 위한 행위라는 것이다(조명한 외, 2003).

구성주의는 크게 둘로 나뉘는데 하나는 인지적 구성주의(cognitively-oriented Constructivism)이며, 다른 하나는 사회적 구성주의(socially-oriented Constructivism)이다.

인지적 구성주의자의 대표가 되는 Piaget는 언어 발달은 인지 발달에 의해 이루어진다고 하여 언어가 발달하기 위해서는 사물에 대한 지각, 즉 인지가 발달하여야 한다고 하였다. 그는 이와 같은 주장을 바탕으로 신생아 시기부터 청소년기까지의 인지 발달 단계를 감각 운동기(0~2세 정도), 전(前)조작기(또는 조작이전기)(2~7세 정도), 구체적 조작기(7~11세 정도), 형식적 조작기(11~15세 정도)로 제시하였다. 그의 이 주장에 따르면 어린이는 감각 운동기 말기에 지금 현재 눈에 보이지 않는 것도 존재함을 깨닫는 대상 영속성 개념을 갖게 되어 그에 대한 상징적 표현을 필요로 하게 되는데 이것이 언어발달의 기초가 된다(박이도, 1996; 조명한 외, 2003). 이와 같은 그의 주장은 인간이 성장하면서 자신의 주위 환경과 상호작용하는 가운데에서 자연스럽게 언어가 발달한다는 것이다. 이것은 인간의 언어능력을 독립적인 것으로 간주하던 생성주의자들의 견해와는 달리 인지 능력의 하나로 간주한 것이며, 따라서 언어와 인지의 관계에서 인지가 우선이라는 것이다.

한편, Vygotsky로 대표되는 사회적 구성주의자들은 사회적 상호작용이 인지 발달의 기초가 된다고 주장하면서 생물학적 선결정 단계

등의 개념을 인정하지 않는다(Brown, 2000). 그에 의하면, 지식은 문화의 한 형태로 존재하는 사회적 산물이기 때문에 지식은 사회 구성원과의 사회적 상호작용을 통해서 구성된다(정양수·김영은, 2005). 이를 바탕으로 사회적 구성주의자들은 언어습득이란 다른 사람과의 의사소통을 목적으로 하는 상호작용을 통해서 이루어진다고 한다(조명한 외, 2003).

인지적 구성주의와 사회적 구성주의는 사회적 맥락을 강조하는 정도에서 차이가 난다. 전자의 경우에는 생물학적 일정표와 발달의 단계에 따라 인지가 발달한다고 보는 반면, 후자의 경우에는 사회적 상호작용이 인지 발달의 기초가 된다고 주장한다. Piaget는 사회적 상호작용이 인지 발달에 미치는 영향을 크게 인정하지 않으며, Vygotsky의 경우에는 Piaget의 생물학적 선결성 단계를 인정하지 않는다(Brown, 2000).

언어습득과 학습과 관련하여 볼 때 인본주의 심리학과 기능주의 언어학은 행동주의나 인지주의와는 기본적으로 다르다. 그들은 언어습득을 행동주의자들이 주장하는 발음 연습, 문형 연습을 통한 언어의 습관화도 아니고, 인지주의자들이 주장하는 문장문법의 이해를 통한 언어지식 습득도 아니고, 언어 표현 전체가 전달하는 의미 이해를 통한 참된 언어지식의 습득이라 하였다. 그리고 언어 교육에 있어서도 발음이 정확하지 않고 문법적으로도 오류가 있더라도 인간적인 의사소통이 이루어지게 하는 것이 가장 중요한 것이라고 하였다. 따라서 이들은 언어의 용법(usage)보다 언어 사용(use)을 강조하는 의사소통 중심의 교육을 강조하였다.

② 제2언어 습득 원리

구성주의 심리학(특별히 사회적 구성주의), 인본주의 심리학 그리고 기능주의 언어학 등 상호작용주의(특별히 사회적 상호작용주의)가 주장하는 제2언어 습득 원리는 기본적으로 제1언어 습득의 원리와 마찬

가지로 의사소통을 위한 것이어야 한다는 점에서 대체로 일치한다. 즉, 제2언어에 대한 의사소통 능력을 기르는 것이 제2언어 습득 원리가 되는 것이다. 의사소통 능력에 대해 Stern(1983)은 "언어표현이 갖는 사회적·문화적 규칙을 아는 직관력"이라 하였고 Hymes(1972)는 이를 보다 구체적으로 "언제 말하고, 언제 안 하고, 무엇에 관해 말하고, 어디서, 누구와 어떤 식으로 말하는가"를 아는 능력이라 하면서, 제2언어를 배운다는 것은 바로 이러한 능력의 배양이라 하였다(장신재, 2004).

이와 같은 관점 아래 그들은 의사소통 능력이나 사회적 상호작용에 대한 논의를 활발히 하였는데, Krashen의 입력 가설 ― 이해할 수 있는 입력이 충분히 이루어지면 필요한 문법도 자동적으로 습득된다는 주장 ― 을 부인하고 사회적 맥락 안에서 다른 사람과 상호작용하는 과정을 통할 때 보다 효율적인 제2언어 습득이 이루어진다고 보았다 (Hatch, 1983; Wells, 1981).

한편, 사회적 상호작용만 이루어지면 제2언어 습득은 저절로 이루어지는가에 대한 논의도 있어, Long(1985, 1996)과 Young(1988)의 경우는 제2언어 또는 제2언어 학습자의 경우 이해 가능한 입력의 중요성을 강조하여, 제1언어 화자는 외국인 학습자들이 이해할 수 있도록 속도 조절, 짧고 단순한 문장, 반복, 쉽게 풀어 말하기 등의 기법[17]을 사용할 때 제2언어의 습득이 보다 효율적으로 이루어진다고 보았다. 그리고 Fillmore(2001)와 같은 경우는 원어민과 잘 어울리고 그들과 사회적 상호작용을 이끌어갈 만한 개인의 성격과 학습자 주위에 얼마나 많은 원어민이 있는가에 따라 상호작용의 용이성 여부에 대해 연구하였다(정양수·김영은, 2005).

한편, Wilkins(1972)는 기능주의적 관점에서 의사소통을 목적으로 한,

---

17) 이러한 표현을 엄마나 보모가 아이에게 말할 때 사용한다 하여 motherese 또는 는 caretaker talk라 한다(Lightbown & Spada, 1993; 정양수·김영은, 2005).

제2언어 습득에 필요한 교수요목을 제시하였다. 그는 교수요목(syllabus)을 의미(또는 개념) 중심의 교수요목(notional syllabus)과 기능 중심의 교수요목(functional syllabus)으로 나누어 시간, 순서, 양(quantity), 위치, 빈도 등은 의미 중심의 교수요목으로, 요청, 부정, 제안, 불평 등은 기능 중심의 교수요목으로 설정하였다.

위의 이러한 모든 논의는 결국 제2언어 습득을 위한 의사소통 능력의 배양에 있는 것이다. 따라서 상호작용주의에서 말하는 제2언어 습득 원리는 그것을 위한 어법은 물론이고 화행(speech act), 그리고 사회·문화적 맥락의 터득, 나아가서는 개인의 정의적인 요소에 이르기까지 다양하게 제시되고 있다. 제2언어 습득에서의 상호작용주의의 대표적인 이론으로는 Long(1985, 1996)의 상호작용 가설(Interaction Hypothesis)이 있다.

3.2 구성주의 이론 모형

3.2.1 McLaughlin의 모형

McLaughlin 외(1983)와 McLaughlin(1987)을 비롯한 여러 학자들은 Krashen이 학습과 습득을 의식적인 과정과 무의식인 과정의 차이로 구분한 것이 매우 추상적인 개념이어서 언어습득이론에 활용하기 어렵다고 비판하면서 이를 구체화하는 작업을 하였다. 그리하여 McLaughlin 외(1983)에서는 이를 보다 인지적인 관점에서 접근하여, 언어습득 자체를 하나의 정보 처리 과정(information processing)으로 인식하고, 의식의 경우를 통제된(controlled) 처리과정, 무의식의 경우를 자동적(automatic) 처리 과정이라는 개념으로 설명하였다. 그리고 각각의 경우에 대해 학습자들이 어디에 주의 집중(attention)을 기울이느냐에 따라 아래와 같이 중심적 또는 집중적(focal) 주의 집중과 부수적 또는 주변적(peripheral) 주의 집중으로 나누었다(McLaughlin 외, 1983).[18]

언어의 형식적 특성에 대한 주의집중 (Attention to Formal Properties of Language)	정보 처리 과정(Information Processing)	
	통제(Controlled) (학습 Learning)	자동(Automatic) (습득 Acquisition)
중심적(Focal)	(A형) 형식적인 규칙 학습에 근거한 언어수행 (Performance based on formal rule learning)	(B형) 테스트 상황에서의 언어수행 (Performance in a test situation)
주변적(Peripheral)	(C형) 암시적 학습 또는 유추적 학습에 근거한 언어수행 (Performance based on implicit learning or analogic learning)	(D형) 의사소통 상황에서의 언어수행 (Performance in communication situations)

이 표는 후에 Brown(1994)에 의해 보다 구체화되었는데, 이 표에 대한 Brown의 설명은 다음과 같다(Brown, 2000; 장신재, 2004; 정양수·김영은, 2005).

첫째, 통제된 처리 과정과 자동적 처리 과정의 차이는 전자가 학습량의 한계가 있으며 일시적인 것인데 반해, 후자는 학습량도 많으며 상대적으로 영구적이라는 것이다. 통제된 처리 과정은 우리가 어떤 새로운 기술을 처음 배우는 것으로 생각할 수 있다. 예를 들어, 우리는 처음부터 테니스를 잘 칠 수 없다. 처음 우리가 배우는 것은 라켓을 잡는 법, 공을 치는 법, 공을 네트 너머로 넘기는 법 등의 제한적이고 개별적인 행위들로 이러한 것들은 통제된 정보 처리 과정에 속한다. 이러한 통제된 정보 처리 과정은 자동화(automization)의 과정을 거쳐,

---

18) 이와 같은 이유로 Mclaughlin의 모형을 Ellis(1994)는 '정보 처리 모형(Information Processing Model)'이라 부르고, Brown(1994)는 '주의 집중 모형 또는 주목 처리 모형(Attention-processing Model)'이라 부른다(조명원, 1999).

즉 적절한 연습을 거쳐 자동화된 정보 처리 과정으로 넘어간다. 자동
화의 과정 중에서 학습자가 기존의 것이 아닌 새로이 터득하게 되는
것을 재구조화(restructuring)이라 하는데, 이러한 재구조화 과정을 통해
학습자는 보다 복잡한 인지 기술을 습득하게 되고 학습의 효율성을
높이게 된다. 이러한 자동화의 과정과 재구조화의 과정은 Krashen의
학습-습득 가설에서 학습되어진 것이 습득으로 전환되는 연결 부분이
없는 것에 대한 보완이라고 할 수 있다.

둘째, 각각의 정보 처리 과정과 중심적 주의 집중과 부수적 주의 집
중의 관계이다. 대체로 통제된 정보 처리 과정에서는 중심적 주의 집
중을 요하는 경우가 많고, 자동적 정보 처리 과정에서는 주의 집중을
요하는 경우가 그리 많지 않다. 예를 들어, 제1언어 습득과 같은 자동
적 정보 처리 과정에서는 주의 집중을 필요로 하는 경우가 그리 많지
않으나, 시험을 치르는 경우에는 주의 집중을 요하기도 한다. 반면 제
2언어를 습득하는 경우에는 대부분 많은 주의 집중을 필요로 하지만,
간단한 인사 정도는 부수적인 주의 집중만으로도 가능하다. 이런 점에
서 볼 때, 통제된 정보 처리 과정에서는 중심적 주의 집중이 주요 학
습 형태가 되며, 자동적 정보 처리 과정에서는 부수적 주의 집중이 주
요 학습 형태가 된다.

한편, 위에서 언급한 것과 같이 Brown(1994)은 위의 표를 제2언어
습득에 보다 구체적이고 실용적인 측면에서 아래와 같이 제시하였다.

	(통제) 새 기술, 용량이 제한되어 있음	(자동) 잘 훈련되고, 연습된 기능, 용량이 상대적으로 제한되어 있지 않음
중심적 의도적인 정신 집중	<A> • 특정 항목에 대한 문법적 설명 • 어휘 정의 • 씌어진 양식을 그대로 모방	<B> • 어떤 것에 대해 "눈을 두지 않음" • 상급반 학습자는 법, 절의 형태 등 에 초점을 둠

	• 대화를 기억하는 제1단계 • 이미 만들어진 유형 • 다양한 분리·항목 연습	• 말하거나 쓰는 동안에 자기 자신 의 활동을 관찰함 • 찾아 읽기 • 편집, 동료에 의한 수정

주변적
부수적인
정신집중
	\<C\>
	• 단순한 인사
	• 대화를 '기억'하는 나중 단계
	• 전신반응 교수법·자연적 접근법
	• 새로운 제2언어 학습자가 간단한
	  대화를 성공적으로 완성함
		\<D\>
		• 주제의 제한이 없는 집단 학습
		• 속독, 대충 훑어보기
		• 자유 작문
		• 일정한 길이의 정상적인 대화의
		  교환

Brown(1994)은 이 모형에서 어린이의 제2언어 습득은 거의 전적으로 C와 D에 해당하고, 성인의 경우에는 A에서부터 C와 B의 배합을 거쳐 D로 진행된다고 한다. 그리고 이와 비슷한 유형의 모형으로 Bialystok(1978)의 모형이 있다.

3.2.2 사회적 구성주의 모형: Long의 상호작용 가설

기존의 모형들이 학습자에게만 초점을 맞추어 제2언어 습득 모형을 제시한 데 반해, 사회적 구성주의 또는 사회적 상호작용주의 모형은 학습자가 교사 또는 다른 학습자 사이의 상호작용이라는 관점에서 제시되었다. 그 대표적인 것으로 Long(1985, 1996)의 상호작용 가설(Interaction Hypothesis)이 있다.

Long은 Krashen의 이해 가능한 입력(comprehensible input)이 언어습득에 매우 중요한 역할을 한다는 주장을 받아들이는 한편, 교사나 다른 학습자들과의 대화를 통한 상호작용(interaction) 또한 언어습득에 매우 중요한 요소라고 주장하였다. 그는 이 두 가지 요소를 연결하여 제2언어 습득의 모형을 제시하였다.

그의 모형 중 가장 눈에 띄는 것은 제2언어 교사는 학습자들이 보다 쉽게 이해할 수 있도록 대화상에 여러 가지 책략 — 반복하기, 쉽게 풀어 말하기 등 — 을 사용한다는 것이다. 그는 이러한 책략을 수정된 상호작용 또는 상호작용적 수정(modified interaction)이라 하였다. 그리고 제2언어 습득(특히, 초급 수준의 학습자)의 경우 제1언어 화자들과 대화할 때 이러한 수정된 상호작용이 없이 습득되는 경우가 없다고 주장하였다. 그리고 다음과 같은 논리로 제2언어 습득에 적합하게 수정한 상호작용이 필수적이라고 주장하였다(Lightbown & Spada, 1993).

첫째, 수정된 상호작용은 입력을 이해가능하게 한다.

둘째, 이해 가능한 입력은 습득을 고무시킨다.

셋째, 따라서 수정된 상호작용은 언어습득을 고무시킨다.

한편, 그가 제시한 수정된 상호작용으로는 다음과 같은 것이 있다.

첫째, 이해도 검사이다. 이는 제1언어 화자들이 학습자들의 이해를 가늠하고자 하는 노력으로, 'The bus leaves at 6:30. Do you understand?' 와 같은 것이 그 예가 된다.

둘째, 명료화 요구이다. 이는 이해가 가지 않는 것에 대해 명료하게 확인하고자 하는 노력으로, 'Could you say that again?' 같은 것이 그 예가 된다.

셋째, 자기 반복 또는 풀어서 설명하기이다. 이는 제1언어 화자들이 자기가 하는 문장을 부분적 또는 전체적으로 반복하는 것으로, 'She got lost on her way home from school. She was walking home form school. She got lost.'와 같은 것이 그 예가 된다.

3.3 구성주의 이론에 대한 평가

구성주의 이론은 최근 가장 주목을 받는 교수-학습이론이며 또 언어습득 이론이다. 이들의 주장에 대해 언어의 본질에 한층 더 깊숙이 이

동해 간 것이라는 평가를 받지만(Brown, 2000), 다음과 같은 점에서 문제점이 제기된다.

첫째, 어린이들이 다른 인지 능력에 비해 언어습득 능력이 월등하게 뛰어나다는 사실은 언어습득 능력과 인지 능력은 별개의 것이라는 사실을 보여준다.

둘째, 위와 마찬가지로, 정신지체자의 경우 언어 능력과 비언어적 인지 능력 사이에 차이가 있는 경우가 많다.

셋째, 기능을 지나치게 중시하여 정규 언어 교육 과정에 관한 구체적인 제시를 하지 못하고 있다.

넷째, 상호작용이 언어습득에 도움을 준다는 직접적인 증거가 없다.

다섯째, 이해 가능한 입력이 언어습득에 도움을 준다는 직접적인 증거가 없다.

4. 맺음말

지금까지 언어습득 이론과 그에 따른 제2언어 습득 원리, 그리고 각 원리를 바탕으로 한 제2언어 습득 모형에 대해 살펴보았다. 이를 통해 언어습득 이론과 그에 따른 제2언어 습득 원리는 크게 세 가지 관점이 있음을 알았다. 이 세 가지 관점의 차이를 "It's cold."라는 문장을 습득하는 것을 들어 말하면 다음과 같다(장신재, 2004). 첫째는 문장의 단어 하나 하나의 발음을 정확히 알고 또 문장의 억양도 정확히 흉내내어 제1언어 화자와 같이 말할 수 있도록 하는 것이고 둘째는 문장 내에 있는 심층구조의 문법 즉, NP + VP에서 NP는 대명사를, VP는 be의 삼인칭 현재와 형용사로 되어 있는 것이 변형되었다는 것을 알고 그와 같은 다른 많은 문장을 생성해 낼 줄 아는 것이고, 셋째는 위의 문장을 듣고 "Do you want me shut the door?"라는 반응을 보이는 것이다. 이 세 가지 원리 중 어떠한 것이 가장 좋고 훌륭한 것인가 하는 것에 대해서는 아직 학계의 의견이 일치되지 않고 있다. 다만, 시기적으로 뒤에 출현한 것들은 앞서 출현한 이론들의 단점을 보완하고 있다는 점에서 한 발자국 앞선 것이라 할 수 있다. 이러한 것은 제2언어 습득 모형의 경우에도 마찬가지이다. 가장 나중에 언급한 Long의 상호작용 가설은 앞선 모형들보다 제2언어 습득을 위한 교실 현장에서 더 많은 것들을 생각하게 하는 모형인 것이다. 그리고 교실에서의 상호작용 과정을 통해 앞으로 더 많은 것들이 제2언어 습득 모형으로 들어오게 될 것이다. 이러한 점과 관련하여, 마지막으로 학습자의 개인적 특성이 제2언어 습득에 미치는 요소들을 살펴보면 다음과 같은 것들이 있다.

첫째, 학습자 개인의 지능적 차이가 제2언어 습득에 얼마나 큰 영향을 미치는가 하는 것에 대한 논의이다. 많은 연구 결과, 대체로 지능은 읽기, 받아쓰기, 작문, 언어 분석, 어휘 습득 등과 같이 언어의 공적인 습득과는 많은 연관성을 갖는 반면, 의사소통을 위한 듣기나 말하기에는 큰 연관성이 없다고 한다.

둘째, 학습자 개인이 제2언어 습득에 남과 다른 타고난 적성을 가질 수 있는가 하는 문제이다. 이러한 적성과 언어습득과의 관계를 알기 위해 Carroll & Sapon(1959)의 '현대 언어 적성 검사(Modern Language Attitude Test)'와 Pimsleur(1966)의 '언어 적성 배터리(Attitude Battery)'와 같은 검사 모형이 개발되기도 하였는데 동일한 결과를 가져오지는 못했다. 그것은 적성을 구성하는 능력이 무엇인지 알 수 없으며, 또 제2언어 습득에서 어떤 면이 적성의 영향을 받는지 알 수 없기 때문이다. 다만, 적성이 제2언어 습득에서의 속도나 성공 여부와는 어느 정도 관계가 있음은 분명하다는 것이 일반적인 견해이다.

셋째, 성격이다. 즉, 외향적인 성격과 내성적인 성격, 그리고 더 나아가 자존심, 우월감, 말하기 좋아하는 정도 등 성격과 관련된 요소들이 제2언어 습득에 차이가 있는가 하는 것이다. 많은 연구의 결과 성격의 어떠한 것도 제2언어 습득과 상관 관계를 갖는다는 결과는 없다. 다만, 의사소통 능력의 습득은 성격이 주요 요인이 될 수 있다는 주장은 제기되었다.

넷째, 학습자의 동기나 태도이다. 이 영역은 특별히 많은 연구가 진행되었는데, 태도와 동기를 어떻게 정의할 것인가에 대해 많은 논란이 있지만, 전반적으로 긍정적인 태도와 동기는 제2언어 습득의 성공과 밀접한 관련을 맺는 것으로 드러났다.

마지막으로, 나이이다. 이는 앞에서 본 바와 같이 제2언어를 습득하는 데 결정적인 시기가 있는가 하는 것인데, 이미 지적한 대로 서로 상반된 견해가 대립하고 있다.

제2언어 습득에 관한 이론은 최근에 이르러 그 독자적 영역을 구축해가고 있는 신생 학문이다. 아직까지는 어느 이론이 보다 잘 설명하고 있는지 알기 어렵고 지금까지의 이론들을 체계화하는 작업도 쉽지 않다. 그러나 무엇보다 이 분야의 연구를 힘들게 하는 것은 Brown (2000)의 말처럼, 제2언어 학습이란 인간이라고 하는 가장 복잡한 유기체 내에서 많은 변수들이 작용하는 복잡한 수수께끼 풀기와 같은 과정이기 때문이다. 이 글은 다만 지금까지의 이론을 정리해 본다는 관점에서 기술된 것이다.

언어 교수법의 역사

1. 서론

언어 교수법은 언어를 대상으로 하고 있고 언어는 언어학뿐만 아니라 인지 과학, 사회학, 인류학 등과 다양하게 관련되어 있다. 언어 교육은 언어에 대한 개념적 지식뿐만 아니라 언어 사용에 대한 절차적인 지식을 내용으로 한다. 전자는 대상 언어에 내재된 규칙을 주요 내용으로 하는 데 비해서 후자는 실제적인 활용에 필요한 지식에 중점을 둔다. 따라서 언어 교수에 접근하는 방법과 가르치는 방법은 언어를 보는 관점, 언어 교수와 학습의 목적, 언어를 습득하는 과정에 대한 생각 등에 따라 달라질 것이다.

이에 본고에서는 지금까지 언어 교육에 사용되어 온 교수법들이 생겨나게 된 배경과 각 교수법들이 지닌 원리와 특징, 그리고 장단점에 대하여 살펴보고자 한다. 이를 바탕으로 하여 이러한 교수법을 한국어 교육에 활용할 수 있는 방안을 제시함으로써 한국어교육을 위한 바람직한 방법론을 모색해 보고자 한다.

2. 언어 교수법의 역사적 흐름

2.1 문법번역식 교수법(Grammar-Translation Method)

교수법 역사상 가장 오랫동안 많은 영향을 끼쳐 온 문법번역식 교수법은 서양의 고전어인 그리스어와 라틴어 교육에 주로 사용하던 방법으로, 목표어와 학습자의 모국어 간의 번역을 통해 목표어를 학습하게 하는 방법이다.

중세기 이후의 라틴어 교육은 그 목적을 첫째로 고전 문학을 이해하고 감상하며, 둘째로 고전어 학습을 통하여 모국어에 대한 이해도를 높이고, 셋째로 난해한 고전어 학습을 통하여 학습자의 전반적인 지적 능력을 향상시키는 데 두었는데, 문법번역식 교수법은 현대어 교육에 있어서도 같은 생각을 계승하였다고 할 수 있다. 이 교수법에서는 문법에 대한 지식을 필수적인 요소로 간주하였다.

문법번역식 교수법의 특징을 좀더 자세히 살펴보면 다음과 같다.

첫째, 외국어 공부의 목표는 그 문학 작품을 읽거나 외국어 공부의 결과로 생기는 지적 발달과 정신 훈련에서 이익을 얻는 데 있다.

둘째, 문법번역식 교수법은 읽고 쓰는 것이 주된 초점이며, 어휘 선택은 사용되는 독서 교재에만 근거를 두었다.

셋째, 문법은 단어를 조합하는 규칙을 제공하며, 수업은 단어의 어형 변화와 형태에 중점을 둔다.

넷째, 문장이 언어 학습과 가르침의 기본 단위이며, 학생들의 모국어가 교수 매체이다.

다섯째, 유창성보다는 정확성을 강조한다.

여섯째, 문법은 연역적으로 가르친다.

일곱째, 교재로 사용되는 글의 내용에는 거의 관심을 두지 않으며, 그 내용은 단순히 문법적인 분석의 연습 자료로 취급된다.

문법번역식 교수법에 의한 학습의 순서는 대체로 먼저 문법 규칙에 대한 것을 배우고, 그 다음으로 문법 항목에 관한 연습 문제를 하고, 이어서 번역 연습을 하는 것으로 되어 있다. 문법 규칙은 위에서 언급한 것처럼 모국어를 사용하여 연역적 방법으로 설명되는데, 이러한 문법 설명에서는 모든 문법 규칙과 예외가 장황하고 상세하게 제시된다.

문법 항목에 관한 연습에서는 주로 어형 변화를 암기한다든지 문장 구성에 관한 연습을 하고, 문법 규칙의 학습은 번역 작업을 통하여 적용된다.

이와 같은 문법번역식 교수법은 외국어 문법 체계를 이해하려고 하는 학습자들에게 도움을 주고, 문학 교재의 내용 이해가 외국어 공부의 주된 초점일 경우에 효과적이다. 그리고 문법을 통해 정확한 문장 구조 습득이 가능하며, 정확한 번역 능력을 상당 수준까지 기를 수 있어 문제 해결 상황에서 학습자를 능동적인 해결자가 될 수 있게 한다. 또한 교사 중심으로 수업이 진행되므로 교사가 수업을 계획하고 통제하기가 쉬워 상대적으로 수업에 적용하기가 쉽고, 학생수가 많은 교실에서 숙달되지 않은 교사에 의한 지도가 가능하다. 이외에도 외국어로 말하는 능력이 별로 필요하지 않기 때문에 교사들에게 큰 부담이 없다는 점 등이 장점이라 할 수 있다.

그러나 문법번역식 교수법에서는 주로 문자 언어를 중심으로 수업이 진행되므로 구어에 대한 학습은 경시되고, 의사소통을 위한 훈련도 극도로 등한시된다. 또 사용되는 교재는 문학 작품들이 대부분이어서 일상 생활에 사용되는 실용적인 표현보다는 주로 문학적이고 수사적인 표현을 많이 배우게 되며, 수업의 대부분은 문법 설명과 교재의 번역에 할애되기 때문에 실제로 외국어가 사용되는 비율은 아주 낮다. 따라서 외국어의 의사소통 능력인 듣고 말하는 기능의 습득을 기대할 수가 없고, 학습자가 불필요한 문법 규칙과 단어들을 끝없이 암기하고 어려운 지문을 완벽하게 해석해야 하므로 지루한 느낌을 갖거나 좌절감을 느낄 수 있다는 문제점이 있다. 그리고 연역적인 문법 설명은 인지 발달 단계상 추상적 조작기에 이르지 않은 사춘기 이전의 아동에게는 적용하기 힘들고 또한 교사가 권위적이며 학생들은 교사가 말한 대로 행동하는 수동적 존재가 된다. 이외에도 교실에서의 학생간 상호작용이 거의 없다는 점, 언어학적, 심리학적 혹은 교육학적 이론의 뒷

받침이 없다는 점, 모국어를 사용한 번역 활동은 외국어 사용에서 모국어의 체계적 중재 혹은 간섭을 유발할 수 있다는 점 등도 문제점으로 지적될 수 있다.

어떤 학자들은 문법번역식 교수법이 읽기 능력에 있어서는 다른 교수법보다도 우수한 성과를 낼 수 있다고 주장하기도 한다. 그러나 이 방법으로 공부한 사람들은 번역의 기술은 상당한 정도로 습득하게 될지 모르나 언어의 다른 기능은 습득하지 못하는 것이 보통이다. 그러므로 외국어 교육의 목표를 번역 능력의 배양에만 국한시킨다면 모르되, 그렇지 않은 경우에 이 방법은 바람직한 방법이라고는 보기 어렵다.

19세기까지의 문법번역식 교수법은 그 자체만으로도 정신 훈련으로서의 유용성을 가지는 것으로 교육 당사자들 간에 합의가 되어 있었고, 그 목적이 외국어로 말하기나 듣기 등의 실제 의사소통에 있지 않았다. 그러나 학습자들의 입장에서 볼 때 외국어를 배우는 목적은 더 이상 지적 훈련에 있지 않게 되었으므로 결국 이에 대한 반동으로 직접교수법, 청각구두식 교수법, 의사소통 교수법 등이 탄생하게 된다.

한국에서는 문법번역식 교수법이 외국어 교육에는 비교적 널리 적용되었으나 한국어교육에는 큰 영향을 주지 못하였다. 그러나 몇몇 한국어 교재에서는 문장들을 일일이 번역해 놓은 것으로 보아 일부는 문법번역식 교수법 이론을 따라 만들어진 것으로 보인다.

2.2 직접교수법(Direct Method)

19세기 후반에 들어와 문법번역식 교수법에 반발해서 생겨난 직접교수법은 어린이의 언어 습득 과정을 모방하여 만든 것으로, 번역이나 학습자의 모국어는 철저히 배제한 상태에서 직접 목표어만을 이용하여 가르치는 교수법이다. 이 교수법의 기본 입장은 Gouin의 연속식 교수법(Series Method), Vietor의 음성적 교수법(Phonetic Method), Sauver의 자연적 교수법(Natural Method) 등과 맥을 같이 한다.

19세기 중엽 이후 유럽인들 사이에 의사소통의 기회가 점차 증대되면서 비의사소통적인 문법번역식 교수법으로는 직접적인 구두 의사소통 능력의 배양이라는 욕구를 충족시킬 수 없다는 자각과 반성이 일어나게 되었다. 언어학 분야에서는 언어가 특별한 방식으로 구성되어 있다는 것을 확인하게 되었고, 그 결과 라틴어 규칙 체계를 현대의 살아있는 언어에 적용하는 것은 무의미하다는 결론에 이르게 되었다. 그리고 음성학의 발달로 구어와 문어의 차이에 대한 새로운 인식도 대두되면서 외국어 교수법에 대한 개혁 운동이 일어나게 되었다.

직접교수법은 이러한 배경하에서 언어 교수의 개혁자들이 언어와 언어 학습의 본질에 대한 이론적인 원리에 자극을 받아 생겨나게 되었다.

직접교수법에서는 번역이나 모국어를 사용하지 않고 시범과 행동을 통해서 의미를 전달할 수 있으며, 외국어와 직접 접촉하게 함으로써 외국어를 가르칠 수 있다고 주장한다. 기본적으로 제2언어 학습도 어린이의 언어 습득 과정과 같아야 한다고 생각한 이 교수법은 학습자에게 듣기, 말하기, 읽기, 쓰기의 순서로 학습을 시키기 때문에 학습 초기 단계에서는 문자의 도입 없이 정확한 발음을 강조하면서 듣고 말하는 훈련에만 치중하고, 읽기, 쓰기는 듣기, 말하기가 어느 정도 숙달된 다음에 제시된다. 교사는 소규모 수업을 통해 일상 생활에서 자주 사용되는 어휘와 표현들만을 이용하여 학생들에게 질문하고 학생들이 이에 대답하는 형식으로 수업을 진행해 나간다. 학습자의 모국어를 배제한 상태에서 수업을 진행해 나가야 하기 때문에 실물, 사진, 직접 시연 등을 많이 이용한다. 문법은 질의 응답을 통한 수업 과정에서 실례를 통해 귀납적으로 습득시키며, 체계적인 문법 지도는 학습 최종 단계까지 보류한다. 또한 외국어 자체를 수업상의 매개어로 사용하기 때문에 구어에 중점을 두어 발음과 억양 등 음성 훈련을 중요시하게 된다.

따라서 직접교수법은 말하기, 듣기 연습을 통해 의사소통 능력을 기를 수 있고, 교사와 학생간 또는 학생과 학생 간의 상호작용이 있으며, 목표어로의 접근이 용이하다. 그리고 이해를 돕기 위한 다양한 보조 자료의 사용은 학습자들의 흥미를 유발할 수 있으며, 의미 전달의 시각화는 학습자들로 하여금 학습 내용을 쉽고 오래 기억하게 할 수 있다. 이외에도 자연스러운 표현, 실제로 쓰일 수 있는 표현을 배울 수 있고, 일정 단계를 넘어서면 목표어 발화 능력의 급속한 증가를 기대할 수 있는 장점이 있다.

그리하여 직접교수법은 제1차 세계 대전 후에 외국어 교육계에서 많은 주목을 받았으며, 특히 국제적인 의사소통 수단으로서의 외국어 교육이라는 목표가 뚜렷해지면서 성인 교육에서 확고한 지위를 차지하였다.

하지만 성인의 외국어 학습을 유아의 모국어 학습 과정과 동일하게 본 점, 목표어가 유창한 교사를 확보하기가 쉽지 않고, 어휘나 표현, 문법 사항들이 체계적으로 제시되지 않는다는 점, 단어나 개념 설명을 할 경우 불필요한 노력을 기울여야 할 때가 있다는 점, 모국어를 전혀 사용하지 않고 외국어의 의미를 파악하는 일이나 순수한 귀납적인 방식에 의한 문법 항목의 학습 등에 어려움이 있어 학습자들이 학습에 대한 흥미를 잃게 하는 원인이 될 수도 있다는 점 등이 문제점으로 지적될 수 있다.

그럼에도 불구하고 직접교수법은 이러한 문제점들을 시정하기 위한 수정 이론들이 제시되는 등 꾸준한 발전을 계속하여 왔고, 그 근본 주장 중 몇 가지는 오늘날의 교수법 이론에도 크게 반영되고 있다.

2.3 청각구두식 교수법(Audio-lingual Method)

19세기 말엽부터 20세기 초반에 걸치는 동안의 교육계는 개혁을 이룩하려는 사람들에 의하여 주장된 직접교수법이 지나치게 높은 교육 비용과 원어민 교사의 절대적인 필요성에 의해 일반 대중을 위한 공립 학교에까지 널리 보급되지 못한 채 여전히 문법번역식 교수법의 지배적인 영향을 받고 있었다. 청각구두식 교수법은 이러한 상황 속에서 1940년대 이후의 외국어 교육계에 새로운 전환점을 가져오게 한 이론이라고 할 수 있다. 이 교수법은 1930년대부터 미국에서 이론적 기틀을 잡기 시작한 구조언어학과 행동주의 심리학의 영향을 받아 발전하였다. 언어와 언어 습득에 대한 과학적인 연구가 진행됨에 따라 외국어 교육에 있어서의 문법번역식 교수법의 단점이 드러나게 되고, 개혁의 목소리가 높아져 청각구두식 교수법은 새롭고 과학적인 이론으로 각광을 받고 급격히 보급되었다.

제2차 세계 대전 중에 현실적 필요에 의해 고안된 군대 교수법(Army Method)에서 축적된 성과를 바탕으로 하여 국가로부터 전폭적인 지원을 받아 급속도로 발전하게 된 이 교수법은 언어를 무의식적으로 형성되는 습관의 총체로 보기 때문에 언어 학습을 반복적이고 기계적인 훈련을 통해 습관을 형성시키는 과정으로 파악한다.

1930년대 이후에 학습을 조건화에 의한 행동 변화의 과정으로 파악하고 적절한 강화 작용을 가함으로써 자극에 대하여 반응을 일으키게 하는 것이 곧 교육이라고 보는 행동주의 심리학과 구조언어학에 이론적 바탕을 둔 청각구두식 교수법의 기본 원리는 다음 다섯 가지로 집약할 수 있다.

첫째, 외국어 교육의 목표는 그 언어를 모국어로 사용하는 사람들의 경우와 같이, 그 외국어를 자동적으로 사용할 수 있는 능력을 기르는 것이므로 외국어 학습의 중심 과제는 학생들로 하여금 습관적으로 언어 행위를 할 수 있고, 무의식적으로 적절한 반응을 나타낼 수 있게 하는 것이다.

둘째, 이러한 목표를 달성하기 위하여 모국어의 의미를 번역하거나, 모국어의 구조와 대응시켜서 학습시키는 것을 가급적 피하도록 한다.

셋째, 제시된 자극에 대해서 옳은 반응을 보이도록 조건지어진 환경 속에서 학습이 진행되도록 한다. 교실에서의 작업은 자동적이고 습관적인 반응의 형성을 목표로 하는 것이므로, 학생들은 주어진 자극에 대해서 오랫동안 생각하는 일 없이 즉각적으로 반응을 나타내도록 한다. 이를 위해서 문형 연습을 집중적으로 실시한다.

넷째, 문형 연습의 목적은 거의 무의식적으로 반응을 나타낼 수 있도록 하는 데에 있으므로 문형 연습은 학생들에게 학습하는 문형의 구조에 대한 문법적인 설명을 하지 않은 채로 진행된다. 다만 해당 문형이 철저히 연습된 다음에는 필요에 따라 간단한 문법적인 설명을 해 주어도 좋다.

다섯째, 언어의 네 가지 기능을 계발시키는 데에 있어서 교사는 모국어를 습득할 때와 같은 순서로 가르친다. 즉 학생들은 듣기를 먼저 익히고 그 다음에 말하기, 읽기, 쓰기의 순서로 학습을 하게 된다. 따라서 학습의 초기 단계에서는 학생들이 한 번도 들어 보지 못한 말을 하게 한다든지, 구두로 사용해 보지 않은 표현을 읽기에서 다루게 한다든지, 또는 한 번도 읽어 보지 못한 말을 쓰기에서 다루게 한다든지 하는 일은 금지된다. 그러나 청각구두식 교수법에서 구어가 중요시된다고 하는 것은 문자 언어를 등한시해도 좋다는 의미는 아니며 다만 학습의 순서로 볼 때 구어가 먼저 다루어져야 된다는 것을 뜻한다.

이러한 원리에 따라 청각구두식 교수법은 새 학습 자료를 대화식으로 제시하고, 모방, 일정한 구문 암기, 반복을 통한 습관 형성을 하도록 하며, 반복적인 문형 연습을 하는 것을 특징으로 한다. 또한 구문은 대조 분석의 방법으로 단계적으로 전개되며 한 번에 하나씩 교수한다. 제한된 어휘를 맥락 속에서 제시하고 문법 설명을 귀납적으로 교수하며 발음에 많은 중요성을 부여하며 교사의 모국어 사용을 극히 제한해서 사용한다. 그리고 학생들로 하여금 오류 없는 발화를 생성할 수 있도록 노력하고, 학생의 응답에 즉시 강화를 해 주며, 언어 기능은 듣기, 말하기, 읽기, 쓰기의 순서로 가르친다. 따라서 이 교수법에서는 언어의 내용보다 형태를 중시하고, 어학 실습실이나 시청각 자료실 등을 최대한 활용한다.

청각구두식 교수법은 어려운 문법 설명을 배제하기 때문에 초급 단계의 수업에 적절하고, 철저한 구두 연습을 통해 말하기, 듣기 능력이 향상되며, 단시일 내에 회화 기능을 익힐 수 있는 장점이 있다. 그리고 학습해야 할 구문이 체계적으로 도입되고 연습을 통해 철저히 익히게 되며, 모국어와 목표어의 대조 연구를 통해서 학습자의 오류를 예상할 수 있다.

그러나 청각구두식 교수법에서는 내용을 이해하지 않은 상태에서 문형 연습과 단순한 모방 기억술이 이루어질 수 있으며, 이렇게 익힌 지식이 실제 대화 상황에서 언어능력으로 전이되지 않을 수 있는 위험성이 있다. 그리고 기계적인 반복 훈련과 과잉 반복 연습은 학습자로 하여금 언어 학습에 대한 흥미를 저하시킬 우려가 있다는 점, 단조롭고 지루하여 학습 의욕을 상실하게 할 수도 있으며, 특히 상급 학습자에게는 적절한 동기 유발이 되지 않는다는 점, 그 결과 창조적인 자기 표현 능력을 향상시켜 주지 못한다는 점 등이 문제점으로 지적될 수 있다.

2.4 상황식 접근법(Situational Approach)

상황식 접근법은 1920년대와 1960년대 사이에 영국에서 개발된 언어 교수법으로 이전의 직접교수법에 비해 비교적 확고한 이론적 토대를 가지고 있다. 이 접근법은 훗날 의사소통식 교수법의 연습 방법에 영향을 미쳤다는 점에서 주목할 만하다.

상황식 접근법은 비슷한 시기에 미국에서 유행한 청각구두식 교수법과 마찬가지로 행동주의 심리학과 구조언어학을 배경으로 하고 있다. 언어 학습을 다른 종류의 학습과 마찬가지로 일종의 습관 형성 과정으로 보고 있으므로 반복과 암기를 통해 뜻하는 바를 즉각적으로 오류 없이 표현해 낼 수 있다고 생각한다.

이 접근법에 언어학적 배경을 제공한 학자들은 Firth와 Halliday이고, 후에 Palmer, West, Hornby 등이 어휘와 문법 내용을 체계적으로 선택한 후 이를 기초로 하여 영어 교수의 기본적 절차를 제시하였다. 이들의 기본적인 관점은 언어가 실생활의 목표 및 상황과 관련된 의도적인 활동이라는 것이다.

상황식 접근법은 다음과 같은 특성을 지니고 있다.

첫째, 언어 교수는 음성 언어로 시작해야 하므로, 글을 제시하기 전에 말을 먼저 가르친다.

둘째, 목표 언어를 사용하여 수업을 한다.

셋째, 새로 지도하게 될 언어의 핵심 요소는 상황별로 도입되고 연습된다.

넷째, 어휘를 선택할 때는 필수적으로 사용되는 단어를 중심으로 한다. 기본적으로 어휘 학습이 외국어를 익히는 데 있어 매우 중요하다는 전제하에 효율적인 학습을 위해 어휘 통제를 시도하였다. 그리하여 자주 사용되는 주요 어휘 2000개 정도를 기본적으로 먼저 익히도록 하였다.

다섯째, 문법 항목은 그 복잡성에 따라 등급을 매겨 가르치게 된다. 이미 많이 사용되었던 문법번역식 교수법은 모든 언어에 적용되는 일반적 문법의 틀을 강조한데 반해 이 교수법에서는 문법을 음성 언어의 기본적 문형으로 보면서 영어 특유의 문법 구조를 분류하려고 노력하였다. 그 대표적인 학자인 Hornby는 제2차 세계 대전 전에 일본에서 수년간 영어를 가르치면서 Advanced Learner's Dictionary of Current English를 통해 일본 영어 교육에 상당한 영향을 주었다.

여섯째, 어휘를 충분히 익히고 문법의 기초적인 면을 학습한 후에 읽기나 쓰기가 도입된다. 언어의 네 가지 기능들은 철저하게 분리되어 가르치게 되고 그 순서는 듣기, 말하기, 읽기, 쓰기로 정해진다.

상황식 접근법의 목표는 언어 구조를 연습하여 언어의 네 가지 기능을 실용적으로 구사할 수 있도록 하는 데 있다. 특히 발음과 문법이 정확해야 하기 때문에 이 두 가지 부분에 있어서 오류가 발생하지 않도록 주의를 기울인다. 주로 말하기를 많이 연습하면 기본적인 구조나 문형을 정확하고도 자연스럽게 사용할 수 있게 되어 읽기와 쓰기도 잘할 수 있게 된다고 보고 있다.

2.5 인지주의적 접근법(Cognitive Approach)

변형생성 문법의 언어관과 인지주의 심리학(Cognitive Psychology)의 언어 습득 이론에 영향을 받은 인지주의적 접근법은 다음과 같은 기본 원리를 가지고 있다.

첫째, 외국어 교육의 궁극적인 목표는 외국어를 마치 모국어처럼 사용할 수 있는 능력을 기르는 데 있다. 청각구두식 교수법과 인지주의적 접근법은 언어와 언어 습득에 대한 생각에서 근본적인 차이가 있다. 청각구두식 교수법은 언어 학습을 습관 형성의 과정으로 보는 데 반해 인지주의적 접근법은 언어 학습을 무한한 문장을 생성할 수 있는 규칙의 내재적 과정으로 파악한다.

둘째, 모든 언어 행위는 언어능력을 바탕으로 이루어진다. 따라서 언어 행위 곧 의사소통의 행위를 하려면 이를 가능하게 하는 규칙 체계를 터득해야 한다. 그러므로 문법의 학습은 필수적이며 창조적 언어 활동의 바탕이 된다.

그러나 문법 학습의 방법에 대해서는 뚜렷한 정견이 없어 현대화된 문법번역식 교수법을 방불케 하는 연역적 방법을 사용할 것을 주장하기도 하고, 연역적 방법을 원용하되 되도록이면 연습을 통한 귀납적 방법을 사용할 것을 주장하기도 한다.

셋째, 학습자가 터득해야 할 문법은 넓은 의미의 것으로, 단순히 표면상의 문장 형식이나 어형 변화와 같은 것에 국한되는 것이 아니라, 문자의 심층구조, 심층구조와 표층구조와의 관계, 문법적인 문장과 비문법적인 문장에 대한 판단력, 다의문(多義文)과 동의문(同義文)에 대한 판단력 등 언어 사용자가 가지는 모든 내재적 지식을 가리킨다.

넷째, 문법 학습이 어떠한 방식으로 이루어지든 그것은 언제나 언어 행위와 직결된 것이라야 한다. 언어 행위는 창조적 행위이므로 교사와 교재가 가지는 가장 큰 구실은 학생들에게 창조적 언어 활동을 촉진시킬 수 있는 적절한 상황을 체계적으로 도입하는 것이라 할 수 있다.

다섯째, 언어 활동은 곧 의사소통 활동이라 할 수 있으므로 의미의 전달 기능을 지니지 않는 행위는 언어 행위라 할 수 없다. 따라서 모든 언어 학습 활동은 유의적인 것이라야 한다. 의미나 상황과 관련 없이 진행되는 기계적인 연습이나 맹목적인 모방과 암기는 창조적 행위로서의 언어 사용 능력을 배양하는 데에 아무런 도움도 주지 못한다.

여섯째, 가장 효과적인 학습 방법은 학생 개개인에 따라서 차이가 있을 수 있으므로 교사는 어느 한 가지 방식에만 치우치지 않도록 학습을 이끌어 나가야 한다.

1960년대 후반 인지주의 심리학과 Chomsky의 변형생성 문법에 이론적 기초를 둔 인지주의적 교수법은 인간이 지닌 언어능력의 능동적이고 창조적인 측면은 완전히 무시한 채 기계적인 훈련만을 강조하는 청각구두식 교수법을 맹렬히 공격하면서 등장하였다.

John B. Carrol(1965)에서 비롯된 이 교수법은 언어 학습을 습관 형성의 과정으로 본 청각구두식 교수법과는 달리, 앞에서도 언급한 바와 같이 언어 학습을 무한한 문장을 만들어 낼 수 있는 규칙의 내재적 과정으로 파악한다. 구체적인 언어 교수 방법에서도 청각구두식 교수법이 목표어의 형태와 문법에 대한 기계적인 반복 학습을 통해 새로운 습관을 형성해 나가는 것으로 보아 의미나 표현의 사용법에는 관심을 두지 않는 반면에, 인지주의적 교수법에서는 언어의 문법 규칙은 물론 의미까지도 고려해서 교육이 이루어져야 한다고 본다. 청각구두식 교수법과 인지주의적 교수법은 이러한 차이점이 있음에도 불구하고 공통점을 가지는데, 그것은 문법을 교육한다는 점이다. 그러나 규칙을 설명할 때, 청각구두식 교수법에서는 귀납적으로 제시하는 반면, 인지주의적 교수법에서는 연역적으로 제시한다는 점에서 차이를 보인다.

인지주의적 교수법은 학습자가 지닌 능력의 계발이라는 창조적 교육으로의 전환에 이론적 발판을 마련했다는 점에서 의의를 찾을 수 있다. 그러나 외국어 교육에 필수적인 음성면과 문장 구조를 정착시키기 위한 습관 형성의 측면에 대해서는 아무런 이론적 근거를 제시하지 못했고, 또 효과적으로 언어를 가르치기 위해서는 구체적으로 어떤 방법을 사용해야 하는지에 대해서는 명확한 설명을 하지 못했다는 점 등은 문제점으로 지적될 수 있다.

2.6 침묵식 교수법(Silent Way)

1970년 이후 인지주의적 접근법의 원리를 근간으로 삼고 의사소통을 강조하면서 학습자가 갖게 되는 여러 가지 심리적 부담을 감소시키고자 언어 학습에 혁신적인 방법론이 제안되는데, 침묵식 교수법,

공동체 언어 학습법, 암시적 교수법 등이 그것이다. 이들은 종전의 교수법이나 접근법들과는 달리 어떤 언어학 이론을 바탕으로 삼은 것은 아니고 학습자를 중심에 놓고 생각하는 데서 그 원리를 찾는다. 학습 과정에서 학습자가 갖는 인지 학습 능력을 중시하되 그것에만 지나치게 의존하는 것과 기계적인 연습을 피하고, 모든 학습 활동에서 의미를 중시한다. 그리고 교사가 지배적 역할을 하여 학습자에게 심리적 압박감과 부담을 주지 않도록 하고, 학습자가 편안한 마음으로 모든 학습 과정에 능동적으로 참여하도록 한다. 이는 직접교수법의 장점을 최대한 이용한다고 할 수 있다. 침묵식 교수법의 특징을 구체적으로 살펴 보면 다음과 같다.

첫째, 최소한의 어휘로 최대의 언어 활동을 시키되 암기 대신에 인지를 위한 연습을 시킨다.

둘째, 교사는 학습자의 오류를 거의 교정해 주지 않고 학습자 스스로가 교정하거나 동료 학습자가 교정해 주게 한다. 만약 이 방법이 안될 때에는 교사가 교정해 준다.

셋째, 교사는 가능한 한 침묵을 지키며 도표나 색 막대기, 몸짓 등을 사용한다.

넷째, 발음 기호는 사용하지 않으며, 그 대신 각각의 색에 의한 음색표를 사용한다.

다섯째, 모국어 습득과 외국어 학습이 다르다는 전제하에 모국어 습득 과정에서 학습자가 이미 알고 있는 발음은 모국어의 발음을 연상하여 연습하고, 그렇지 않은 발음은 목표어의 정확한 발음에 접근하도록 연습한다.

여섯째, 문제 해결, 창조적 활동, 발견 활동 등을 통하여 학습을 하게 한다.

일곱째, 학습자들의 주의를 집중시키고 학습자가 자신의 감지력과 분석력을 동원하여 독립적으로 학습을 함으로써 자율성을 기르고 문제 해결 능력을 가지고 학습에 책임감을 갖도록 하기 위해 반복 훈련을 시키지 않는다.

이처럼 침묵식 교수법은 기존의 언어 교수법들과는 달리 교사가 도와주기, 시범보이기, 교정하기 등의 지도 방법을 가능한 자제하도록 요구한다.

침묵식 교수법은 교사가 침묵함으로써 학습자의 집중력을 높이고 학습자 스스로 공부할 수 있는 능력을 길러 준다. 그리고 모방과 기계적인 암기를 통해 학습하는 방법과는 달리 교사의 지시에 따라 학습자 자신이 그 문제 해결 방법을 발견해 내는 '발견 학습'이다. 또한 학습자의 지각, 행동, 느낌 및 사고에 의해 언어 습득이 이루어지므로 기계적인 반복 연습보다 더 오래 기억된다. 음색표와 색 막대 등의 시각 도구는 학습자에게 집중력을 제공하고 학습자가 기억하기 쉬운 이미지를 형성하며, 음색표를 통한 발음 연습으로 문자에 대한 부담감을 줄여 준다. 학습자의 심리를 중시함과 동시에 학습자가 가지고 있는 지성을 신뢰하기 때문에 스스로 자연스럽게 언어를 습득하는 내적 판단 기준을 만들어 갈 수 있게 해 준다는 장점이 있다.

그러나 침묵식 교수법은 학습 효과를 올리는 데 많은 시간이 걸리므로 학습자들이 지루해 할 수 있고, 교사가 수업 자료를 준비하는 데 많은 시간이 걸린다. 또 직접적인 지도로 학습자들이 얻을 수 있는 이점이 많기는 하지만 학습자들이 문제 해결을 위해 고군분투해야 하는 경우도 있으며, 제시 단계에서 새로운 어휘나 표현을 한 번만 들려주기 때문에 학습자가 주의를 기울이지 않으면 정확한 발음을 기억하는 데 어려움이 있다. 그리고 추상적인 단어들에 대한 학습자들의 이해력이 떨어지며 초급 단계 이후 학습자들에게 적용하는 데 어려움이 있다. 또한 교사와 학생 간의 상호작용에 의해 얻어지는 학습 효과를 기대할 수 없다.

2.7 공동체 언어 학습법(Community Language Learning)

　1970년대가 되면서 일부 혁신적인 교수법은 정의적인 특성을 띠게 되는데, 언어 교육에 상담 학습 이론을 적용시킨 공동체 언어 학습법이 대표적이다. 공동체 언어 학습법에서는 번역의 방법을 교수에 도입하여 교사가 상담자가 되고 학생은 내담자가 되어 언어 표현을 자유롭게 유도하는 상담식으로 언어 학습을 진행하게 된다. 따라서 교사에 의해 일방적으로 교육 내용을 전달받는 식의 기존 교수법과는 달리 학생 스스로 원하는 내용을 학습하게 함으로써 학습자의 요구를 충분히 반영할 수 있다.

　공동체 언어 학습법은 앞에서 언급한 바와 같이 상담자와 내담자 사이의 상담 방식으로 수업이 진행되는 것이므로 공감대 형성이 중요한 역할을 한다. 이를 위해 상호간의 안정, 이해심, 타인의 가치에 대한 긍정적 평가 등이 중요한데, Curran은 안정감(security), 주의(attention), 도전(aggression), 기억과 회상(retention and reflection), 식별(discrimination) 등을 SARD라 하여 공동체 언어 학습법의 중요한 요소로 간주한다. 이 교수법은 교사에 의해 일정하게 짜여진 교육 과정과 교재가 없고 학습자들이 해당 교과 시간에 하고 싶은 말이나 내용을 중심으로 배우면서 만들어가는 교육 과정으로 학습자 스스로 자신이 공부하고 싶은 내용을 묻고, 필요한 교재 내용을 구성할 수 있어서 학습자의 흥미와 동기를 유발시킬 수 있다는 장점이 있다. 또한 고급 학습자들의 토론 수업에도 유용하게 사용할 수 있고, 격식이나 딱딱한 수업 방식을 배제한 상태에서 공감대 형성을 통한 자유 수업 방식을 채택한다. 따라서 지적 측면뿐만 아니라 정의적인 측면까지 고려하여 우호적인 분위기를 형성하고 친밀감을 높여 응집성을 형성할 수 있는 전인적인 외국어 학습 방법이라 할 수 있다.

　그러나 공동체 언어 학습법에서는 교사가 학습자 개인의 언어 발달 단계에 맞게 수업을 진행해야 하는데 학습자의 성향과 양상이 모두 다르므로 교사의 통제가 쉽지 않은 문제점이 있다. 그리고 여러 가지 언어를 사용하는 다양한 학습자들이 있는 교실의 경우에는 이 교수법을 사용하기가 쉽지 않으며, 학생이 전달하고자 하는 내용의 미묘한 언어적 차이까지 번역해야 하는데 이중 언어를 완벽히 소화하는 교사와 상담가적인 교수법에 대한 훈련을 받은 언어 교사를 확보하는 일이 매우 어렵다. 또 수업의 방향이 학습자의 발화에 따라 결정되므로 어휘나 문법, 교수 요목 등의 통제가 어렵고, 성인 학습자의 경우 명시적이고 체계적인 수업 진도를 원할 때 학습자의 요구를 맞춰 주기 힘들다. 이외에도 수업의 목표가 불분명하고 평가를 어렵게 하며 개인의 언어 능력 단계를 모두 고려한 수업 단계 설정이 어렵다는 점, 녹음을 해야 한다는 점 등이 오히려 학습자에게 부담이 될 수 있으며, 교사가 학생 뒤에 있기 때문에 교사의 입모양이나 몸짓, 표정을 따라할 수 없다는 문제점도 있다.

2.8 암시교수법(Suggestopedia)

불가리아의 심리학자인 Georgi Lozanov가 발전시킨 암시교수법은 인간의 비이성적 또는 무의식적인 영향에 대해 체계적으로 연구하는 암시학을 학습을 극대화시키는 데 사용하도록 방향을 제시하고 있다. 암시교수법의 가장 두드러진 특징은 교실의 장식, 가구의 배치, 음악의 사용, 권위 있는 교사의 행동이다. 학습 이론에서 중요시되는 것은 암시와 탈암시의 작용인데, 이들을 작동시키는 원리와 특징들을 좀더 자세히 살펴보면 다음과 같다.

첫째, 권위이다. 사람들은 권위 있는 곳에서 나온 정보들을 가장 잘 기억하고 거기에서 많은 영향력을 받게 되는데, Lozanov는 교사를 가장 권위 있는 사람으로 기술하고 있다.

둘째, 아동화이다. 성인 학습자는 역할극, 게임, 노래, 체육 등에 참가함으로써 아동의 역할을 하게 되고 이런 활동들이 성인 학습자들로 하여금 자신감과 수용적 태도를 가지도록 돕는다.

셋째, 교수와 교수 환경이다. 학습자는 직접적인 교수의 효과뿐만 아니라 교수 환경, 즉 교실의 밝은 분위기, 배경 음악, 의자 형태, 교사의 인격을 교육 자료 자체로 중요하게 여긴다.

넷째, 억양, 리듬 그리고 수동성이다. 언어자료를 다양한 음조와 리듬으로 변화시키는 것은 반복의 단조로움에서 나오는 지루함을 없애는 데 도움을 준다. 이 때 언어자료의 속도는 음악의 리듬에 맞춰 제시되어야 한다.

이와 같은 암시교수법은 안락한 교수 환경을 조성함으로써 학습자의 긴장과 불안을 완화시켜 상당량의 학습 자료를 빠르게 받아들일 수 있고, 종전의 교수법과는 달리 대뇌의 좌반구와 우반구 양쪽 활동을 조화롭게 사용하도록 하여 기억력 증진과 장기 기억을 할 수 있게 한다. 그리고 암기에 초점을 두지 않고 문제를 이해하고 창조적으로 해결하는 데 초점을 두는 학습자의 심리를 고려한 학습자 중심의 수업이라는 장점을 가진다.

그러나 암시교수법은 다른 어떤 교수법보다도 많은 비판을 받게 되는데, 암시의 효과, 음악의 효과, 깨어 있는 무의식 상태에서의 학습 능력의 신장 등이 과학적으로 증명되지 않았고, 일반 언어 교실에서는 이에 적합한 환경 조성이 어렵다는 점, 그리고 여러 가지 방법을 제대로 적용할 수 있는 유능한 교사의 양성과 교수법에 맞는 교재를 구성하기가 어렵다는 점, 학습자들의 전인적인 접근을 강조하므로 학생수가 많은 일반 학급에서 실시하기가 어렵다는 점, 교사는 권위를 가지고 통제하고 학습자는 아동화를 권고받는 것이 성인 학습자에게는 수용하기 어려운 점 등도 암시교수법이 가지는 문제점으로 지적될 수 있다.

2.9 의사소통식 교수법(Communicative Language Teaching)

1970년대 이후 언어 교육 분야에서 세계적으로 관심의 초점이 되고 있는 의사소통식 교수법은 Hymes의 '의사소통 능력'(Communicative Competence) 개념을 그 이론적 토대로 하여 시작하였다.

John Firth, M.A.K.Halliday 등이 대표하는 영국의 기능주의 언어학(Functional linguistics)에서는 언어는 독자적인 체계로서 분석 기술되어서는 안 되고, 그것이 실제로 사용되는 맥락에서 가지는 기능 위주로 분석 기술되어야 한다고 주장하였다. Dell Hymes, John Gumperz, William Labov 등에 의해 급격한 발전을 이룩한 미국의 사회언어학에서는 인간의 언어능력은 Chomsky의 언어능력 즉, 무한수의 문법적인 표현을 이해하고 쓸 수 있는 능력으로 파악되어서는 안 되고 의사소통 능력(Communicative Competence) 즉, 언제, 어디서, 누구와, 무엇에 관해, 무엇 때문에(무슨 기능으로) 의사소통 행위를 하느냐에 따라 적절한 표현을 쓸 수 있는 능력으로 파악되고 기술되어야 한다고 강력히 주장하였다.

John Austin, John Searle 등의 언어철학자들은 화행 분석(Speech Act Analysis)을 통해 언어 표현이 가지는 의미는 언어 표현이 발화로서 사용되었을 때 가지는 기능으로 파악되어야 하는데, 언어 표현의 문법상의 형태와 그것의 기능은 반드시 1 : 1로 일치하지 않는다는 사실을 강조하였다.

이상과 같은 언어 이론을 바탕으로 1970년대 이후에 언어 교육 분야에 등장한 것이 의사소통식 교수법이다. 이 교수법의 개척자는 언어학자들 D.A.Wikins, Henry Widdowson, Christoper Candlin, Christoper Brumfit, Keith Johnson 등이다.

Chomsky가 행동주의적 언어 이론에 반기를 들고 Competence 이론을 내세운 것처럼 Hymes(1972)도 Chomsky의 Competence 개념이 언어의 실제적인 측면을 간과한 제한된 것이라 비판하고, 추상적인 언어 지식보다는 실제 상황에서의 언어 사용 능력으로서의 '의사소통 능력'의 개념을 새로이 제시했다. Hymes 이후 언어 교육의 방향은 무엇보다도 의사소통 능력의 계발에 있어야 한다고 생각하는 이 교수법의 옹호자들은 기존의 문법적 정확성을 강조하던 시각에서 탈피하여 실제 발화 상황에서 요구되는 의사소통 기능과 담화상의 적절성을 초점으로 삼는다. 특히 Widdowson(1978), Littlewood(1981), Brown(1978) 등은 의사소통 능력을 기르는 데 문법적 정확성보다는 언어 사용 능력에 기초한 유창성이 우선되어야 한다고 보았다.

문법적 언어 지식과 언어 사용을 전혀 다른 별개의 차원으로 인식한 이들이 언어 사용 능력을 보다 강조하는 것의 이론적 근거는 언어의 본래 목적이 의사소통에 있다는 점이다. 실제의 의사소통 행위는 특정 언어 상황에서 청자와 화자가 상호 교섭의 목적을 위해 문장이 아닌 담화 단위의 언어로 약속, 제안, 찬성, 반대, 설득 등의 언어 기능을 수행해 나가는 역동적인 것이다. 따라서 이러한 실제적인 언어 상황 안에서 의사소통을 수행할 수 있는 능력을 키워주는 것이 곧 바람직한 언어 교육의 목표라고 생각하는 것이 의사소통식 교수법이다.

의사소통식 교수법의 특징에 대해서는 Finocchiaro and Brumfit (1983:91-3, 황적륜(1988)에서 재인용)가 청각구두식 교수법과 의사소통 교수법의 특징을 대조 제시한 것을 인용하여 보기로 한다.

	Audio-lingual Method	Communicative Language Teaching
1	Attens to structure and form more than meaning.	Meaning is paramount.
2	Demands memorization of structure-based dialogs.	Dialogs, if useds, center around communicative functions and are not normally memorized.
3	Language items are not necessarily contextualized.	Contextualization is a basic premise.

4	Language learning is learning structures, sound, or words.	Language learning is learning to commnicate.
5	Mastery, or "over-learning" is sought.	Effective communication is sought.
6	Drilling is a centeral technique.	Drilling may occur, but peripherally.
7	Native-speaker-like pronunciation is sought.	Comprehensible pronunciation is sought.
8	Grammatical explanation is avoided.	Any device which helps the learners is accepted-varying according to their age, interestm etc.
9	Communicative activitiesonly come after a long process of rigid drills and exercises.	Attempts to communicate may be encouraged from the very beginning.
10	The use of the student's native language is forbidden.	Judicious use of native language is accepted where feasible.
11	Translation is forbidden at early levels.	Translation may be used where students needs or benefit from it.
12	Reading and writing are deferred till speech is mastered.	reading and writing can start from the first day, if desired.
13	The target linguistic system will be learned through the overt teaching of the patterns of the system.	The target linguistic system will be learned through the process of struggling to communicate.
14	Linguistic competence is the desired goal.	Communicative competence is the desired goal.(i.e. the ability to use the linguistic system effectively and approariately.)
15	Varieties of language are recognized but not emphasized.	Linguistic variation is a central concept in materials and methodology.
16	The sequence of units is determined solely by principles of linguistic complexity.	Sequencing is determined by any consideration of content, function, or meaning which maintians interest.
17	The teacher controls the learners and prevents them from doing anything that conflicts with the theory.	Teachers help learners in any way that motivates them to work with the language.
18	"Language is habit," so errors must be prevented at all costs.	Language is created by the individual often through trial and error.
19	Accuracy, in terms of formal correctness, is a primary goal.	Fluent and acceptable language is the primary goal: accuracy is hudged not in the abstract but in context.

20	Students are expected to interact with the language system, embodies in machines or controlled materials.	Students are expected to interact with people, either in the flesh, through pair and group work, or in their writings.
21	The teacher is expected to specify the language that students are to use.	The teacher cannot know exactly what language students will use.
22	Intrinsic motivation will spring from an interest in the structure of the language.	Intrinsic motivation will spring from an interest in what is being communicated by the language.

의사소통식 교수법은 교육의 출발점을 우선 무엇을, 어떻게 배우기를 원하는가에 대한 학습자들의 요구를 분석하는 것에 두는데, 이는 곧 철저히 학습자 중심의 교육을 지향함을 의미한다. 학습자들이 실제 언어 사회의 축소판인 교실 안에서 실제로 부딪칠 수 있는 언어 상황 안에서의 문제들을 언어 게임, 역할극, 찬반 토론 등의 방법으로 스스로 해결해 나가는 과정을 통해서 언어 기능을 수행하는 능력을 스스로 발견해 나갈 수 있도록 한다. 이 때 교사는 지식을 전달하고 주입시키는 주도적 역할 대신 문제 해결 과정에 함께 참여하는 동참자로서의 임무만 수행하면 된다. 이 교수법에서는 언어학자에 의해 이론적으로 잘 정리된 교과서보다는 신문, 라디오, 광고, 기상예보, 레스토랑의 메뉴판 등과 같이 주변의 실제적인 언어의 모습을 보여줄 수 있는 것들을 적극적으로 활용하여 학습 자료로 사용하고 있다. 의사소통 교수법은 구조적, 상황적, 기능적인 모든 고려가 교수법에 필요함을 인식시켰고, 교수법뿐만 아니라 교수 요목 개발에도 큰 공헌을 하였다.

그러나 의사소통식 교수법에서는 문법적인 면은 도외시하고 의미와 기능을 토대로 한 언어 사용 능력을 강조함으로써 지나치게 언어의 유창성만을 강조한 나머지 언어의 형식적인 측면을 도외시했다는 비판을 받게 된다. 특히 한국어처럼 문법적 형태가 많은 언어를 가르칠 때 문법적 형태를 도외시한 채 바로 언어의 사용 기능만을 강조한다는 것은 단기간에 눈에 보이는 효과는 기대할 수 있을지 모르나 문장을 생성하는 능력 등과 같은 학습자의 진정한 언어 능력을 계발시키는 데에는 한계가 있다. 그리고 반복적이고 누적적인 학습이 이루어지지 않아 학습자의 자신감이 결여되고, 부정확성을 방지하기 어려우며 낯선 언어를 배우는 성인 학습자들에게는 비효율적이라는 점 또한 문제점으로 지적된다.

2.10 전신반응 교수법(Total Physical Response)

심리학자 James Asher가 창안한 전신반응 교수법은 구조주의 언어학과 발달심리학을 기본으로 하면서 인본주의 교수법을 적용한 것으로, 말과 행동의 일치를 바탕으로 신체적 활동을 통해 언어를 가르치고자 시도한 교수법이다. James Asher는 성인의 성공적인 외국어 학습 과정을 어린이의 모국어 습득과 유사한 과정으로 보았다. 그의 주장에 의하면 어린 아이들의 발화는 주로 명령어로 구성되어 있고, 이 명령어에 어린 아이들은 말보다는 행동으로 먼저 반응을 나타낸다는 것에 주목하여 성인 학습자들도 이러한 모국어 습득 과정을 따라야 한다는 것이다. 또 그는 언어 학습에 있어서의 심리적 요소의 역할을 중요시하고 있어 교사는 학습자들에게 말을 하도록 요구하지 않으며, 게임과 같은 움직임을 통하여 긴장을 감소시키고, 긍정적인 학습 분위기를 조성하여 언어 학습이 수월하게 이루어지도록 학습 활동을 구성해야 한다고 주장했다.

전신반응 교수법의 원리 및 특징을 좀더 자세히 살펴보면 다음과 같다.

첫째, 일반적으로 언어 활동은 좌측 두뇌가 관장하므로 대부분의 교수법이 좌측 두뇌를 이용한 학습 방법을 적용하는 반면 전신반응 교수법은 우측 두뇌를 통한 학습을 강조한다.

둘째, 행동주의 이론을 적용하여 교사가 자극을 주고 학습자는 그에 따라 반응하게 한다.

셋째, 언어 학습에서 듣고 이해하는 능력이 말하기 기능보다 앞선다.

넷째, 가르칠 때는 언어의 형태보다 의미를 강조하고 문법은 귀납적으로 지도한다.

다섯째, 학습자의 긴장감을 최소화한다.

전신반응 교수법은 외국어를 처음 배우는 초기 단계의 학습자에게 좋은 교수법으로, 말하기를 강요받지 않고 움직임으로 반응을 보이기 때문에 학습자가 긴장감 없이 즐겁게 말을 익힐 수 있다. 그리고 다양한 신체적 움직임, 게임을 이용한 수업은 학습자의 흥미를 유발시키고 지루하지 않고 활기찬 수업을 진행할 수 있다. 또한 언어의 형태가 아니라 동작을 통해 해석되는 의미에 초점을 맞춤으로써 긴장된 상황으로부터 자유로워지고 학습에 몰두할 수 있게 된다. 이외에도 명령에 수반되는 학습자의 행동을 보고 교사는 학습자의 이해 여부를 쉽게 판단할 수 있으며, 학습자는 성취감과 언어를 배우는 긍정적인 태도를 갖게 되는 장점이 있다.

그러나 수업이 너무 긴장감이 없어 학습자들의 행동이 장난으로 치우칠 염려가 있으며 고급으로 갈수록 동작을 통해 유추하기 어려운 추상적 어휘의 의미를 가르치기가 힘들고, 학생들이 각기 다른 시점에서 말할 준비가 된다면 교사가 수업을 효과적으로 이끌어 나가기가 힘들 수도 있다는 문제점이 있다.

2.11 자연교수법(Nature Approach)

언어가 자연발생적인 발달 단계에 따라 단계적으로 습득된다는 주장은 1977년 미국 캘리포니아의 스페인어 교사인 Tracy Terrell에 의해 처음으로 제안되었는데, 자연교수법은 제2언어 습득 연구에서 확인되었던 전통적 접근 방법인 자연주의 원리를 반영하여 언어 교수법을 개발하기 위한 시도였다.

전통적 접근 방법인 자연적 교수법은 모국어에 의지하지 않고 문법 분석, 문법 연습, 그리고 목표어의 언어 사용에 중점을 둔다. 전통적 접근 방법인 자연적 교수법과 자연교수법에는 다소 차이가 있는데, 전자는 직접교수법으로 알려지게 된 교수법의 다른 이름이고, 후자는 반복, 질문과 대답, 문장의 정확한 생성보다는 노출과 입력의 강조, 학습에 대한 정서적 준비의 극대화, 언어를 표현하려고 시도하기 전에 학습자가 들은 것에 대해 주의를 기울이는 기간의 연장에 대해 강조하였다. Krashen과 Terrell의 자연교수법은 경험에 기초를 둔 제2언어 습득 이론에 근거를 두고 있고, 그것은 광범위하고 다양한 언어 습득 및 학습 상황에 관한 많은 과학적 연구에 의해 지지를 받아 왔다. 자연교수법의 기초가 되는 이론적 가설들을 살펴보면 다음과 같다.

첫째, 습득·학습 가설이다. 이 가설에 의하면 습득과 학습은 다르며, 언어는 암시적 언어 지식의 축적에 의해 자연스럽게 습득되는 것이지 체계적이고 과학적인 훈련, 즉 학습에 의해 터득되는 것이 아니다. 또 학습은 습득으로 전이될 수 없으므로 초급 단계의 학습자에게 외국어 교육을 할 때에는 의미를 이해시키고 습득하도록 해야 한다.

둘째, 모니터 가설이다. 이 가설에 의하면 발화란 습득을 통해 획득한 언어능력에 의해서만 이루어지며, 의식적인 학습에 의해 얻은 지식은 그 발화가 이루어지는 전후에 자신의 발화를 점검하거나 고치는 조정자, 편집자의 역할만을 할 뿐이다.

셋째, 자연 순서 가설이다. 이 가설에 의하면 모국어를 습득할 때 먼저 습득되는 언어 구조, 형태소가 있듯이 외국어 습득에도 이와 유사한 습득 순서가 존재한다. 문법 구조의 습득은 예측할 수 있는 자연적 순서대로 진행되므로 문법상 오류는 발달 과정상 자연스럽게 생겨나는 것이다.

넷째, 입력 가설이다. 이 가설에 의하면 사람들은 자신의 현재 능력 상태보다 약간 더 높은 수준의 언어 자료를 충분히 접하게 되면 언어 습득이 일어난다는 것이다.

다섯째, 정의적 여과 장치 가설이다. 이 가설에 의하면 학습자 개인의 정서적 상태나 태도는 입력되는 언어를 통과시키기도 하고 방해하기도 하는 여과 장치의 기능을 하는데, 이 여과 장치의 수준이 낮을수록 습득이 잘 된다.

자연교수법은 다양한 교수법의 원천으로부터 교수 기법과 활동들을 자유롭게 채택하고 있기 때문에 Krashen과 Terrell은 이 교수법에 전신반응 언어교수법, 의사소통 중심 언어교수법 등 다른 교수법들의 광범위한 활동을 이용할 것을 제안한다.

수업에서의 구체적인 적용 절차를 보면, 처음에는 전신반응 교수법에서 사용하는 명령으로 시작하는데, 처음의 명령들은 아주 간단하다. 교사는 교실 안의 물건을 명령문 속에서 소개하고, 교실에 가져올 수 있는 물건은 어느 것이든 이용할 수 있다. 학습 구성원을 이름으로 확인할 때도 신체적 특징과 옷 이름을 사용하여 이해 가능한 입력에 최대한 노출시키도록 노력한다. 중요한 단어의 의미를 명확하게 하기 위해서는 문맥 및 물건, 그림이나 사진 같은 시각 자료들을 최대한 이용하고, 그림을 사용할 때에는 명령문이나 조건절과 결합한다. 교사는 이해 가능한 입력의 흐름이 끊어지지 않도록 하며 이해를 확실하게 하기 위하여 주요 어휘, 적절한 몸짓, 문맥 반복, 부연 설명 등을 한다.

이러한 자연교수법의 올바른 종류의 이해 가능한 입력의 제공과 유의미한 의사소통에 대한 강조는 교실에서의 성공적인 제2언어와 외국어 습득을 위한 필수적이고 충분한 조건을 제공한다. 그리고 자연 교수법의 독창성은 그것이 이용하는 교수 기법에 있는 것이 아니라, 이해 가능하고 유의미한 연습 활동을 강조하는 교수법의 사용이다. 또 학습 초기에는 전신반응 교수법이나 여타의 입력을 활용하고 학습자가 새로운 언어에 적용하는 동안 얼마간의 침묵 기간을 둠으로써 학습자의 언어자아가 위협을 받지 않도록 배려한다.

그러나 자연교수법에서 학습자의 자발적 발화가 일어날 때까지 침묵 기간을 가져야 한다는 주장은 현실적으로 한계가 있고, '이해 가능한 입력'이라는 것은 명시적으로 정의하기 어려운 개념이다. 그리고 학습 이론의 배경이 되는 가설들의 입증이 불가능하고 목표어에 능통한 자질 있는 교사를 확보하기가 어렵다는 문제점들이 있다.

3. 결론

이상으로 본고에서는 각 교수법이 탄생하게 된 배경과 원리 및 특징, 그리고 장단점을 살펴보았다. 문법번역식을 제외하고는 대부분의 교수법이 학생들로 하여금 목표어로 의사소통을 하게 하는 목표를 가지고 있고, 교실 상황에서 적용될 수 있다는 공통점을 가지고 있다. 반면 각 교수법은 교사와 학습자 그리고 학습에 대한 상이한 관점을 보이고 있다. 즉 학습자를 단순한 모방자에서부터 인지적이고 정서적이고 사회적인 존재로까지 다양한 시각으로 보고 있으며, 학습자의 모국어 사용에 대해서도 직접교수법이나 전신반응 교수법 등은 모국어를 배척하는 데 반해 문법번역식 교수법이나 공동체 언어 학습법 등은 모국어 사용을 허용하고 있다. 또한 학습자 오류에 대해서도 처음부터 방지해야 한다는 입장에서부터 오류에 크게 신경쓰지 않고 어느 시점에 가면 없어질 것이라는 입장까지 상이한 견해를 보이고 있다.

이처럼 지금까지의 여러 교수법은 교육의 여러 가지 실천 영역에 대하여 앞선 이론의 모순점을 반박하고 보완해 가면서 최선의 교수법을 모색하면서 변화되어 왔다. 그러나 예외 없이 적용될 수 있는 최선의 교수법이란 있을 수 없고, 그때 그때의 여러 가지 상황에 맞는 최적의 교수법만이 있다고 할 수 있다. 따라서 교사는 맹목적으로 이러한 교수법을 따라 갈 것이 아니라 각 교수법들이 지니는 특성을 명확하게 이해하고 교실 상황에서 학습자의 학습 요구를 최대한 충족시켜 줄 수 있는 최적의 교수법을 나름대로 개발하고 발전시켜 나가야 할 것이다. 특히 한국어 교사가 이들 교수법을 활용하는 데 유념해야 할 점은 많은 교수법들이 공통적으로 지적했듯이 교육의 목표를 의사소통 능력 계발에 두고 언어의 네 가지 기능을 고루 발전시킬 수 있는 통합 교육을 실시해야 한다는 것이다. 그리고 문법 지식은 언어의 효과적인 습득과 올바른 사용에 많은 도움을 줄 수 있다는 사실 또한 간과해서는 안 될 것이다. 한국어와 같이 문법적 형태가 많은 언어일 경우 문법 지식을 도외시한 채 의미와 기능만을 강조하여 가르칠 경우에는 목표하는 언어 학습을 성취하기 어려울 것이다. 또한 실제 생활에서 적용 가능한 유의미한 연습이 되어야 하며 무엇보다도 교사가 일방적으로 이끌어가는 교육이 아니라 학습자 스스로 자신의 언어능력을 발달시키고 실제 생활에 적용할 수 있도록 교사는 학습자 중심의 교육을 수행해 나가야 할 것이다. 이를 위해 교사는 효과적인 교수 학습을 수행해 나가는 데 있어 끊임없는 자기 반성과 이를 토대로 한 탐구와 실험 정신이 필요할 것이다.

Part

한국어 교수법의
이론과 실제

문법번역식 교수법
(Grammar Translation Approach)

문법번역식 교수법이란 말 그대로 외국어 문법을 모국어로 번역함으로써 이루어지는 교수법이다. 이 교수법은 18세기부터 시작해서 오늘날까지도 일부 사용되고 있다. 최근 외국어 교수법은 학습자 중심의 방법으로 문법의 번역보다는 말하기 능력 신장을 목적으로 의사소통적 접근을 주로 하고 있으나, 시간적 제약 등으로 인해 또는 상황에 따라 교사 주도의 문법번역식을 사용하는 경우도 있다.

1. 문법번역식 교수법의 이론적 배경

20세기 이전의 언어교수법은 두 가지 유형이 있었다. 하나는 언어 사용에 초점을 맞추는 방법이었고 다른 하나는 언어 분석에 초점을 맞춘 방법이었다. 고전 그리스어와 중세 라틴어는 국제어적 성격을 가지고 있었으므로 언어의 분석보다는 그 사용을 가르치는 데 중점을 두었다. 유럽에서의 고급 수준의 학습은 이 두 언어에 국한되었는데, 이들 언어는 철학, 종교, 정치, 교역에 광범위하게 쓰이고 있었기 때문이다. 따라서 교육을 잘 받은 사람들이란 고전 언어에 유창한 화자, 독자, 그리고 작가들을 이르는 말이었다. 당시의 언어교수법을 추측해 보면 교사들은 언어의 형태와 의미를 직접적으로 가르치고, 듣고 따라하는 과정을 거치며 학습 사전의 형식을 갖춘 자료를 활용했을 것이다.

이후 르네상스 시절에 이르러 인쇄 기술의 발달에 의해 대량으로 인쇄할 수 있는 자료를 바탕으로 그리스어와 라틴어의 문법을 공부하는 것이 일반적이 되었다. 라틴어 고전 문법의 경우 일반적으로 쓰이는 라틴어의 경우와는 달랐는데, 결과적으로 르네상스 문법으로 묘사된 고전 라틴어와 일상어로서의 라틴어 사이의 큰 차이가 발견되고, 라틴어 고전은 학교에서 공식적으로 교수되기 시작하였고 거의 동시에 일상어로서의 라틴어는 사어가 되었다.

서구에서의 외국어 학습이란 라틴어 또는 그리스어를 교육하는 것이 주된 내용이었다. 그러나 일상어로서의 라틴어가 사어가 됨에 따라 학교에서 공식적으로 교수되었던 라틴어는 이른바 고전적인 교수법(Classical Method)으로 교수되었는데, 이는 문법 규칙에 초점을 맞추고, 어휘와 다양한 활용법을 암기하며, 텍스트를 번역하는 등, 읽기와 쓰기 활동에 중점을 두고 있다.

18세기에서 19세기에 걸쳐 이 두 외국어 이외의 언어들이 외국어 학습의 대상이 됨에 따라 고전적인 방법은 외국어 교육에서 주된 교수법으로 자리잡게 되었는데, 이 교수법을 문법번역식 교수법(Grammar Translation Approach)이라고 한다. 이 시기의 교수법은 말하기 능력을 신장시키기보다는 학문적인 목적을 그 기본으로 하고 있으며, 따라서 읽기 능력을 신장시키는 것이 그 주된 목적이었다.

2. 문법번역식 교수법의 원리와 특징

2.1 문법번역식 교수법의 원리

문법번역식 교수법이란 말 그대로 대상 외국어를 모국어로 번역함으로써 가르치는 방법인데, 여기에는 몇 가지 기본 전제가 있다.

첫째로 언어는 말보다 글이 우선이라는 것이고, 둘째로는 외국어 학습의 목적이 문헌 연구의 도구로서 또는 학습자의 논리력을 키우는 데 있다는 것이며, 셋째로 외국어 학습은 연역적인 과정이며 모국어에 의존하여 학습되어야 한다는 것이다.

이와 같은 기본 전제에 근거한 문법번역식 교수법(Grammar Translation Approach)은 그 적용 방법에 몇 가지 원리가 있다. 다음은 Prator와 Celce-Murcia(1979:3)가 정의한 문법번역식 교수법의 원리이다.

① 수업은 목표어의 사용이 거의 없이 모국어를 주로 사용하여 진행한다.
② 단어는 목록의 형태로 많은 양이 교수된다.
③ 복잡한 문법에 대해 장시간 설명한다.
④ 문법은 단어를 조합하는 규칙을 제공하며 제시는 단어의 곡용과 형태에 초점을 맞춘다.
⑤ 초기부터 어려운 고전적 텍스트를 읽는다.
⑥ 텍스트의 내용에는 거의 신경을 쓰지 않고, 단지 문법 분석 연습에 치중한다.
⑦ 대부분의 연습은 단지 목표어와 모국어 간의 번역으로만 이루어진다.
⑧ 발음에 대한 것은 거의 다루지 않는다.

2.2 문법번역식 교수법의 특징

모국어를 통한 외국어 학습은 지금까지 학교 교육에서 보편적으로 이루어져 왔다. 문법번역식 교수법은 국내에서의 외국어교육뿐만 아니라 외국의 한국어교육에서도 이루어지고 있는데, 이 방법은 복잡하고 이해하기 어려운 목표어의 문법을 빠른 시간 내에 모국어로 설명하여 이해시킬 수 있다는 장점이 있기 때문이다. 한국어를 공부하는 외국인 학습자들 가운데 자국에서 학습한 경우, 문법적으로는 이해하나 정작 말하기 능력은 크게 못 미치는 경우가 대부분이다. 이는 자국에서의 한국어교육이 주로 문법번역식 교수법에 의해 이루어지며, 상대적으로 상황 중심의 말하기 교육 수업량이 적기 때문이다.

언어를 통하여 의사소통을 하기 위해서는 문법적인 것뿐만 아니라 어휘의 중요성도 빼놓을 수 없다. 문법번역식 교수법에서는 어휘를 목록의 형태로 제시하며 어휘의 미묘한 의미 차이도 모국어에 의한 설명을 통해서 교수된다. 그러나 이 방법은 어휘에 대한 이해는 가능하게 할 수 있으나 외국어 모어 화자들이 체득을 통해서 알고 있는 어감을 느낄 수 없다. 모국어 화자와 가깝게 어휘 의미를 느끼기 위해서는 문맥을 통한 어휘 제시가 이루어져야 한다. 따라서 문법번역식 교수법에 의해 학습할 경우 말하기 능력 신장에는 그리 도움이 되지 않는 경우가 많다.

모국어로써 외국어를 교육할 때에는 난이도 순서에 따른 교육에 크게 신경을 쓸 필요가 없다. 왜냐하면 아무리 복잡한 문법 사항이나 여러 가지 의미로 분화되는 어휘라고 할지라도 모국어를 통한 설명으로 해결할 수 있기 때문이다. 또한 외국어 교육이 설명을 통한 것이라면 연습과 활용이라는 과정은 자연히 소홀하게 되어 학습 속도가 상대적으로 빠르다. 따라서 초·중·고급의 단계 구분 없이 학습 초기 단계부터 장문의 텍스트를 읽는 것이 가능하며, 텍스트의 내용 또한 고전과 현대의 구별이 없다. 문법번역식 교수법에서 추구하는 바가 텍스트의 내용보다는 문법 분석이기 때문이다. 따라서 수업에서의 연습이 대부분 목표어와 모국어 사이의 번역으로만 이루어지며, 구어적 의사소통을 목적으로 함이 아니므로 발음에 대해서도 거의 다루지 않는다.

이상에서 본 바와 같이 문법번역식 교수법은 문법 번역에 치중하여 구어적인 사용에는 한계를 드러낼 수밖에 없었다. 그러나 언어적 실용성 측면에서 보면 외국어 학습이란 목표어로 말하기 활동을 할 수 있는 능력을 기르는 것이 중요하다.

이에 문법번역식의 반작용으로 나타나게 된 것이 자연교수법(Natural Approach)과 연속적 교수법(Series Method)이다.

자연교수법은 Pestalozzi에 의해 주창되었는데, 그 원리는 외국어 학습도 어린 아이가 모국어를 배우는 과정과 같아야 된다고 보고, 능동적인 의미 제시와 목표어만을 사용할 것을 강조하였고 상대적으로 연역적이었던 문법번역식에 대해 귀납적인 학습 방법을 통한 구어체 언어의 교육을 해야 한다고 주장하였는데, 이는 추후에 Terrell(1977)의 신자연교수법(Neo-Natural Method)의 모태가 되었다.

연속적 교수법 또한 문법번역식에 반대하여 1880년대 프랑스의 교사로서 라틴어를 가르쳤던 Gouin에 의해 주창되었다. 연속적 교수법은 외국어 학습이 아이가 모국어를 습득하는 과정이어야 한다는 점에서는 자연교수법과 그 궤를 같이 한다. 그러나 Gouin은 언어 학습이 인지한 것을 개념화하는 것으로 보았다. 따라서 연속적 교수법은 번역의 과정 없이 학습자에게 대상어로 직접 교수하며, 문법 설명보다는 개념적으로 접근하되, 인지하기 쉬운 순서로 연결된 문장의 연속체(Series)를 통하여 교수해야 한다고 주장하였다.

Gouin의 연속적 교수법은 구어적 의사소통이라는 측면을 강조한 교육 체계의 첫 번째 시도로 보여진다. 이후 외국어 교수법은 번역을 통한 방법이 아닌 목표어로써 직접 교수하는 방식이 큰 흐름을 이루게 된다.

한편 문법번역식 교수법은 청각구두식 교수법(Audiolingual Method)이나 의사소통식 교수법(Communicative Language Teaching)으로 진행되는 수업 안에서도 부분적으로 또 제한적으로 나타날 수 있다.

청각구두식 교수법은 언어를 습관화하기 위해 대화를 암기하고 문형 연습을 통해 가능한 여러 문장의 오류를 줄이며, 문법이나 규칙은 설명하지 않는다는 기본 전제를 바탕으로 한다. 그러나 문법이나 규칙을 설명하지 않는다면 과연 문장이나 어휘 의미는 어떻게 전달할 것인가에 대한 문제가 생긴다. 교수법이라는 것은 하나의 시대적 흐름이다. 한 시기에 일단의 교수법이 대세를 이루고 있다고 하더라도 이전의 다른 방법들이 완전히 배제된다고 볼 수 없다. 따라서 청각구두식 교수법이 대세를 이루던 시대에도 문법번역식 교수법이 부분적으로 사용되었다고 보아야 한다.

기능적 교수법(Functional Approach)이라고도 일컬어지는 의사소통식 교수법은 의사소통의 기능에 중점을 두고 언어의 구조에 대한 지식보다 언어의 사용, 즉 의사소통을 위한 실제적인 방법을 지향한다. 학습자들이 실제적인 발화 상황과 같은 수업 활동에 노출되게 하여 가능한 실제 상황과 같은 연습으로 문맥을 통하여 이해시키고 언어 능력을 키운다는 것이다. 그러나 여기에서도 문법번역적 요소는 부분적으로 가미된다. 학습자가 의사소통적 교수법에 익숙하지 않을 경우, 학습자의 새로운 언어에 대한 이해를 돕기 위해서 제한적으로 모국어로 번역해 줄 수 있다. 왜냐하면 의사소통식 교수법의 궁극적인 목표는 학습자가 의사소통 방법을 알게 하는 것이고, 그 방법을 알게 하기 위해서 가능한 모든 방법을 사용할 수 있기 때문이다.

3. 문법번역식 교수법의 실제

문법번역식 교수법의 적용은 의외로 간단한 작업일 수밖에 없다. 왜냐하면 청각구두식이나 의사소통식 교수법의 경우 그 활동이 귀납적이라 제시되는 과정을 통해서 표현을 이해하고 사용할 수 있는 반면, 문법번역식은 다분히 직선적이고 연역적이라 바로 해답에 이를 수 있기 때문이다.

예를 들어, 한국어의 조사 {-에}를 문법번역식으로 영어를 모어로 하는 학습자들에게 교수한다고 가정하면, 먼저 {-에}의 의미가 영어로 'in, on, at, to, per' 등으로 나타난다고 제시할 수 있다. 그 다음으로는 {-에}가 각기 다른 뜻으로 사용됨을 보이기 위하여 다음과 같은 번역을 제시한다.

예1) 저는 서울에 삽니다.
I live in Seoul.

예2) 제 교실은 3층에 있습니다.
My classroom is on the 3rd floor.

예3) 아버지는 지금 회사에 계십니다.
My father is at work.

예4) 저는 날마다 학교에 갑니다.
I go to school everyday.

예5) 저는 일주일에 세 번 테니스를 칩니다.
I play tennis twice per week.

번역을 통하여 {-에}의 쓰임이 다양함을 알려주고 {-에}의 기본 기능이 범위 한정이며 서술어 또는 대상에 따라서 다른 뜻으로 쓰임을 체계적으로 설명한다.

마지막으로 학습시 예문에 나타난 새로운 어휘를 목록의 형태로 제시한다.

4. 한국어교육에서의 적용

3장의 문법번역식 교수법의 실제를 활용하여 수업에 적용하여 보면 다음과 같다.

4.1 문법번역식 교수법을 적용한 수업 모형

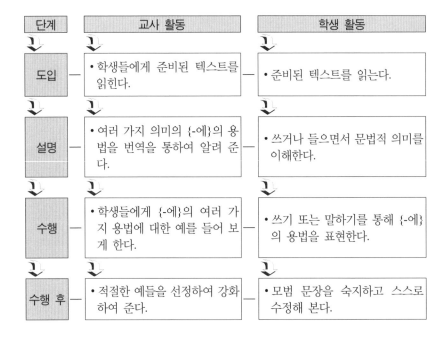

단계	교사 활동	학생 활동
도입	• 학생들에게 준비된 텍스트를 읽힌다.	• 준비된 텍스트를 읽는다.
설명	• 여러 가지 의미의 {-에}의 용법을 번역을 통하여 알려 준다.	• 쓰거나 들으면서 문법적 의미를 이해한다.
수행	• 학생들에게 {-에}의 여러 가지 용법에 대한 예를 들어 보게 한다.	• 쓰기 또는 말하기를 통해 {-에}의 용법을 표현한다.
수행 후	• 적절한 예들을 선정하여 강화하여 준다.	• 모범 문장을 숙지하고 스스로 수정해 본다.

4.2 문법번역식 교수법을 적용한 지도안

학습 목표	조사 '-에'의 쓰임을 이해한다.
주요 학습 내용	'-에'의 다양한 쓰임.
학습자 정보	초급 1단계
수업 소요 시간	50분

구분	과정	교수·학습 활동	준비물
도입	텍스트 읽기	준비된 대화 또는 텍스트를 읽는다. 예 저는 한국 사람입니다. 저는 서울에 삽니다. 제 가족은 세 명입니다. 저는 날마다 학교에 갑니다. 수업은 9시에 시작합니다. 제 교실은 3층에 있습니다. 지금 아버지는 회사에 계십니다. 어머니는 집에 계십니다. 저는 테니스를 좋아합니다. 그래서 일주일에 세 번 테니스를 칩니다.	
제시	번역	{-에}의 용법을 번역을 통해서 제시한다. 예1 저는 서울에 삽니다. I live in Seoul. 예2 제 교실은 3층에 있습니다. My classroom is on the 3rd floor. 예3 아버지는 지금 회사에 계십니다. My father is at work. 예4 저는 날마다 학교에 갑니다. I go to school everyday. 예5 저는 일주일에 세 번 테니스를 칩니다. I exercise twice per week. {-에}의 기본 기능이 범위 한정이며 서술어 또는 대상에 따라서 다른 뜻으로 쓰임을 체계적으로 설명한다. 1) 'in'의 의미로 쓰일 경우 • 저는 서울에 삽니다. I live in Seoul. • 서울은 한국에 있습니다. Seoul is in Korea. • 제 학교는 이문동에 있습니다. My school is in Imun-dong. 2) 'on'의 의미로 쓰일 경우 • 책이 책상에 있습니다. The book is on the desk.	읽기 텍스트

		· 밥이 밥상에 있습니다. The rice is on the table. · 코트를 옷걸이에 겁니다. I hang the coat on the hanger. 3) 'at'의 의미로 쓰일 경우 · 아버지는 지금 회사에 계십니다. My father is at work now. · 어머니는 집에 계십니다. My mother is at home. · 수업은 아홉 시에 시작합니다. The class starts at 9:00. 4) 'to'의 의미로 쓰일 경우 · 저는 날마다 학교에 갑니다. I go to school everyday. · 저는 제주도에 여행을 갑니다. I go travel to Jeju island. · 내일은 우리 집에 오세요. Please come to my house tomorrow. 5) 'per'의 의미로 쓰일 경우 · 저는 일주일에 세 번 테니스를 칩니다. I exercise twice per week. · 사과는 1개에 1,000원입니다. The apple is 1,000won per one. · 1년에 두 번 방학이 있습니다. We have two vacations per year.	
연습	쓰기 활동 후 말하기	학생들에게 문법적 설명으로 제시된 {-에}를 사용하여 각각의 예문을 만들어 보게 한다.	
마무리	어휘/숙제 제시	새로 나온 어휘 목록을 제시해 주고 외워 오도록 숙제를 준다.	

직접교수법
(Direct Method)

19세기 후반에 들어와 문법번역식 교수법에 반발해서 생겨난 직접교수법은 언어 상황과 주제를 언어 사용의 일부분이 되게 하였으며 모국어를 사용하지 않고 목표 언어만을 사용하려는 첫 번째 시도였다는 데에 그 의의가 있다. 목표어로 수업을 진행하려 한 직접교수법은 교사에게 창의성을 요구하였고, 당시로서는 새로운 언어 학습의 방법으로 그림과 사물의 제시, 교사의 행동 및 몸짓 언어 활용, 질문과 대답, 모방 등의 교수법을 개발하였다. 그러나 목표어만으로 의사소통하는 능력을 함양시키고자 하였던 직접교수법은 이론적인 근거가 미약하여 학습 내용의 구성이 비체계적인 면이 있고, 모국어 사용이 원천 봉쇄되어 목표어의 의미 파악이나 문법 항목 습득에 어려움이 있다.

1. 직접교수법의 이론적 배경

1.1 역사적 배경

19세기 중반에 들면서 독해 위주의 문법번역식 교수법에 대한 문제가 제기되었으며, 이 방법에 대한 회의와 거부가 일어나기 시작하였다. 또한 외국어로 의사소통의 기회가 증가되면서 말하기 중심의 외국어 교수법에 관한 관심이 점점 고조되고 있었다. 이러한 당시의 시대적 요청에 부응하듯 독해 중심의 외국어 교수 방법은 설 땅을 잃게 되고 말하기 중심의 교수법이 개발되게 된다. M. Berlitz 및 F.Gouin과 같은 언어 전문가들이 개발한 교수법도 바로 그런 취지에서 시작되었다. 그들이 개발한 자연교수법 및 심리학적 교수법 등에서는 유아가 모국어를 습득하는 과정을 외국어 교육에 응용하여 구두 언어 기능의 향상을 꾀하고 있다. 즉 모국어를 습득할 때처럼 외국어를 학습할 때에도 번역이나 모국어를 사용하지 않더라도 시범과 행동을 통해서 의미가 전달된다면 목표어만으로도 외국어를 가르칠 수 있다는 것이다. 이처럼 아기가 모국어를 습득하는 과정을 모방하여 외국어 학습시에도 목표어만을 노출하여 학습자로 하여금 자연스러운 외국어 습득을 유도하고 있는 자연적인 언어 학습 원리들이 훗날 직접교수법(Direct Method)이라 불리게 된 교수법의 토대를 마련하였으며, 20세기가 되자 각종 직접교수법이 개발되어 언어 교육에 응용되면서 전성기를 맞이하게 되었다.

그러나 직접교수법은 자연적인 모국어 습득과 교실에서의 외국어 학습 사이의 유사점을 너무 강조한 나머지 교실의 실질적인 현실을 고려하지 못하였다. 수업 활동 전반을 목표 언어로 하는 것은 교사나 학습자에게 지나치게 부담이 되었고 시간적으로 비경제적이라는 이유에서 1920년대부터 목표 언어에 모국어 대역을 붙여 의미를 제시하거나, 문법 설명을 모국어로 하는 등의 방법을 보이기도 했다. 이러한 비판을 받은 직접교수법에 뒤를 이어 구조언어학과 행동주의 심리학에 근거한 청각구두식 교수법(Audiolingual Method)이 탄생하게 된다.

1.2 이론적 배경

직접교수법은 넓은 의미로는 어린 아이들이 모국어를 배우는 과정을 모방하려는 자연교수법(Natural Approach)으로부터 목표어 전용을 원칙으로 하되 모국어의 사용을 어느 정도 허용하는 절충식 교수법에 이르기까지 많은 방법을 총칭하는 교수법이다. 그러나 원칙적으로 말하기가 1차이고, 쓰기는 2차이며 목표어로 사고하고 사용하는 것을 목적으로 하고 있다. 이것은 직접교수법이 문자언어보다는 음성언어를 언어의 일차적 형태로 보았기 때문이다. 또한 외국어의 습득도 모국어 습득과 유사한 과정을 거친다는 모국어 습득 이론을 토대로 어린이의 모국어 습득과 언어 사용을 관찰하여 외국어 교수 학습의 원리를 개발하였다. 이러한 이론적 가정을 토대로 직접교수법에서는 학생들이 외국어를 모국어처럼 자연스럽게 습득하기 위해서 목표어로 생각하는 습관을 기르는 것이 주요한 목표가 되었다. 그리고 이러한 목표를 달성하기 위해 직접교수법에서는 모국어 사용을 금하며, 학생의 사고와 목표어의 직접 연상을 위해 번역을 하지 않고 구체적인 실물을 제시하고자 하였다. 그리고 추상적인 것은 관념 연합(association of ideas)으로 가르치며 문법은 구체적인 실례나 여러 가지 시각적인 방법을 통해 귀납적인 추론을 유도하고 있다.

2. 직접교수법의 원리와 특징

2.1 직접교수법의 원리

직접교수법은 앞에서도 언급하였듯이 어린이의 언어 습득 과정을 모방하여 만든 것으로, 번역이나 학습자의 모국어는 철저히 배제한 상태에서 목표어만을 이용하여 가르치는 것으로 요약할 수 있다. 다시 말해 아이들이 모국어를 배울 때 문법 지식의 학습 없이도 자연스럽게 언어를 습득하는 것처럼 외국어를 교수·학습할 때도 문법 지식은 배울 필요가 없으며 번역식 방법은 완전히 배제한다는 것이다.

이처럼 기본적으로 모국어의 사용과 번역을 금지하고 있는 직접교수법에서는 새로운 어휘 및 문법을 제시하기 위해 목표어만을 사용할 것을 강조하기 때문에 실물이나 몸짓 또는 그림이나 도식과 같은 교구를 사용하게 된다. 그러면 학습자는 실물이나 교사의 행동을 보고 머릿속으로 그 의미를 떠올리게 되며 그렇게 해서 떠오른 연상 의미와 목표어로 제시된 어휘나 문법은 떨어질 수 없는 연결을 가지게 되고 그러한 연상들이 계속 연쇄하여 추상적인 의미의 전달까지 할 수 있다고 보는 것이다. 이러한 심리학적 접근 방법은 관념 연합(association of ideas)과 심적 시각화(mental visualization)를 그 원리로 하고 있다.

외국어 교육에 심리학적 접근 방법을 적용하였던 F.Gouin은 언어를 다음과 같이 셋으로 구분했다(최진황, 1985).

① 객관적인 언어(Objective language)
외계현상을 표현하는 것으로 유아가 제일 먼저 배우는 것.

② 주관적인 언어(Subjective language)
정신적인 표현으로 ①을 습득한 후에 옴.

③ 상징적인 언어(Figurative language)
외계에서 빌린 상징에 의한 추상적인 표현.

위에서 제시한 것처럼 언어가 세 가지로 구분이 되므로 직접교수법에서는 외국어 교수·학습의 순서도 이를 따라야 한다고 본다. 그리고 이러한 외국어 교육의 원리에 따라 특정의 목적 동작과 그 동작에 이르는 연계 동작을 시간순으로 나열하고 Series를 구성하여 목표어로 제시하는 Series Method라고 하는 직접교수법을 고안하기도 했다.

2.2 직접교수법의 특징

아이가 모국어를 습득하는 것처럼 외국어 교육에서도 직접적으로 목표어를 사용하여 학습자로 하여금 목표어를 습득할 수 있도록 고안한 직접교수법의 근본 특징은 바로 모국어 사용의 금지와 목표어만을 사용한 교수법으로 요약할 수 있다. 이러한 특징 때문에 외국어 학습에서 번역이나 모국어 사용을 배제하고 목표어로만 진행하는 교수법은 모두 이 방법에 속한다고도 할 수 있다. 이러한 직접교수법의 특징을 정리하면 다음과 같다.

① 모국어를 배우는 방법과 같은 방법으로 외국어를 배운다.
② 교사와 학생이 모국어를 일체 사용하지 않는다.
③ 듣기, 말하기 지도에서 읽기, 쓰기 지도로 옮겨간다.
④ 발음 지도를 중요시한다.
⑤ 외국어의 단어나 구는 실물이나 동작과 결부시켜 가르친다.
⑥ 모든 설명은 모국어를 사용하지 않고 반드시 목표어로만 설명한다.
⑦ 구문은 자기가 연습했던 것으로부터 추리하여 귀납적으로 자기 위주의 원리를 터득해야 한다.
⑧ 문법 학습은 일상 회화에서 많이 사용되는 것만 다룬다. 예외적인 것, 문어적인 것은 쓰지 않는다.
⑨ 어휘나 구문에 익숙해지면 일상생활 상황에 넣어 연습하고, 그 다음 외국어를 쓰고 있는 국가의 생활 그림이나 사진, 필름 등을 중심으로 대화하게 한다.
⑩ 읽기 내용은 구두로 대화했던 내용을 중심으로 한다.
⑪ 교사는 새 단어, 새 장면을 구두로 설명한다. 소리내어 읽고, 뜻의 이해는 모국어로 번역하지 않고 문장의 전후 관계에서 추리한다.
⑫ 뜻을 이해했는지 확인하기 위해 목표어로 질문한다.
⑬ 쓰기 지도는 처음 교과서 그대로 베껴 쓰게 하고 다음은 읽은 내용과 쓴 내용에 대해서 간단한 설명문을 쓴다.

위에 제시한 직접교수법의 특징을 요약하면, "첫째 구두 중시, 둘째 발음 강조, 셋째 모국어 사용 억제, 넷째 문법을 다루되 귀납적 방법에 의하여, 다섯째 이해를 위한 읽기 지도, 여섯째 Thinking in the target language 중시(번역 금지)"라고 할 수 있다.

이러한 특징을 갖고 있는 직접교수법은 일차적으로 구어의 습득에 중점을 두고 있기 때문에 듣기와 말하기 능력을 배양하는 데 좋으며 목표어로만 수업을 진행하기 때문에 초기 단계의 학습으로 목표어에 대한 감각을 부각시켜 주는 데 효과적이다. 또한 구두 연습과 목표어로 생각하는 습관을 향상코자 하므로 목표어를 살아 있는 언어로 습득하고 의사소통 능력을 얻는 데 적합한 교수법이라 할 수 있다.

그러나 모국어 사용의 배제로 새로운 어휘나 구문을 이해하는데 필요 이상의 힘과 시간이 소요될 때가 있고, 말하기와 듣기에 너무 치중하여 읽기와 쓰기 훈련에 대한 배려가 적으며, 추상적인 내용의 문장을 다루는 데 적지 않은 문제가 있다. 게다가 직접교수법을 수행하기 위해서는 교사가 원칙적으로 목표어를 모국어로 하고 있거나, 그렇지 않을 경우에는 고도의 훈련을 받아서 거의 완벽한 목표어 사용 능력을 가진 교사라야 한다. 그러나 목표어를 자유자재로 구사할 수 있는 교사를 확보하는 것은 이상적인 방법이긴 하지만 외국어 교육의 현실을 고려한다면 현실성은 다소 떨어지는 교수법이라는 지적을 받을 수 있다.

3. 직접교수법의 실제

3.1 수업 절차

기본적으로 제2언어 학습도 어린이의 언어 습득 과정과 같아야 한다고 생각한 직접교수법은 듣기, 말하기, 읽기, 쓰기의 순서로 학습을 시키기 때문에 학습 초기 단계에는 문자의 도입이 없이 정확한 발음을 강조하면서 듣고 말하는 훈련에만 치중하고 읽기, 쓰기는 듣기, 말하기가 어느 정도 숙달된 다음에 제시된다. 따라서 직접교수법은 소리(발음)에 주의를 기울이고, 어휘는 마임, 시범, 그림 등을 통해 제시한다. 교사는 소규모 수업을 통해 일상 생활에서 자주 사용되는 어휘와 표현들만을 이용해 학생들에게 질문하고 학생들이 대답하는 형식으로 수업을 진행해 나간다. 그리고 학습자의 모국어를 배제한 상태에서 수업을 진행해 나가야 하기 때문에 실물, 사진, 직접 시연 등을 많이 이용한다. 문법은 질의 응답을 통한 수업 과정에서 실례를 통해 귀납적으로 습득시키며 체계적인 문법 지도는 학습 최종 단계까지 보류한다.

직접교수법을 적용한 수업에서 확인되는 일반적인 절차는 다음과 같다.

① 듣기 단계

교사는 목표어로 주요 어휘와 문법을 올바른 발음으로 제시한다. 새로운 표현이나 문법은 주로 학습자의 일상 생활과 관련이 있는 것을 중심으로 선정한다. 제시한 어휘나 문법의 의미는 문자의 도입이 없이 실물이나 교사의 행동을 통해 전달한다. 학습자는 교사의 소리(발음)에 주의를 기울이고 듣는다.

② 말하기 단계

교사가 제시한 어휘와 문법을 잘 듣고 나서 학습자는 그대로 따라한다. 교사는 학습자의 발화를 주의깊게 관찰하며 오류에 대해 즉각적인 교정을 한다. 그후 교사는 새로운 어휘와 문법의 제시가 끝나면 학습자에게 목표어로 질문한다. 학습자는 교사의 질문에 목표어로 대답한다. 학습자가 대답을 어려워할 때는 교사가 먼저 자문자답하여 묻고 대답하는 시범을 보인다.

③ 읽기 단계

듣기와 말하기가 어느 정도 능숙해진 후 시간이 주어지면 학습자로 하여금 목표 어휘 및 문법과 그것이 담긴 대화문을 제시한다. 이 단계에서 교사가 먼저 읽으면 학습자가 따라하도록 한다. 학습자는 문자를 읽고 내용을 이해한다. 교사는 학습자가 읽은 내용을 확인하기 위해 질문을 하고 학습자는 배운 어휘와 문법을 이용해 대답한다.

④ 쓰기 단계

읽기와 마찬가지로 듣고 말하기 단계에 비해 비중이 적으며 학생들로 하여금 읽은 어휘 및 문형과 대화문의 문자를 그대로 베껴 쓰도록 하는 데에서 쓰기를 시작한다. 이후 읽은 내용에 대해서 짧은 문장을 쓰거나 주제나 상황에 맞는 글을 쓰도록 한다.

위와 같은 절차로 진행되는 직접교수법은 목표어로 생각하고 목표어로 의사소통하는 데에 언어 교수의 목표가 있기 때문에 교사가 목표어로 제시하는 새로운 어휘와 문법을 학생들은 듣고 따라하면서 의미와 목표어를 직접 연결시킬 필요가 있다고 여긴다. 교사는 이러한 직접 연결을 돕기 위해 새로운 낱말이나 어구를 소개하는 제시 단계에서 적극적으로 시청각 자료를 활용하여 보여줘야 하며 새로운 어휘나 문법은 모국어로 번역하지 않는다. 이러한 단계로 진행되는 직접교수법은 언어의 네 가지 기능 연습이 처음부터 이루어지지만 구두 의사소통이 기본적인 것으로 간주된다. 읽기나 쓰기 연습은 먼저 구두로 연습한 것에 기초하며, 발음은 교수·학습의 시작부터 중점적으로 교수·학습된다.

3.2 교수·학습의 활동 유형

직접교수법은 목표어를 사용하여 질문과 대답하는 과정에서 목표어를 자연스럽게 습득하도록 한다. 교수 내용은 대부분 일상 생활에서 쉽게 볼 수 있거나 친숙하게 사용되는 어휘들이나 쉽게 의미를 연상할 수 있는 것을 중심으로 구성한다. 그렇게 구성한 교수·학습 내용은 학생들로 하여금 목표어로 생각하는 습관을 기르기 위해서 모국어 사용을 금하고, 학생의 사고와 목표어의 직접 연상을 위해 번역을 하지 않고 구체적인 실물을 제시하도록 한다.

한국어를 직접교수법으로 교수·학습할 경우, 초급 단계에서 "어느 나라 사람이에요?"라는 주제를 가지고 수업을 진행한다면 교사는 먼저 학생들의 출신 국가를 찾아서 그 국가를 연상할 수 있는 국기나 지도 등을 준비해야 한다. 학생들은 자신과 자주 보는 반친구들의 출신 국가에 대해 관심이 있다. 수업 내용을 구성할 때는 학생의 관심이 있는 주제를 중심으로 마련해야 학생들로 하여금 학습의 동기를 유발시킬 수 있다.

그 다음으로 교사는 준비된 지도나 국기 등의 나라를 상징하는 실물을 보여주며 새로운 국가명 어휘를 제시한다. 학생들은 하루 수업의 새로운 어휘를 먼저 교사의 발화를 통해 듣고, 교사가 발화하면서 보여준 지도나 국기 등을 보고 의미를 이해하게 된다. 다음은 교사의 발화를 듣고 나라 이름을 따라해 본다. 이렇게 시각 자료를 통해 새 어휘를 익힌 다음에 교사는 다음과 같이 질문한다.

(예 1) 교사의 자문자답

교사: (빈 씨의 출신 국가인 베트남을 지도에서 카리키며 빈 씨한테 질문한다) 빈 씨는 어느 나라 사람이에요?

빈　：(머뭇머뭇한다)

교사 : (교사는 학생이 대답을 하지 못하자 지도의 베트남을 가리키며)
빈 씨는 베트남 사람이에요.

(예 2) 교사와 학생의 질의 응답

교사 : (교사는 다시 한 번 지도에서 베트남을 가리키며 빈 씨한테 질
문한다) 빈 씨는 어느 나라 사람이에요?

빈　：(머뭇머뭇하며 떠듬떠듬 말한다) 저는 베트남이에요.

교사 : (교사는 학생의 오류에 대해 조금 실망한 듯한 표정을 지으면서
다시 한 번 베트남 국기를 보이며 다른 학생한테 질문한다) 메
이 씨, 빈씨는 어느 나라 사람이에요?

메이 : 빈 씨는 베트남 사람이에요.

직접교수법에서는 실물을 보이며 제시한 새로운 어휘를 활용하여
교사가 질문을 한다. 학생이 처음에 교사의 질문에 어떻게 대답해야
하는지 잘 모를 수 있기 때문에 먼저 교사는 (예 1)에서처럼 자문자답
으로 질문과 대답의 시범을 보일 수 있다. 교사의 시범을 보고 학생들
이 질문에 대해 오류없이 대답을 한다면 계속해서 질문과 대답을 이
어갈 수 있다. 이어지는 질문과 응답은 단지 하루에 배울 내용에 한하
여서만 확장한다. 만약에 교사의 질문에 대해 (예 2)에서처럼 학생이
오류를 보일 때에는 교사는 표정이나 행동으로 그것이 정답이 아니라
는 암시를 주고 교사가 정답을 대답하거나 다른 학생을 통해 정답을
제시할 수 있다. 직접교수법에서 실물을 활용한 질의 · 응답 활동은 교
사와 학생, 학생과 학생으로 진행할 수 있으며 게임으로도 활용할 수
있다.

3.3 현장 적용시 유의점

직접교수법은 교사가 실물이나 시범을 통해 목표어로 직접 새로운 어휘나 문법을 제시하는 것이 기본적인 방법이기 때문에 교사의 역할이 중요하다. 특히 교사는 학습자의 언어 모델이므로 정확한 발음과 표현을 해야 한다. 문법 학습도 실제 사물 및 다양한 교구 등을 활용하고 구체적인 행동이나 마임을 통해 학습자가 귀납적으로 이해할 수 있도록 준비한다.

그리고 수업은 학습자가 목표어로 생각하는 습관을 기르기 위해 목표어만으로 진행해야 하므로 교사는 물론 학습자도 번역이나 모국어 사용은 하지 않아야 한다. 이처럼 모국어의 도움이나 번역 없이 교수·학습시에는 목표어만을 구사하기 때문에 학습자가 학습에 어려움을 느낄 수 있으므로 교사는 새로운 수업 내용을 제시할 때 천천히 반복하여 말하고 점차적으로 정상 속도로 전달하도록 한다. 그리하여 나중에는 학습자 스스로 자연스럽게 목표어로 말하기 활동에 참여할 수 있도록 유도한다.

말하기 활동 중의 발음 지도는 처음에 조금 틀리더라도 발화 내용을 이해할 수 있는 정도라면 그대로 허용하면서 점차 정확하게 발음할 수 있도록 지도한다. 그리고 새로운 어휘나 문법에 대한 구두 연습이 완전히 이루어질 때까지 문어의 제시 즉 읽기·쓰기는 가급적 하지 않는다. 수업을 진행하면서 발생하는 학습자의 오류는 시간이 흐르면 잘 기억하지 못하므로 즉각적으로 수정을 하도록 한다.

4. 한국어 교육에서의 적용

4.1 직접교수법을 적용한 수업 모형

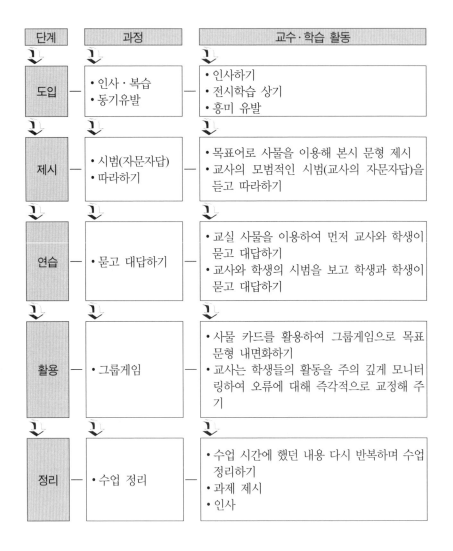

단계	과정	교수·학습 활동
도입	• 인사 · 복습 • 동기유발	• 인사하기 • 전시학습 상기 • 흥미 유발
제시	• 시범(자문자답) • 따라하기	• 목표어로 사물을 이용해 본시 문형 제시 • 교사의 모범적인 시범(교사의 자문자답)을 듣고 따라하기
연습	• 묻고 대답하기	• 교실 사물을 이용하여 먼저 교사와 학생이 묻고 대답하기 • 교사와 학생의 시범을 보고 학생과 학생이 묻고 대답하기
활용	• 그룹게임	• 사물 카드를 활용하여 그룹게임으로 목표 문형 내면화하기 • 교사는 학생들의 활동을 주의 깊게 모니터링하여 오류에 대해 즉각적으로 교정해 주기
정리	• 수업 정리	• 수업 시간에 했던 내용 다시 반복하며 수업 정리하기 • 과제 제시 • 인사

4.2 직접교수법의 지도안

학습 목표	주변 사물의 이름을 듣고, 말하고, 읽고, 쓸 수 있다.
주요 학습 내용	1) 문형 : 무엇입니까? → N입니다 2) 어휘 : 사물 어휘(교실 및 주변의 사물)
학습자 정보	초급(한글만 겨우 읽을 수 있는 수준) 학생 6명
수업 소요 시간	50분

(교사 : T, 학생 : S)

단계 (시간)	과정	교수·학습 활동	유의점	준비물
도입 (10분)	인사 복습 (질문 - 대답)	T: (밝게 웃으며) 안녕하세요? S: (모두) 안녕하세요? *교사는 모든 학생과의 문답으로 '누구입니까? - _____ 씨입니다'를 복습한다. T: (교실 안을 둘러 보다가 S1 씨를 가리 키며 모든 학생에게) 누구입니까? S: (모두) S1 씨입니다. T: (S2 씨를 가리키며 S3 씨한테) 누구입 니까? S3: (S3) S2 씨입니다. T: (S3 씨를 가리키며 S4 씨한테) 누구입 니까? S4: S3 씨입니다. T: (S4 씨를 가리키며 S1 씨한테) 누구입 니까? S1: S4 씨입니다. T: (S5 씨 앞에서 고개를 조금 숙이며 이 름을 붙여서 인사한다) S5 씨, 안녕하세 요? S5: (S5 씨도 선생님께 비슷한 몸짓을 하며 인사한다) 안녕하세요? *(교사의 시범을 본 후) 학생들로부터 '_____ 씨, 안녕하세요?'를 유도한다.	교사는 목표어 와 실제 사물 및 행동만으로 학생들에게 의 미를 전달해야 하므로 지시는 구체적인 행동 으로 보여준다. 학생들의 대답 이 만족스러울 때 교사는 칭 찬을 한다.	

		T: (S6 씨 앞에서 고개를 조금 숙이며) S6 씨, 안녕하세요? S6: (S6 씨도 고개를 조금 숙이며) 선생님, 안녕하세요? *학생들 모두 일어나서 반 친구들에게 인사한다. T: 여러분, 친구한테 인사하세요! S1: S2 씨, 안녕하세요? S2: S1 씨, 안녕하세요? S3: S4 씨, 안녕하세요? S4: S3 씨, 안녕하세요?		
제시 (10분)	시범 (자문 자답) - 따라 하기	*교사는 교실 안에 있는 사물들을 직접 손으로 집거나 가리키며 사물을 묻는 질문과 사물의 이름을 말하는 '무엇입니까? - N입니다'를 직접 시범을 보이며 제시한다. T: (학생들이 좋아하는 한국노래를 들려주며) 무엇입니까? S: (멀뚱멀뚱 한다) T: (노래가 나오는 오디오를 가리키며) 노래입니다. S: (주의 깊게 듣고 따라서 말한다) 노래입니다 T: 노래 S: 노래 T: 노래입니다. S: 노래입니다. T: (시디를 보여주며) 무엇입니까? S: (몇몇) 시디입니다, 노래입니다 T: 잘 했습니다. (다시 한 번 시디를 보이며) 시디입니다. S: (주의 깊게 듣고 따라서 말한다) 시디입니다. T: 노래시디입니다. S: (모두) 노래시디입니다. T: (신문을 손에 들어 보이며) 무엇입니까?	사물을 본 학생들에게서 학생들의 모국어가 발화되지 않도록 하며 교사는 목표어로만 수업을 진행한다. 새로운 어휘는 교사가 자문자답식으로 말하며 학생들은 처음 등장한 단어들을 제시할 때 교사의 발음을 주의 깊게 듣고 따라한다.	노래 시디 신문 등 사물

		S: (멀뚱멀뚱 한다) … T: (신문을 보이며) 신문입니다. S: (주의 깊게 듣고 따라서 말한다) 신문입 니다. *위와 같은 방법으로 교사는 사물을 가리키 며 주변의 사물을 묻고 대답함으로써 "무엇 입니까? - N입니다"의 문형과 사물 어휘를 교수·학습한다.		
연습 (15분)	질문- 대답	*교사가 먼저 앞서 제시한 사물 중 하나를 가리키며 모든 학생에게 질문하고 학생들은 대답하기를 반복한다. T: (연필을 가리키며) 무엇입니까? S: (모두) 연필입니다 *교사가 한 학생씩 개별적으로 질문하고 대 답하기를 반복한다. T: (지우개를 가리키며) S1 씨, 무엇입니 까? S1: 지우개입니다. *'교사-학생'의 '질문-대답'처럼 옆 친구와 짝활동으로 사물을 가리키며 묻고 대답하는 연습을 반복한다. T: (교사는 학생 둘씩을 가리키며) 옆 친구 와 이야기 하세요! S1: (공책을 가리키며) S2 씨, 무엇입니까? S2: 공책입니다 S2: (가방을 가리키며) S1 씨, 무엇입니까? S1: 가방입니다	학생들이 잘 모 를 때는 다시 한번 대답을 교 사가 발화하고 학생들이 따라 하게 한다. 짝활동으로 연 습할 때 교사는 학생들의 발음 을 점검하고 모 르는 단어에 대 해 목표어를 다 시 한 번 발화 해 주며 짝활동 을 도와준다.	연필 지우개 책상 공책 등 교실 사물
활용 (10분)	그룹 게임	*교사는 사물 그림 카드를 10장 정도 두 세 트를 준비한다. 3명씩 나누어진 두 그룹의 책 상 위에는 같은 내용의 사물 그림 카드가 10 장씩 놓여 있다. 학생들은 교사의 발화를 듣 고 발화에 맞는 사물 카드를 집으면서 사물 의 이름을 말하도록 한다. 먼저 맞는 사물을 집고 정확하게 말하는 것이 많은 그룹이 이	학생들은 카드 그림만으로 대 답을 잘 모를 때는 뒷면의 한 글을 읽으면서 단어를 익힐 수 있다.	사물 플래시 카드 초시계

		긴다. T: 잘 들으세요. S: (모두 주의를 기울여 듣는다) T: 연필입니다. A그룹: (먼저 연필 카드를 집으며 다 같이) 　　연필입니다. T: 잘 했습니다. 연필입니다. 잘 들으세요. S: (모두 주의 깊게 듣는다) T: 시계입니다. B그룹: (먼저 시계 카드를 집으며 다 함께) 　　시계입니다. T: 잘 했습니다. 시계입니다. *다음은 스피드 게임으로 그룹의 한 명이 앞에 나와서 사물을 사리키며 그 사물의 이름을 물으면 나머지 그룹의 학습자 두 사람이 대답한다. 20초 안에 더 많은 단어를 맞히는 그룹이 이기는 게임이다. 모든 학생이 사물을 묻고 대답할 수 있도록 교사는 시간을 잘 조정하여 모든 학생의 참여를 유도한다. T: 　(교사는 준비한 초시계를 보며) 　　A그룹, 시작! A그룹 1명: (교실 앞에 나와서 교실에 있는 　　　　사물을 직접 가리키며 속해 있는 　　　　그룹의 친구들을 향해) 무엇입니 　　　　까? A그룹 2명: (자리에 앉아서 친구가 가리키 　　　　는 것을 보고) 지우개입니다.	게임에서 학생들의 발음이 부정확할 경우에는 교사가 다시 한번 '무엇입니까'로 질문하며 학생들로 하여금 올바른 발음이 발화되도록 유도한다. 활용을 할 때는 자연스럽게 목표어를 구사하사할 수 있는 게임이나 활동을 준비하도록 한다. 교사는 시간과 활동에 융통성을 가지고 활용 시간이 넘지 않도록 운용한다.	
정리 (5분)	정리 및 과제 제시	*교사가 다시 한 번 사물을 가리키며 '무엇입니까'로 질문하고 학생들은 모두 'N입니다'로 대답한다. T: (창문을 가리키며) 무엇입니까? S: (창문을 바라보며) 창문입니다. T: (달력을 가리키며) 무엇입니까? S: (달력을 바라보며) 달력입니다. T: (신문을 보이며) 무엇입니까? S: (신문을 보며) 신문입니다.	직접교수법에서 듣고 말하기가 어느 정도 숙달된 다음에 읽고 쓰기를 교수하기 때문에 본시 수업에서 읽기와 쓰기는 과제로 제시되어 있다.	핸드 아웃

		T:	잘 했습니다. (핸드아웃을 나누어주며)		
			숙제입니다.		
		S:	(숙제 핸드아웃을 본다)		
		T:	여러분 질문 있습니까?		
		S:	아니요! 없습니다.		
		T:	좋습니다.		
			여러분, 안녕히 가세요!		
		S:	선생님, 안녕히 계세요!		

[핸드아웃 샘플]

* 그림을 보고 보기처럼 쓰세요.

> <보기>   유리 : 무엇입니까?
> 미나 : 공책입니다.

1) 가 : 무엇입니까?
   나 : _____입니다.

2) 가 : 무엇입니까?
   나 : _____.

3) 가 : _____?
   나 : _____.

4) 가 : _____?
   나 : _____.

5) 가 : _____?
   나 : _____.

청각구두식 교수법
(Audiolingual Method)

청각구두식 교수법은 언어학적, 심리학적 이론을 근간으로 개발된 첫 번째 외국어 교수 이론으로 언어의 특징을 변별하여 주요 문형과 어휘를 듣고 말하는 구두 연습 기법이 중심을 이루고 있다. 이전의 구두 연습이 단지 크게 소리만 내는 연습뿐인 반면 밈·멤 연습을 비롯한 다양한 문형 연습 방법은 청각구두식 교수법의 핵심으로서 정확한 발음 표현과 청각 훈련, 정상적인 속도의 대화를 이해하고 말하는 훈련, 자동적인 언어 반응 등을 유도하며 언어 교수에 긍정적인 영향을 미쳤다. 그러나 청각구두식 수업 절차에서 보이는 기계적인 반복 연습, 적절한 설명의 부족, 학습자의 동기 유발과 창의적인 언어 행위의 결여 등이 문제점으로 대두하였다.

1. 청각구두식 교수법의 이론적 배경

1.1 역사적 배경

청각구두식 교수법은 행동주의 심리학과 구조주의 언어학의 영향으로 만들어진 외국어 교수법으로 문법번역식 교수법이 문자 언어에 치중한 것과 대조적으로 음성언어의 듣고 말하기 교육을 강조하고 있다. 20세기 전반기의 주요 교수법인 문법번역식 교수법과 직접교수법이 대체로 유럽의 학교에서 발달했지만, 청각구두식 교수법은 미국에서 발달하기 시작하였다.

1929년 Coleman의 보고서에 의하면 미국 중등학교와 대학에서는 읽기 위주의 교수법을 권장하였다고 한다. 이 교수법은 교재의 독해를 강조하였으며 빠른 묵독이 목표였지만 교사들은 실제로 문단의 내용을 토의하는 방법에 의존하였다. 당시 미국에서는 수정된 직접교수법 또는 읽기 구두법이 영어 교수에 사용된 것이었다.

미국이 제2차 세계 대전에 개입하게 되면서 미국의 언어 교수는 큰 변화를 맞이하게 된다. 제2차 세계대전 중에 미국에서는 독일어, 불어, 중국어, 일본어 등의 외국어에 유창한 사람, 통역가, 번역가, 암호 해독가 등의 양성이 다급해졌다. 따라서 외국어에 유창한 인재를 키우기 위한 특별한 언어 훈련 프로그램이 필요하게 된 미국 정부는 대학에 외국어 프로그램의 개발을 위탁하였다. 그리하여 1942년 특별 군사 훈련 프로그램(Army Specialized Training Program, ASTP)이 수립되었고, 많은 대학들이 이 프로그램에 참여하였다.

ASTP의 목표는 외국어로 대화를 능통하게 하는 데 있었다. 이러한 외국어 교육의 목표는 기존에 있었던 전통적인 미국의 외국어 교육 목표와 다르게 때문에 새로운 접근법이 필요하였다. 그 당시 예일 대학의 Bloomfield와 같은 언어학자나 인류학자들은 전형 발화자 방법(informant method)이라는 기법을 사용하여 미국 인디언 언어와 다른 외국어의 숙달을 목표로 새로운 언어 훈련 프로그램을 이미 개발하였다. 이러한 방법이 육군에서 채택되었고, 높은 동기를 가진 학생들로 구성된 소규모 교실에서 목표 언어와의 집중적인 접촉으로 아주 좋은 결과가 도출되었다. 새로운 언어 훈련 프로그램은 외국어 학습에서 집중적이고 구두 위주의 접근법의 가치를 확신시켰다. 단지 2년간 지속되었던 이 육군식 교수법은 언론과 학계에 상당한 관심을 끌었으며 외국어 교육에도 큰 효과를 거두었던 방법이 되었다.

이후 미국이 주요 강대국으로 부상함에 따라 영어 교수 분야에서 전문가가 점점 더 절실히 요구되었다. 많은 외국 유학생들이 미국 대학에서 수학하려고 입국하였으며 이들을 영어로 훈련시킬 필요도 있었다. 이 기간에는 언어학자 응용언어학자도 외국어로서의 영어 교수에 점점 더 관여하게 되었다.

1939년에는 Michigan 대학교에서 최초로 English Language Institute를 개원하여 영어 교수를 전문으로 다루었다. 이 연구원의 책임자인 Charles Fries와 동료들은 직접교수법을 거부하고 구조주의 언어학 이론을 언어 교수에 응용하기 시작하였다. 구조주의 언어학을 기반으로 한 이 교수 이론은 문법 또는 구조가 출발점이었고, 언어의 구조는 그 언어의 기본 문형 및 문법 구조와 동일시되었다. 또한 언어 교수는 체계적인 발음 연습과 집중적인 기본 문형의 구두 훈련을 통해 이루어졌다. 즉 문형 연습이 교실에서의 기본 테크닉이었던 것이다.

미시건 대학을 필두로 하여 이후 미국에서는 조지타운 대학, 아메리칸 대학, 그리고 오스틴에 있는 텍사스 대학에서 영어를 가르치는 과정이 개설되었으며 교재 개발이 이루어졌다. 미시건 대학과 다른 대학의 언어학자들과 언어 교수 전문가들에 의해 개발된 교수법은 구두교수법(Oral Approach), 청각구두 교수법(Aural-oral Approach), 또는 구조적 교수법으로 다양하게 알려지게 되었다. 이러한 요인들로 말미암아 ESL(English as a Second Language)의 미국식 접근법이 출현하게 되었는데, 이 접근법이 1950년대 중반 청각구두식 교수법(Audiolingual Method)으로 발전하게 되었다.

이 교수법은 처음에는 듣기 훈련, 그 다음에는 발음 훈련, 말하기, 읽기, 쓰기 순서로의 훈련을 주장하였다. 언어는 말과 동일시되었으며 말은 구조를 통해 다루어졌다. 구조주의 언어 이론에서 원리를 이끌어 낸 이 교수법은 1950년대 중반 새로운 심리 이론인 행동주의 학습이론을 가미시켰다. 구조주의 언어 이론, 대조 분석, 청각-구두 절차, 그리고 행동주의 심리학의 결합으로 생겨난 "청각구두식 교수법(Audiolingual Method)"은 1964년에 Nelson Brooks에 의해 그 용어가 처음 사용되었으며, 이후 미국과 캐나다 등 북미 대학에서 널리 채택되었다.

그러나 청각구두식 교수법(Audiolingual Method)이 뚜렷한 언어 학습 이론으로 정의되어 큰 영향을 미쳤던 기간은 매우 짧은 편이다. 1960년 대 중반부터 청각구두식 교수법의 이론적인 기초에 의문이 제기되었고 그 이후 이론과 실제에 있어서 신랄한 비판을 받아 쇠퇴하기 시작하였 다. 그럼에도 불구하고 이 교수법의 원리에 기초한 자료들은 오늘날에 도 외국어 교수법 및 한국어 교육에서도 종종 활용되고 있다.

1.2 이론적 배경

청각구두식 교수법은 1950년대 미국의 언어학자들에 의해 제안된 설득력 있는 구조주의 언어학과 언어 학습을 포함한 모든 인간 학습 을 설명하는 행동주의 심리학 이론에 기반을 두고 있다.

1950년대는 전통 문법에 대한 반작용으로 개발되기 시작하였던 구 조주의 언어학이 언어학의 중추를 이루었다. 구조주의 언어학에서는 언어가 의미를 부호화하기 위한 체계이며, 구조적으로 관련된 요소들 의 체계로 간주되었다. 체계화된 언어를 이루는 요소들에는 음소, 형 태소, 단어, 구, 그리고 문장 유형이 포함되었다. 또한 각 언어의 음성 구조형(sound patterns)과 어결합(word combinations)을 언어 재료(corpus) 속에서 관찰한 그대로 기술하는데 주력하였고, 대조 분석을 통해 비교 하는 언어간의 차이를 열거하는 것을 가능하게 하였다.

이러한 구조주의 언어학의 언어관은 다음과 같이 정리할 수 있다. (김정렬, 2001)

① 언어의 제1차적인 형식은 구두이고, 문자언어는 제2차적인 것이다.
② 모든 언어는 각각 독자적인 체계를 지닌다. 따라서 개별언어의 문법적인 체계는 라틴어와 같은 한 언어의 문법체계에 준해서

기술되어서는 안 된다.
③ 언어사용 능력은 문법적인 지식에 바탕을 두는 것이 아니다. 반
복되는 연습을 통해서 습관적으로 모국어를 익히게 되는 것이지,
문법 규칙의 학습을 통해서 모국어를 습득하게 되는 것이 아니다.

위에서 언급하였듯이 구조주의 언어학은 언어의 일차적인 형식이 구
어라고 주장하고 있다. 많은 언어에는 문자 형태가 없기 때문에, 또 읽거
나 쓰기 전에 말하는 것을 먼저 배우기 때문에, 언어는 일차적으로 말하
는 것이고, 쓰는 것은 이차적이라고 주장한다. 따라서 언어 교수에서도
구어가 일차적인 학습 목표가 되는 것이다. 또한 모든 언어는 독자적인
체계가 있으므로 언어 교수에서도 구조화된 언어의 체계를 반복 학습을
통해 익히고 그것을 습관화 하면 언어 사용 능력이 향상된다고 본다.
구조주의 언어학 이론을 토대로 언어의 체계를 반복, 모방하여 습관
을 형성해 가는 것을 주요 과제로 삼은 청각구두식 교수법에 심리학
적 근간된 이론은 흔히 S-R이론이라고도 불리는 것으로 행동주의 심
리학의 학습 이론이다. Skinner의 [언어행위](Verbal Behavior, 1953)에
서는 언어 학습에 적용될 수 있는 학습 이론이 설명되었는데, 핵심은
구조주의 언어학에서와 마찬가지로 인간은 다양한 행동을 할 수 있는
유기체라는 것이다. 그리고 인간의 특정한 행동은 그것을 유도하는 자
극에 의해 유발된 반응이며, 반응에 대한 합당성 여부 표시 및 합당한
반응의 반복은 그것을 권장하는 강화 작용에 달려 있다는 것이다. 이
것을 도식으로 나타내면 다음과 같다.

이러한 행동주의 심리학을 토대로 하여 외국어 학습에 적용시켜 보면, 유기체는 외국어 학습자이고, 반응행동은 언어 행동이다. 그리고 자극은 외국어로 제시되는 것 또는 가르쳐지는 것이고, 반응은 자극에 대한 학습자의 반응이며, 강화 작용은 교사나 동료 학습자들의 외부적인 시인이나 칭찬 또는 목표 언어 사용의 내재적인 자기 만족인 것이다. 즉 행동주의 심리학에서 언어 숙달은 합당한 언어 자극-반응이란 일련의 연쇄를 습득하는 것으로 제시된다.

이러한 행동주의 학습 이론이 외국어 학습에 주는 시사점은 바로 강화의 중요성이라고 할 수 있다. 학습자가 외국어를 잘 구사했을 때 교사의 즉각적인 칭찬 및 동료들의 인정 등과 같은 강화는 학습자의 외국어 학습 동기를 매우 북돋워 주게 될 뿐만 아니라 성취감 및 만족감도 갖게 되어 학습자의 학습 의욕을 더욱 고무시킬 수 있다. 따라서 교사는 학습자가 그러한 성취감 및 만족감과 같은 학습의 강화 효과를 감지할 수 있도록 교실 여건을 마련해야 할 것이며, 그러한 외국어 학습 분위기 속에서 학습자의 내적 강화가 계속 된다면 학습자는 외국어를 사용할 가능성이 더 높아진다는 인간 행동에 대한 가설로서 행동주의 심리학이 청각구두식 교수법에 영향을 준 것이다.

결론적으로 청각구두식 교수법은 언어를 여러 요소들의 유기적인 결합에 의한 유기체로 본 구조주의 언어학과 언어 학습을 '자극-반응'의 반복을 통한 습관 형성의 과정으로 본 행동주의 심리학이라는 확고한 이론적 배경을 토대로 형성되어 외국어 교수법에 지대한 영향을 미치게 된다.

2. 청각구두식 교수법의 원리와 특징

2.1 청각구두식 교수법의 원리

구조주의 언어학과 행동주의 심리학을 기반으로 한 연구 결과가 외국어 교수법에 직접 연결될 것을 언급한 William Moulton(1961)은 "언어는 쓰여진 것이 아니라 말하는 것이다. 언어는 일련의 습관이다. 언어자체를 가르치고 언어에 대해서 가르쳐서는 안 된다. 언어란 원어민이 말하는 것이지, 언어를 어떻게 말해야 한다고 할 수는 없다. 언어는 일련의 습관이다."라고 주장하였다. 이는 구조 언어학에 입각한 외국어 습득 이론으로서 내세운 기본 원리가 되었고, 다음과 같이 청각구두식 교수법의 다섯 가지 원리를 이루었다(김정렬, 2001).

① Language is speech, not writing
언어의 1차적인 기능인 듣기와 말하기를 우선 익히고 난 그 바탕 위에, 언어의 2차적인 기능인 읽기, 쓰기를 익히는 것이 언어 습득의 효과적인 방법이다.

② A language is a set of habits
이 가설은 Skinner의 작동적 조건화 이론이 중심이며, 언어습득이란 자극, 반응, 강화, 조건화, 유추 등에 의한 습관 형성의 과정으로 보는 것이다. 이 습관 형성을 위해서 대화는 모방기억법(mim-mem), 구조(structure)는 문형 연습(pattern practice)으로 기계적 암기(rote- memorization)를 시켜 자동적으로 반응을 보이게 한다.

③ Teach the language, not about the language
문법 규칙과 예외를 가르치는 것을 언어 교육의 목적이 아니라 수

단으로 삼아야 한다. 따라서 구문을 상세하게 설명하거나 분석하지 말고, 문형 연습을 통해 구문을 익히게 하고, 언어에 관한 장황한 설명이나 해설보다는 목표언어 자체에 대한 체계적 훈련이 요망된다.

④ A language is what its native speakers say, not what someone thinks they ought to say

언어란 그 언어를 모국어로 사용하는 사람들이 실제로 말하는 것이 토대로 되어야지, 발음, 문법, 문체에 관한 책 등에서 규범적으로 정해 놓은 것이 되어서는 안 된다. 이것은 언어에 관한 지식을 책에서 얻을 수 있다고 보는 전통적인 생각을 뒤엎은 것으로, 흔히 쓰이는 상투어구 등을 가르치는 것도 중요시되어야 한다.

⑤ Languages are different

외국어를 학습하는 데 주된 어려움은 외국어가 모국어와 현저한 차이점을 가지고 있다는 사실이다. 그러므로 이미 습득된 모국어 지식은 외국어를 학습하는 데 장애 요소가 된다. 모국어과 외국어의 대립관계를 분석하여 특수훈련을 시킴으로써, 모국어 지식에 의한 장애 현상을 막아야 할 것이다.

이상에서 살펴본 바와 같이 청각구두식 교수법에서는 모든 언어가 다른 체계를 가지고 있다고 보아 대조 분석을 중요하게 생각한다. 또한 언어는 다 같을 수 없으므로 우선 각기 그 언어 나름대로의 관점에서 분석되어야 하고, 언어 교육의 출발점을 모국어와 목표언어의 다른 점을 분명히 인식시키는 것에서부터 이루어져야 한다는 것이다. 그리고 교수 방법은 언어를 무의식적으로 형성되는 습관의 총체로 보기 때문에 언어 학습을 반복적이고 기계적인 훈련을 통해 습관을 형성시키는 과정으로 파악한다.

2.2 청각구두식 교수법의 특징

청각구두식 교수법의 원리에서 살펴보았듯이 청각구두식 교수법은 목표어로 된 대화의 암기와 흉내내기 및 문형의 반복 연습으로 단기간 내에 학생들로부터 정확한 발음 훈련과 듣기 및 말하기의 자동적인 언어 반응을 유도하고 있다. 기계적인 연습의 반복으로 자동적인 발화를 기대하는 청각구두식 교수법의 특징을 정리하면 다음과 같다. (김진철 외 5인, 1999)

① 가르칠 내용은 대화 형태로 제시한다.
② 모방, 구문 암기, 반복을 통한 습관 형성을 하도록 한다.
③ 모국어는 허용하되 가급적 자제한다.
④ 반복적인 문형 연습을 한다.
⑤ 문장 구조는 하나씩 단계적으로 제시한다.
⑥ 제한된 어휘를 맥락 속에서 제시한다.
⑦ 학생의 오류를 줄이기 위해 노력한다.
⑧ 학생의 응답에 대해 즉시 강화를 해 준다.
⑨ 언어 기능은 듣기, 말하기, 읽기, 쓰기의 순서로 가르친다.
⑩ 언어의 내용보다 형태를 중시한다.
⑪ 어학 실습실, 시청각 자료 등을 최대한 활용한다.

모방과 반복 훈련을 통한 목표어의 습득을 그 특징으로 하는 청각구두식 교수법은 단기간에 정확한 형태를 익혀 발화할 수 있다고 한다. 그러나 교수 과정은 의미에 대한 이해를 결여한 채 일정 부분에 제시된 어휘를 바꿔 넣어 말하는 문형 대치 등의 단순한 방법이 반복되고 있다. 이러한 교수법은 동일한 자극에 대한 즉각적이고 정확한 반응의 유도는 가능하나 다양한 상황에의 적용은 무리가 따르는 등,

언어 습득의 창조적인 측면을 무시하고 있어 실제 상황에서 의사소통을 하려면 별로 도움이 되지 못한다는 한계가 있다. 그리고 단순한 문형의 반복이 학습 진도가 빠른 우수한 학생들에게는 지루한 수업이 될 수도 있는 반면, 학습 진도가 느린 학생들에게는 반복된 연습과 암기에 대한 부담감 등으로 인하여 학습에 권태와 피로를 느끼게 되어 학습 의욕의 저하를 일으킬 수도 있다.

듣고 말하기의 정확성에 치중한 청각구두식 교수법은 실제 상황에서의 창의적인 전이가 용이하지 못하고, 기계적인 반복과 자동적인 반응을 주요한 교수 방법으로 택하였기 때문에 그후 인간의 무한한 창의력을 중시한 촘스키의 변형생성문법과 인지주의 심리학에 기반을 둔 외국어 교수법에 의해 비판을 받게 되며 이론적으로나 실제적으로 지지 기반을 점차 잃게 된다.

3. 청각구두식 교수법의 실제

3.1 수업 절차

3.1.1 수업 목표

청각구두식 교수법은 구어를 재료로 듣기와 말하기를 강조한다. 읽기와 쓰기를 무시하지는 않지만 듣기와 말하기를 보다 언어 교수의 우위에 놓는다. 교수의 연계성에서도 듣기와 말하기를 읽기와 쓰기보다 선행시킨다. 따라서 목표 언어에서 학습할 문형 및 어휘 항목 등을 문자 언어로 노출시키기 전에 음성 언어 즉 구어 형태로 제시한다면 언어 능력을 더욱 효과적으로 학습시킬 수 있다는 입장인 것이다.

따라서 청각구두식 교수법을 통해 학습자가 배워야 할 것은 '우선 그 언어의 모국어 화자의 구두언어(=입말)를 이해하고 그 음성적 특징을 구분하여 자신의 발음을 이와 비슷하게 하도록 노력하고, 다음에 문법적 구조 곧 그 언어의 형태 및 배열을 학습하여 그들을 무의식적으로 자동적으로 반사적으로 쓸 수 있게 되는 것'으로, 이것이 가능해져야 비로소 그 언어를 습득한 것이 된다고 말하고 있다. 곧 자동적으로 '말할 수 있는' 것이 학습 목표가 되어 청각구두식 교수법은 학습자의 구어 능력 양성에 중점이 놓이게 된다.

3.1.2 수업 절차

듣기와 말하기를 중심으로 학습자의 구어 능력을 향상시키기 위한 청각구두식 교수법의 학습 단계는 아래와 같이 5단계로 고안되었다.

- 귀로 청취하는 이해(recognition)
- 모델 발음의 모방(imitation)
- 발음 및 문형의 반복 연습(repetition)
- 문장의 일부를 변화시키는 연습(variation)
- 질문에 대해 적절한 답을 하는 연습(selection)

위의 학습 단계는 학습자의 구어 능력 향상을 위해 순서대로 학습을 심화하여 마지막에는 자동적으로 '말할 수 있게' 만들어진 것이다. 이러한 학습 단계는 청각구두식 교수법에서 수업의 진행 과정에 응용하여 실제 교재나 교실에서의 적용이 가능하다. 청각구두식 교수법을 적용한 수업에서 확인되는 일반적인 수업 절차는 다음과 같다.

① 도입 단계

목표어로 인사를 한 후, 전시 학습 내용을 복습한다. 교사는 학생들에게 간단한 질문을 하고 학생들은 그 질문에 목표어로 답한다. 학생 전체에게 먼저 질문을 하고 그 다음에 그룹별로 또는 개인적으로 질문을 하여 답하게 한다.

② 제시 단계

주요 문형이 포함되어 있는 대화문을 원어민 교사가 읽거나 테이프로 먼저 들려준다. 이때 학생들은 눈을 감고 주의를 집중하여 듣고, 다음에는 눈을 뜨게 하고 교재의 내용과 관련 있는 시각 자료를 보여 주면서 다시 한번 들려 준다. 전체적으로 한 번 대화문을 들은 후 교사가 적절한 단위로 끊어서 대화의 각 줄을 먼저 말하면 학생들은 개별적 혹은 합창으로 따라한다. 교사는 발음, 억양, 그리고 유창성에 주의한다. 발음 또는 문법의 오류 수정은 직접적이고 즉각적으로 이루어진다. 대화는 한 줄 한 줄씩 점차적으로 암기된다. 대화의 한 줄은 필요하다면 몇 개의 구로 나누어질 수 있다. 이 단계에서 학생들은 되도록 본문을 찾아보지 않는다.

③ 문형 연습 단계

대화 내용 중에서 중요한 구문을 발췌하여 반복 연습, 대치 연습, 변형 연습 등을 한다. 이것은 처음에는 합창으로 연습되고 나중에는 개별적으로 이루어지도록 한다. 처음에는 대화문을 그대로 모방하여 모방연습을 하고 어느 정도 숙달이 되면 교사와 학생, 그룹과 그룹, 개인과 개인끼리 연습한다. 교사는 잘못된 습관의 형성을 막기 위하여 학생들의 오류를 즉시 수정한다.

④ 활용 단계

점차 숙달됨에 따라 학생들은 연습하였던 주요 문형으로 대화나 인터뷰 등의 활동을 할 수 있고 이것을 간단하게 쓸 수 있다. 이런 활동은 학생들로 하여금 언어를 사용하도록 이끈다. 또한 교재 내용의 주요 언어 항목들(어휘, 발음, 구문 등)을 심화시키기 위하여, 적합한 노래, 게임 등을 사용한다.

⑤ 정리 단계

마지막 정리 단계에서는 교재 내용을 원어민의 음성으로 한 번 들려 준다. 이때도 학생들의 주의를 집중시키기 위하여 눈을 감도록 한다. 그 다음에는 원어민의 음성을 따라서 암송하도록 한다.

위와 같은 절차로 진행되는 청각구두식 교수법은 발음 연습에 많이 치중하기 때문에 대체로 초보 학습자가 정확한 발음과 구어 능력을 향상시키기에 용이하다. 교사는 학생들의 언어 행동을 지휘하고 통제하며, 학생들에게 모방할 시범을 제시한다. 새로 나온 어휘와 문형은 대화문을 통해 제시되며, 대화는 모방과 반복을 통해 암기된다. 또한 여러 가지 문형 연습(반복, 대치, 변형, 문답 등)은 대화에 나타난 문형에 기초하여 수행한다. 학생들의 성공적인 반응은 긍정적으로 강화된다. 문법은 주어진 예문에서 얻어지며, 명시적인 문법 규칙들은 제시되지 않는다. 학생들의 언어 학습은 구두 학습을 중심으로 듣기와 말하기가 우선시 되며, 이에 기초하여 읽기와 쓰기가 가미된다. 결국 청각구두식 교수법의 이러한 절차는 교수 과정에서 철저한 구두 연습이 수반되어야 하므로 교수의 목표는 즉각적이고도 정확한 말에 있다.

3.2 교수·학습의 활동 유형

청각구두식 교수법에서는 위에서 살펴본 바와 같이 학습자가 모방, 반복, 연습을 통해 자동적으로 목표어로 구사하도록 한다. 자동적으로 목표어를 구사하기 위해서 청각구두식 교수법에서는 학습의 단계에 맞는 교수·학습 방법이 개발되었다. 여기서는 교수 단계 쓰이는 방법들 중 '밈·멤 연습(모방-기억법 Mim-Mem Practice)'과 '문형 연습(Pattern Practice)'에 대해 살펴본다.

3.2.1 밈·멤 연습(모방-기억법 Mim-Mem Practice)

청각구두식 교수법의 기본적인 교수 방법의 하나인 '밈·멤 연습'은 학습해야 할 문법 항목을 포함한 기본문(basic sentence)을 학습자가 교사를 모델 삼아 흉내내 발음하고(=모방), 이를 반복하여 연습하면서 모음과 자음, 악센트, 인토네이션, 리듬 등을 바르게 말할 수 있게 됨과 동시에, 그 기본문을 완전히 암기하는(=기억) 교수 방법이다.

예) 초급 학습자들에게 일상생활에서 많이 사용하는 기본적인 인사말을 교수할 때, 목표어로 발화되는 교사의 인사말을 학생들이 따라하게 한다. 학생들은 모방과 반복 연습을 통해 목표어로 인사말을 암기하여 구사할 수 있다.

교사 : (학생들을 향해 고개를 숙이며) 안녕하세요?
학생 : (멀뚱멀뚱 한다) …
교사 : (반복한다) 안녕하세요?
학생 : (몇몇 학생들이 교사의 몸짓과 말을 흉내내기 시작한다) 안녕하세요?
교사 : (다시 한 번 반복한다) 안녕하세요?
학생 : (좀더 많은 학생들이 교사를 따라한다) 안녕하세요?
교사 : (학생들이 잘 따라하면 다른 문장을 말하고, 그렇지 않으면 앞의 문장을 반복한다) 반갑습니다.
학생 : (교사한테 집중하며 새로운 문장을 따라하려고 노력한다.) 반갑습니다.

‘밈 · 멤 연습’은 외국어 학습에서 중요한 것이 언어에 대한 ‘지식’을 획득하거나, 피동적인 이해력을 기르는 것이 아니고, 학습자 자신이 목표 언어의 틀을 반복 연습해서 목표어를 원어민처럼 사용할 수 있게 도와주는 한 방법으로 개발된 것이다. 이 방법으로 연습할 때 교사는 항상 보통 속도로 모델 발음을 제시해야 한다. 초급 학습자라고 하여 의식적으로 천천히, 분명히 발음하는 것은 금지되어 있는가 하면, 학습자에게도 모국어 화자와 같은 속도로 바르게 발음될 때까지 연습할 것이 요청된다. 거기에다 초급 단계부터 반복 연습에 의한 철저한 교정이 중시된다. 이것은 ‘언어의 습득은 습관의 형성’이라 생각하여 발음, 문법, 용법 등 모든 면에서 ‘나쁜 버릇’이 붙는 것을 피하고, 바른 언어 습관을 형성하기 위하여 초급의 단계에서부터 ‘정확함’을 추구하는 것이다. 이와 같이 밈 · 멤 연습은 구조주의 언어학의 언어관을 바탕으로 한 청각구두식 교수법의 외국어 교수 학습 목표를 실현함에 있어서 없어서는 안 될 기법이 되었다.

3.2.2 문형 연습(Pattern Practice)

문형 연습은 ‘언어는 틀(pattern)이 있다’고 하는 구조주의 언어학의 가설을 기반으로 틀이 되는 기본 문형을 습득해 놓으면 필요에 따라 문장의 구성 요소를 바꾸어 넣어도 자동적으로 문장을 만들어낼 수 있기 때문에 문형의 습득을 촉진시키는 연습법으로 개발된 것이다. 문형의 습득을 중시한 청각구두식 교수법에서는 문형 연습은 가장 중요한 교수 방법이라고 할 수 있다. Brooks(1964)는 청각구두식 교수 절차에 적용되는 문형 연습의 유형에 대해 다음과 같이 제시하고 있다.

① 반복(repetition)
학생은 발화를 듣자마자 그 발화를 큰소리로 되풀이 한다. 학생은

문자화된 교과서를 보지 않고 발화를 반복한다. 발화는 학습자의 귀로 기억할 수 있을 만큼 간단해야 한다. 소리는 형식과 순서만큼 중요하다.

　예)　교사 : 저는 동대문에 자주 갑니다.
　　　　학생 : 저는 동대문에 자주 갑니다.

　학생이 발화를 되풀이한 후 그 발화를 계속해서 반복하거나 몇 가지 단어를 첨가할 수도 있으며, 그런 후 전체 발화를 되풀이하고 더 많은 단어를 첨가한다.

　② 어형 변화(inflection)
　발화 속에 있는 한 단어가 반복될 때는 다른 형태로 나타난다. 한국어의 경우 동사 어간이 다양한 어미를 만나면 다른 형태로 나타나는 동사의 활용에서 연습이 가능할 것이다.

　예)　교사 : 친구를 자주 만납니까?
　　　　학생 : 친구를 자주 만납니다.

　③ 대치(replacement)
　발화 속에 있는 한 단어가 다른 단어로 대치된다.

　예)　교사 : 저는 한국에서 왔습니다.
　　　　학생 : 저는 중국에서 왔습니다.

　④ 환언(reatatement)
　교사의 지시에 따라 바꾸어서 말한다.

　예)　교사 : 아유미 씨, 어느 나라 사람입니까?
　　　　학생1 : 저는 일본 사람입니다.
　　　　교사 : 아유미 씨, 빈 씨한테 '어느 나라 사람입니까?'로 질문하세요.

학생1 : 빈 씨, 어느 나라 사람입니까?

⑤ 완성(completion)
학생이 한 단어만 빠진 완전한 문장을 듣고 난 후 완전한 형태로 그
발화를 반복한다.

  예) 교사 : 유리 씨는 시장에서 야채를 _____.
     학생 : 유리 씨는 시장에서 야채를 삽니다.

⑥ 전위(transposition)
교사가 한 말을 사용하여 어순을 바꾸어 말한다.

  예) 교사 : 고양이가 쥐를 잡았어요. (잡히다)
     학생 : 쥐가 고양이한테 잡혔어요.

⑦ 확대(extention)
교사가 제시한 단어를 넣어 문장을 다시 말한다.

  예) 교사 : 우리 고향은 아름다워요. (정말)
     학생 : 우리 고향은 정말 아름다워요.

⑧ 단축(contraction)
교사가 제시한 문장의 구나 절을 단어로 축약한다.

  예) 교사 : 학생회관 앞에 도서관이 있어요.
     학생 : 저기에 도서관이 있어요.

⑨ 변형(transformation)
지시에 따라 부정, 시제, 서법, 태 등의 문장이 변형된다.

예) 교사 : 주말에는 학교에 가요. ("안"부정문을 만드세요)
　　　학생 : 주말에는 학교에 안 가요.

⑩ 통합(integration)
두 개의 분리된 발화가 하나로 통합된다.

예) 교사 : 요즘은 딸기가 맛있어요. 그래서 시장에 딸기를 사러 가요.
　　　학생 : 요즘은 딸기가 맛있어서 시장에 딸기를 사러 가요.

⑪ 응답(rejoinder)
앞서 주어진 발화에 알맞은 응답을 한다.

예) 교사 : 오늘은 학교에 어떻게 왔어요?
　　　학생 : 걸어서 왔어요.

⑫ 재구성(restoration)
기본적인 의미가 그대로 유지되고 있는 어떤 문장에서 발췌한 일련의 단어들이 주어진다. 학생은 주어진 단어를 재구성하여 최소한의 변경과 첨가로 문장을 완성한다.

예) 교사 : 손님, 뭘 드릴까요? (비빔밥 한 그릇/빈대떡 한 접시/주다)
　　　학생 : 비빔밥 한 그릇하고 빈대떡 한 접시 주세요.

이상과 같은 문형 연습에는 여러 가지 종류가 있어서 각 문형 연습은 다른 연습 형태를 취하고 있으나, '목표 문형'을 연습하여 '목표어'를 자동적으로 사용하며, 그러한 사용이 무의식적인 습관이 되도록 하는 것이 공통된 목적이다.

문형 연습에서 교사는 훈련과 과제를 다양하게 하고 적절한 상황을 선택함으로써 학생들의 주의를 집중시킨다. 언어 학습은 교사와 학습자 간의 활발한 언어적 상호작용에 의해 이루어진다고 여겨지며, 학습의 실패는 이러한 교수법을 적절히 적용하지 못한 결과라고 본다.

반면에, 학습자들은 자극에 반응함으로써 수동적인 역할을 한다. 학습자는 학습 내용, 속도, 학습 방법에 대해 통제력이 전혀 없다. 처음부터 상호작용하는 것은 실수를 일으킬지도 모르기 때문에 권장되지 않는다. 학습자는 교사에게 귀를 기울임으로써, 정확하게 모방함으로써, 또 통제 과제에 반응하고 수행함으로써 목표 언어를 배우게 된다.

3.3 현장 적용시 유의점

교사의 지시와 통제 속에 학습자들의 정확한 목표어 발화를 목표로 하고 있는 청각구두식 교수법은 실제 현장에 적용시 다음과 같은 점에 유의할 필요가 있다(김정렬, 2001).

① 교사의 준비 상태나 준비물을 살펴볼 때, 청각구두식 교수법은 목표어의 듣기 및 말하기를 중심으로 반복과 모방을 많이 하게 되므로, 학생들이 단순 반복으로 질리지 않게 하기 위해서는 다양한 교재 준비로 그 지루함을 어느 정도 없애주어야 한다. 그리고 수업 시간 동안 교사의 모델링이 학생들에게 큰 영향을 미치기 때문에 교사의 발음이 좋아야 한다.
② 청각구두식 교수법에서는 기본적으로 모국어 사용 금지를 주장한다. 모국어로의 번역이 외국어 학습에 나쁜 작용만을 한다고 생각하기 때문이다.
③ 학생의 수준으로 보아서 너무 어려운 반응을 다룰 경우에는 부분적 연습이나 보조물 제공으로 그 반응을 유도한다.
④ 모든 연습의 최종 단계는 언어학적으로나 또는 심리학적으로 보

아서 완전한 학습 경험이 되어야 한다.

⑤ 학생의 반응이 성공적이었을 때에는 즉각 이것을 인정해 준다. 이는 행동주의 심리학의 즉각적인 보상의 원리를 적용한 것이다.

⑥ 가르치고 있는 외국어의 문화에 대해서 동정적이고 호의적인 태도를 갖는다.

⑦ 모방과 반복 연습을 주로 하기 때문에 학생들이 지루해 할 경우를 대비해야 한다.

⑧ 청각구두식 교수법에서는 학습자의 흥미보다 성취 수준을 더 고려해야 한다고 하였으나 현장에 적용할 경우 학생을 대상으로 하기 때문에 어느 정도 그들의 흥미를 생각해야 할 것이다.

⑨ 설명보다는 연습을 통해서 음성 구조와 문장 구조를 익힌다.

⑩ 음성 학습이 철저하게 이루어진 다음에 점차적으로 문자에 의한 표기법을 학습한다.

⑪ 모든 기본적인 구문의 학습이 끝날 때까지 어휘 제시는 최소한으로 한다.

청각구두식 교수법은 앞서 언급하였듯이 교사 주도적인 교수법이기 때문에 교사는 좋은 한국어 발화자로서의 역할을 위해 철저히 준비하여 학습자가 모방하기에 좋은 모델이 되어야 한다. 그리고 학습자가 반복된 연습으로 인해 지치거나 지루해 질 수 있기 때문에 교사는 언제나 그에 대비해야 할 것이다.

4. 한국어 교육에서의 적용

4.1 청각구두식 교수법을 적용한 수업 모형

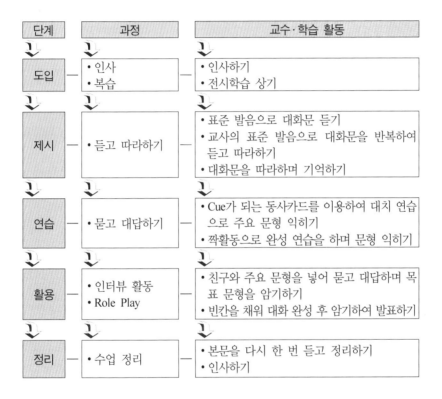

단계	과정	교수·학습 활동
도입	• 인사 • 복습	• 인사하기 • 전시학습 상기
제시	• 듣고 따라하기	• 표준 발음으로 대화문 듣기 • 교사의 표준 발음으로 대화문을 반복하여 듣고 따라하기 • 대화문을 따라하며 기억하기
연습	• 묻고 대답하기	• Cue가 되는 동사카드를 이용하여 대치 연습으로 주요 문형 익히기 • 짝활동으로 완성 연습을 하며 문형 익히기
활용	• 인터뷰 활동 • Role Play	• 친구와 주요 문형을 넣어 묻고 대답하며 목표 문형을 암기하기 • 빈칸을 채워 대화 완성 후 암기하여 발표하기
정리	• 수업 정리	• 본문을 다시 한 번 듣고 정리하기 • 인사하기

4.2 청각구두식 교수법을 적용한 지도안

학습 목표	'AVst(으)러 가다/오다'를 정확하게 듣고, 발음하여 말하고, 읽고 쓸 수 있다.
주요 학습 내용	1) 문형 : AVst(으)러 가다/오다 2) 어휘 : 동작 동사, 장소 명사
학습자 정보	초급 학생 6명 정도로 일주일에 20시간씩 5주 정도 학습한 외국인 학습자
수업 소요 시간	50분

단계 (시간)	과정	교수·학습 활동	유의점	준비물
도입 (5분)	인사 복습 (질문-대답)	T: 여러분, 안녕하세요? S: 선생님, 안녕하세요! T: (S1 씨를 보며) S1 씨, 지금 무엇을 합니까? S1: 지금 공부합니다. T: 어디에서 공부합니까? S1: 교실에서 공부합니다. T: 잘 했습니다. T: (장소 사진을 보여주며) S2 씨, 여기가 어디입니까? S2: 도서관입니다. T: 도서관에서 무엇을 합니까? S2: 도서관에서 책을 읽습니다. T: 잘 했습니다.	6명의 학생 모두와 '[장소]에서 AV' 문형으로 묻고 대답한다. 학생의 발화에 대해 교사는 즉각적으로 강화(칭찬/점검)를 한다.	장소 사진
제시 (15분)	듣고 따라하기 (청취연습 및 표준 발음의 모방·발음 연습·밈·멤 연습 mim-mem practice)	*교사가 오늘 배울 본문을 먼저 두 번 들려준다. [본문] 유리 : 미키 씨, 어디에 갑니까? 미키 : 도서관에 갑니다. 유리 : 도서관에 뭐 하러 갑니까? 미키 : 책을 찾으러 갑니다. 　　　 유리 씨는 어디에 갑니까? 유리 : 저는 문방구에 갑니다. 미키 : 문방구에 왜 갑니까? 유리 : 지우개를 사러 갑니다. T: 눈을 감으세요! 　 그리고 잘 들으세요. S: (모두 눈을 감고 본문을 잘 듣는다.) T: (장면과 관련된 그림을 보이며 다시 한 번 들려준다) 눈을 뜨세요. 그리고 잘 들으세요.	본문은 테이프나 교사가 준비한 본문 관련 그림을 통해 제시한다. 교사의 발화는 익숙한 교실 용어로 간단 명료하게 제시한다. 듣고 따라 읽을 때 본문의 긴 문장은 뒤에부터 끊어 읽어서 단계별로 따라 읽을 수 있도록 한다.	테이프

		S: (교사가 제시한 앞의 그림을 보며 본문을 잘 듣는다.) T: 따라하세요. (교사는 이해를 돕기 위해 준비한 대화 관련을 그림을 보이고, 표준 발음으로 학생을 바라보며 본문을 말한다.) S: (모두 교사의 입모양을 주의깊게 보며 듣고 따라한다. 반복해서 대화문을 듣고 따라하여 무의식 중에 대화문을 암기한다.)	학생들은 되도록 교과서를 보지 않도록 한다. 교사는 학생 개개인의 발음에 귀를 기울여 어려워하는 발음을 반복하여 따라 읽혀서 표준 발음의 모방을 도와준다.	
연습 (15분)	질문-대답 (발음 및 문형의 반복 연습)	*교사가 오늘의 주요 문형 'AVst(으)러 가다'를 형태와 의미 기능을 염두에 두고 앞서 제시한 교과서의 내용을 기반으로 연습한다. T: (대화문 관련 그림을 보며 모든 학생에게) 여기가 어디입니까? S: (모두) 도서관입니다. T: (앞에 제시한 본문 그림을 가리키며) 누가 도서관에 갑니까? S: (모두) 미키씨가 도서관에 갑니다. T: 미키 씨는 왜 도서관에 갑니까? S: (모두 머뭇머뭇..) 책을 ... T: (동작동사그림을 보여주며) '찾다', '찾으러 갑니다' S: (모두) 찾으러 갑니다. T: 도서관에 책을 찾으러 갑니다 S: (모두) 도서관에 책을 찾으러 갑니다. *동작동사그림카드를 보여주면서 'AVst(으)러 가다'에 맞는 형태로 바꾸는 단순 대치 연습을 한다. 동작동사에 따라 바뀌는 'AVst(으)러 가다' 형태 변화를 교사의 모범적인 발음을 보고 학생들은 따라하면	문형 연습은 '교사 對 모든 학생', '교사 對 개별학생', '학생 對 학생' 순으로 반복하여 진행한다. 동작동사 카드로 위와 같이 단순 연습을 하면서 'AVst(으)러 가다'의 형태 변화 규칙−동작동사간에 받침이 있을 때는 'AVst으러 가다'가 되고 ㄹ 받침이나 받침이 없을 때는 'AVst러 가다'가 됨−은 귀납적으로 학생 스스로 터득하게 한다.	장소 명사 사진 동작 동사 그림 카드 판서

| | | | 서 귀납적으로 터득한다.

T:　(장소그림-교실-을 보이며 모든 학생에게) 여기가 어디입니까?
S:　(모두) 교실입니다.
T:　교실에 뭐하러 갑니까?
S:　(모두) 교실에 공부하러 갑니다.

T:　(장소 그림-식당-을 보이며) S1 씨, 여기가 어디입니까?
S1:　식당입니다.
T:　식당에 뭐하러 갑니까?
S1:　식당에 밥을 먹으러 갑니다.

T:　(학생들을 두 명씩 짝을 지어 짝활동을 하도록 한다. 교사는 준비한 동작동사그림카드를 4장씩 나누어 준다. 학생들은 반복 연습으로 암기한 문형을 발화하도록 한다)

S1:　S2씨, 뭐 하러 갑니까?
S2:　(자신에게 있는 '먹다' 카드를 보이며) 먹으러 갑니다.
S1:　S2씨, 어디에 먹으러 갑니까?
S2:　(생각한 후) 학생식당에 먹으러 갑니다.

S2:　S1 씨, 뭐 하러 갑니까?
S1:　(자신에게 있는 '사다'카드를 보이며) 우유를 사러 갑니다.
S2:　S1 씨, 어디에 사러 갑니까?
S1:　(생각한 후) 슈퍼마켓에 우유를 사러 갑니다. | 이미 배운 장소 명사와 동작동사를 넣어서 '[Place 에 AVst(으)러 가다'문형을 짝활동을 통해 반복 연습하여 입에 익도록 한다. | |
| 활용
(10분) | 인터뷰
및
Role-play | T: | (학생들을 모두 일어나게 한다. 그리고 직접 걸으면서 만나는 친구에게 "어디 갑니까?"와 "뭐하러 갑니까?"를 물어보도록 한다. 인터뷰가 끝난 후 인터뷰를 한 친구의 이야기 | 인터뷰 및 롤플레이는 시간이 허락하는 선에서 선택적으로도 할 수 있 | 핸드
아웃 |

		를 교사가 질문하면 학생이 친구의 이야기를 대답한다.)	다. 또한 학생들의 활동은 앞선 문형 연습을 바탕으로 기본 문형이 암기되었다는 전제에서 진행된다. 학생들끼리의 활동 시 교사는 학생들의 통제와 교정 및 점검을 적극적으로 수행한다.
		T: S4 씨, S3판 씨는 어디에 뭐하러 갑니까?	
		S: (인터뷰한 내용을 상기하며 S4씨가 말한다) S3씨는 하숙집에 밥을 먹으러 갑니다.	
		T: (두 사람씩 짝을 지어 아래와 같은 대화의 빈칸을 완성한 후, 완성된 대화를 암기하여 Role-play를 하도록 한다. 핸드아웃을 가리키며) 친구하고 이야기를 만들어 보세요.	
		S: (핸드아웃을 보고 친구와 상의하면서 이야기를 만든다)	
		[대화] 가 : _____ 씨, 어디에 갑니까? 나 : _____에 갑니다. 가 : _____에 뭐 하러 갑니까? 나 : _____(으)러 갑니다. _____ 씨는 어디에 갑니까? 가 : 저는 _____에 갑니다. 나 : _____에 왜 갑니까? 가 : _____(으)러 갑니다.	
		T: (짝활동을 점검한 후 잘 마친 짝을 먼저 발표시킨다) S5씨하고 S6씨 나와서 이야기해 주세요. 다른 친구들은 잘 들으세요.	
		S5와 S6: (학생들은 연습한 것을 암기하여 발표한다.) 가 : S5 씨, 어디에 갑니까? 나 : 명동에 갑니다. 가 : 명동에 뭐 하러 갑니까? 나 : 옷을 사러 갑니다. S6 씨는 어디에 갑니까?	

		가 : 저는 종로에 갑니다. 나 : 종로에 왜 갑니까? 가 : 친구를 만나러 갑니다. T: 참 잘 했습니다.		
정리 (5분)	확인 정리	T: (앞서 제시한 본문을 들려준다) 여러분, 눈을 감으세요. 그리고 잘 들으세요. S: (학생들 모두 눈을 감고 잘 듣는다) T: 잘 듣고 따라하세요. S: (눈을 감은 채 교사의 발음을 주의 깊게 듣고 암송하듯 따라한다) T: 눈을 뜨세요! S: (모두 눈을 뜬다) T: 미키 씨는 어디에 뭐 하러 갑니까? S: (모두) 도서관에 책을 찾을 찾으러 갑니다. T: 유리 씨는 어디에 뭐 하러 갑니까? S: 문방구에 지우개를 사러 갑니다. T: 여러분, 모두 잘 했습니다. T: 질문이 있습니까? S: 아니요, 없습니다. T: 좋습니다. 그럼, 내일 또 만나요! S: 네, 내일 또 만나요!	수업을 마무리 하는 의미로 본문을 다시 한번 듣는다. 교사는 본문과 관련 있는 질문을 함으로써 학생들의 학습성취도를 파악하고 본시 수업을 정리한다. 학생들에게 부담을 주지 않고 다른 변인들을 통제하기 위하여 숙제는 일체 부과하지 않는다.	테이프

<참고> 짝활동의 인터뷰 메모지

질문	친구 이름 :	문장 완성
1. ___씨, 어디에 갑니까? 뭐 하러 갑니까?		___씨는 ___에 ___러 갑니다.
2. ___씨, 어디 _____? 뭐 _____?		___씨는 ___에 ___러 갑니다.

공동체 언어 학습법
(Community Language Learning)

공동체 언어 학습법(Community Language Learning)은 심리적 상담 학습이론을 언어교육에 적용한 교수법으로 언어 학습에 인본주의적 접근을 도입한 것이다. 이 학습법은 언어학습 교실에서 교사가 상담자가 되고 학습자가 피상담자가 되어 학습자가 모국어를 사용하여 하고 싶은 말을 표현하면, 교사는 이를 목표어로 번역해주고, 학습자는 이에 귀를 기울였다가 목표어를 반복하여 바르게 말하는 과정으로 이루어진다. 공동체 언어 학습법을 적용한 수업에서 교사는 학생들의 친절한 상담자가 되어야 하며, 적극적인 자세로 감정이입을 하면서 들어주어야 한다. 교사가 최대한 자유롭고 편안한 수업 환경을 만들 때, 비로소 학습자는 경계심을 풀고 학습에 임할 수 있다.

1. 공동체 언어 학습법의 이론적 배경

공동체 언어 학습법은 1970년대에 침묵식 교수법, 암시교수법, 전신 반응 교수법과 더불어 방법론적인 시도의 열풍을 불러일으킨 소위 Designer methods 중 하나로, 언어학습에 인본주의적 접근법을 도입한 것이다. 이러한 혁신적인 방법론들의 핵심적인 특징은 당시 절대 권위를 가지고 있던 언어 교육의 정설을 반박하고, 언어 교육학의 외부에서 교수법을 개발하였으며, 학습에 있어서 학습자들의 책임을 강조했다는 점을 들 수 있다.

미국 예수회 신부였던 찰스 커렌(Charles Curran)은 공동체 언어 학습법을 개발하였는데, 이것은 Carl Rogers의 교육 철학인 상담학습법 (Rogerian counseling ideas and practices)에 기초를 두고 상담심리학과 사회집단역학(group dynamics)의 사고방식을 언어학습에 응용한 것이다.

공동체 언어 학습법은 학습자가 다른 학습자들과 교사와 더불어 사회 구성원이 되어 이들과 상호작용을 하면서 인본주의적 기술을 토대로 교사가 학생들의 감정과 지능뿐 아니라 신체 반응, 본능적 방어 반응, 학습 욕구 등의 관계를 이해하는 전인(whole person)학습을 지향한다. 즉 학습이라는 것은 개별적으로 이루어지는 것이 아니라 상호 협동하여 달성되는 것이며, 교사와의 의존관계에서 출발하지만, 의사소통을 통하여 점진적으로 의사소통 능력을 기르고 최종적으로 원어민에 가깝게 목표언어를 구사할 수 있는 자아실현 단계에 도달하도록 도와주는 것을 목적으로 한다는 것이다.

그런데 인간은 각자 자기의 세계를 가지고 있어서 그 세계에 외부에서 새로운 지식이나 정보 등이 들어오면 불안, 두려움 등의 부정적 감정을 가지게 된다. 외국어 학습의 경우도 예외는 아니다. 따라서 학습 대상이 되는 외국어와 학습자의 모국어를 이해하고, 카운슬링에 대한 전문적 지식을 가지고 있는 조언자 겸 카운슬러(Knower-counselor)가 교사로서 그러한 거절적 감정을 최소가 되도록 배려하면서 수업을 진행한다.

공동체 언어 학습법에서 수업은 '투입'(investment)과 '반영'(reflection)의 두 단계로 크게 나뉜다. 투입기에서는 학습자가 같은 커뮤니티(원형으로 앉은 학습자 그룹)내의 구성원들끼리 조언자의 도움을 바탕으로 학습활동을 진행한다. 반영기에서는 투입기에서의 경험을 어떻게 느끼며 어떻게 받아들였는지를 이야기한다.

2. 공동체 언어 학습법의 원리와 특징

2.1 공동체 언어 학습법의 원리

공동체 언어 학습법의 기초를 보다 확고히 다진 La Forge(1983)는 사회적 과정으로서의 언어는 고전적인 정보 전달 모형인 의사소통으로서의 언어화는 다른, 전달 내용의 주체이면서 객체이기도 한 전달화자의 입장을 보다 명확히 하고 있다. 그는 언어를 의사소통 수단이라기보다는 사회화 과정으로 보고, 사회적 과정으로서의 언어에 대한 관점은 전인화 과정-교육적 과정-대인적 과정-발달적 과정-의사소통적 과정-문화적 등 6단계의 하위 과정으로 정교화될 수 있다고 밝혔다. 이러한 언어 이론은 Curran의 상담 기법이 적용되어 학습자 중심의 진정한 인간 학습, 즉 전인학습(Whole-person learning)이라는 인지적, 정의적 교수법인 공동체 언어 학습법을 만들었다.

Curran은 언어습득의 과정을 다음의 5단계로 나누고 있다(La Forge, 1977:8-11). 공동체 언어 학습법의 교수·학습 과정은 이것과 부분적으로 중복되는 형태로 되어 있다.

① 1단계: 태아 단계(embryonic stage)
학습자가 조언자에게 완전히 의존하는 단계로 학습자는 1명씩 현재 표현하고 싶은 것을 모국어로 말한다. 조언자가 목표언어로 그것을 표현해주면 학습자는 따라한다.

② 2단계: 자기 주장 단계(self-assertive stage)
조언자가 번역해준 문장을 학습자들이 반복하는 것을 들으면서 목표언어의 표현을 조금씩 익혀나가며 그것을 사용해서 자기의 의사를 조금씩 표현할 수 있게 된다.

③ 3단계: 자각 단계(separate existence stage)

표현력이 증대되어 가면 목표언어로 표현하는 것을 좋아하게 되며, 조언자의 개입을 꺼려하게 된다. 또 자기 독자적인 표현을 해보고 싶어한다. 조언자는 그것을 학습자가 성장한 현상으로 보고 수용해야 한다.

④ 4단계: 역할 전도 단계(role reversal stage)

목표언어의 분량이 커짐에 따라 학습자는 조언자를 이해하고 수용하게 된다. 이 때문에 조언자는 학습자로부터 거절당하지 않고 이전보다 세련된 목표언어의 지식을 주는 것이 가능해진다.

⑤ 5단계: 독립 성인 단계(independent adult stage)

이 단계까지 오면 학습자는 조언자가 가르친 것을 이론적으로 모두 알고 있다. 아직 세련미와 수정의 여지는 남아 있으나 학습 속도가 느린 다른 학습자에게 조언하는 것도 가능하다. 물론 조언자로서 활동을 할 때에도 본래의 조언자인 교사로부터 필요에 따라 수정을 받는 경우가 있다.

Curran(1976)에 따르면 외국어 학습의 과정은 SARD, 즉 안전(security), 주의와 도전(attention and aggression), 기억과 반영(retention and reflection), 식별(discrimination)로 요약할 수 있다. 학습자는 안전함을 느낄 때 성공적인 학습 경험을 할 수 있고, 주의를 기울이며 새로운 지식을 주장할 기회가 주어져야 하며, 학습한 바를 내재화시키며 재평가하는 과정을 거치고, 마지막으로 학습한 것을 교실 밖에서 의사소통을 위해 사용할 수 있어야 한다는 것이다. 이러한 학습 원리가 반영된 공동체 언어 학습법은 학습자의 참여를 무시하고 사실적인 과정만의 학습의 주요 목적으로 간주하거나, 학습자의 능동적인 학습은 극도로 제한하는 기존의 교육방법과는 다르다. 이런 학습은 학습자와 교사 모두 하나의 독립된 인격체로서의 느낌을 가지면서 대한다는 정의적인 성격이 강하다. 그리고 교사와 학습자의 관계를 상담자와 고객(피상담자)의 관계로 시각을 전환시키고, 과거의 교수·학습이라는 개념에서 상담·학습의 개념으로 학습에 대한 개념을 바꾸었다는 점에서 의미가 있다.

2.2 공동체 언어 학습법의 특징

이 교수법은 언어를 '가르치는' 보통의 접근법을 바탕으로 한 것이 아니라 상담 기술에 뿌리를 두고 있어서 오히려 외국어 학습에서 만나게 되는 개인적인 문제나 언어 문제와 함께 특정한 불안이나 위협 같은 요소에 적용되는 접근법이라 할 수 있다. 따라서 학습자는 '학생'이라기보다는 '고객(피상담자)'로 여겨지며 원어민 교사는 '선생'이라기보다 상담 기술에 대한 훈련을 쌓은 '언어 상담자(language counselor)'로서 그들의 역할을 수행한다.

이러한 언어 상담의 관계는 고객의 언어적 혼란과 갈등으로부터 시작된다. 언어 상담자의 업무 목표는 고객의 불안하고 적응하지 못하는 상황에 대해 연민을 가지고 대화를 하여 그를 언어적으로 돕는 것이 첫 번째이다. 그리고 천천히 교사(상담자)는 그가 자립적으로 언어 능력을 향상시키는 데까지 고객을 이끌어 나가야 한다. 이 과정은 따뜻하고 이해심 있으며 관계를 수용하는 언어 상담자의 능력에 의해 발전된다. 그리하여 결국 고객을 하나의 '다른 언어적 자아'(other-language self)로 만드는 것이다.

이 교수법은 언어를 사회화 과정으로 보아 학생과 학생, 학생과 교사의 상호 활동을 통하여 다른 사람과의 친밀감을 증대하고, 더불어 학습하도록 유도한다. 또 학습자가 하고 싶은 것을 하게 함으로 유의적인 학습을 할 수 있고, 자신이 배울 교수요목을 만들어 나가므로 학습 동기가 높아진다. 학습에 대한 긴장감이 줄고 교사도 학생의 수준에 관계없이 지도할 수 있다. 공동체 언어 학습법은 학습자가 자율적인 수업을 할 수 있고 자신들의 대화를 분석할 수 있다는 점이 큰 특징이다. 교사에 의해 일방적으로 주어진 학습이 아니라 자신들이 원하는 것을 표현하도록 하는 학습법이기 때문에 그야말로 학습자 중심의 수업이 이루어진다.

또 공동체 언어 학습법은 특히 목표언어로 표현하는 데에 어려움을 느끼는 초급 학습자에게 효과가 있다. 클래스는 때때로 수업에서뿐만 아니라 생활 속에서까지 실제 공동체가 된다. 학습자들은 서로의 장점과 약점에 대해 더 잘 알게 되면서 완전히 하나의 공동체가 되어 계속 팀으로 수업활동을 하고 싶어 한다.

그러나 초기 단계에 일부 학습자들이 테이프에 대고 말하는 것을 어려워할 수 있다. 교사들이 학생들에게 너무 많은 자유를 주는 것을 어색해해서 너무 많은 간섭을 하는 경향이 있다. 또 학습자들이 자립적인 학습자가 되도록 하기 위해서 지도를 받기 원하는 학습자들의 요구를 소홀히 할 수가 있다.

공동체 언어 학습법은 주로 소수로 이루어진 클래스에서 적용이 가능하다. 학습자들은 단일한 모국어를 가지고 있어야 하며 교사는 목표언어와 학생들의 모국어에 능통해야 한다. 교사는 또한 신체적, 정신적으로 많은 에너지를 가지고 있어야 한다. 카운슬링 훈련을 안 받은 교사에게 공동체 언어 학습을 맡기는 것은 위험하다. 또 이 학습법은 성인 학습자에게만 적합한 방법론이라는 지적을 받기도 한다. 또 학습의 가장 초기에 초점을 맞추기 때문에 그 다음 단계에서 무엇을 해야 하는지에 대한 연구가 부족하다는 지적도 있다.

공동체 언어 학습법의 전반적인 장점과 단점을 정리하면 아래의 표와 같다.

장 점	단 점
• 학습자의 불안감을 감소시킨다.	• 소수의 클래스, 초급에만 적합하다.
• 학습자가 원하는 것을 학습하므로 유의	• 교사에게 부담을 준다.
적, 학습자 중심적인 수업을 할 수 있다.	• 적합한 교사를 확보하기가 어렵다.
• 학습자의 인격을 존중하는 전인적 수업	• 체계성이 부족하다.
이다.	• 학습자의 모어가 단일 언어일 때 효
• 학습 의욕과 동기가 높다.	과가 있다.
• 학습자 간의 친밀감이 증대된다.	

3. 공동체 언어 학습법의 실제

3.1 수업 절차

수업 절차를 간략하게 설명하면 우선 6-10명의 학습자들이 원형으로 둘러앉고 한 학생이 한국어로 자신이 말하고자 하는 바를 말하면 교사가 뒤에 서 있다가 한국어로 번역해주고 학습자들은 따라하고 동시에 카세트에 녹음을 하는 방법으로 수업을 진행한다. 학습자는 교사의 도움을 받아 더 많은 이야기를 한국어로 하고 학생은 수업을 진행하는 도중 자신의 감정에 대해 돌아본다. 녹음한 내용이 교재가 되어 테이프를 돌려가며 문장을 판서해서 분석해준다. 단어나 구문은 교사의 도움을 받는다. 학습자는 한국어로 말하며 자유롭게 복잡하게 말하는 능력이 생기며 교사는 발음과 문법 등에 관여하면서 도움을 준다.

① 1단계: 생각하기(reflection)
공동체와 같은 분위기를 조성하기 위하여 학습자들로 하여금 녹음기 주위에 둥그렇게 앉도록 한다.

학습자들은 무엇에 대하여 말을 할 것인지 조용히 생각하고 그동안 교사는 원 밖에서 서서 기다린다.

아이디어가 생각나지 않는 경우 학생들은 녹음하기 전에 서로의 생각을 칠판에 쓰면서 브레인스토밍할 수 있다.

② 2단계: 대화 녹음하기(conversation recording)

주제가 선택되면 학습자들은 그들의 모국어로 자신들이 말하고 싶은 것을 교사에게 말한다. 교사는 조심스럽게 그들 곁으로 가서 한국어로 통역해 준다.

고급 레벨의 경우, 학습자들이 이미 이 수업에 대해 편안하게 느끼고 있다면 직접 목표언어로 이야기할 수 있다. 그리고 교사는 학생들이 말한 문장을 완전한 문장으로 고쳐준다. 학생들이 편안하게 말할 준비가 되어있으면 마이크를 가지고 녹음을 한다. 이 때, 마이크는 음질이 좋고 이동이 간편한 것이 좋다.

학습자들은 자신의 속도와 능력에 따라 이 작업을 진행한다. 녹음이 끝나면 다른 학습자들이 반응을 할 때까지 기다린다. 이 작업은 대화 전체를 녹음할 때까지 계속한다.

③ 3단계: 토론(discussion)

이제 학습자들은 그들이 대화가 어떻게 진행되었는지에 대해 모국어로 토론을 한다. 마이크에 대고 말하는 것을 어떻게 느꼈는지, 보통 말하는 것보다 더 크게 말하는 것에 대해 편하게 느꼈는지 등에 대해 이야기할 수 있다.

④ 4단계: 전사하기(transcription)

테이프를 듣고 학습자들이 대화문을 전사한다. 교사는 학습자들이 도움을 요청할 때만 간섭할 수 있다.

처음에 시도할 때는 학습자들이 교사에게 많이 의존할 것이다. 그러나 학습자 스스로 할 수 있도록 이끌기 위해 전 과정에 걸쳐서 학습자들이 교사로부터 점차 독립할 수 있도록 초점을 맞춰야 한다.

⑤ 5단계: 언어분석(language analysis)

학습자들에게 발화 내용을 분석해보도록 한다. 이것은 사용된 시제나 어휘 형태에 주목하게 하여 그것이 왜 옳고 그른지 생각하게 한다. 그러나 학생에 의해 발화된 내용에만 국한한다.

이러한 방식으로 학습자들은 분석의 과정에 전적으로 참여한다. 발화한 언어는 완전히 개인의 것이므로, 그것이 시제이든지, 어휘 또는 담화이든지 상급 학습자들은 그들이 분석하고 싶은 대화의 부분을 결정할 수 있다.

초급의 경우 교사는 녹음 단계에서 메모해 둔 가장 일상적으로 일어나는 문제점을 선택하여 분석을 하도록 지도할 수 있다.

수업에 있어서 각 단계의 분량 및 시간은 전적으로 클래스에 맡긴다. 얼마나 빨리 그들이 공동체 언어 학습에 적응하는지, 언어 분석 단계에 얼마의 시간을 보낼 것인지, 녹음하는 시간 등등을 모두 클래스가 결정한다. 그러나 대화가 너무 길어져서 전사 작업이 너무 많아지지 않도록 주의한다.

3.2 교수·학습의 활동 유형

Richards와 Rodgers(1986)는 공동체 언어 학습법에서 혁신적 학습 과업과 학습 활동을 전통적인 것과 조화시켜 다음과 같은 활동 유형을 생각해 볼 수 있다고 했다.

① 번역(Translation)

학생이 표현하고자 한 말을 조그만 목소리로 모국어로 이야기하면 교사가 한국어로 번역을 해주고 학생이 이를 반복한다.

② 소집단 활동(Group work)

소집단별로 주제를 준비하고 토의하며, 다른 학생들이나 교사에게 할 이야기를 준비한다.

③ 녹음(Recording)

학생들은 소집단별로 활동을 통해서 한국어로 말한 내용을 녹음한다.

④ 전사(Transcription)

학생들은 자기들이 연습하고 분석하기 위해 녹음한 발화와 대화내용을 전사한다.

⑤ 분석(Analysis)

학생들은 영어로 전사한 내용을 특정한 어휘의 용법이나 문법 규칙에 역점을 두어 분석하고 학습한다.

⑥ 반성과 관찰(Reflection and observation)

학생들은 학급과 분단에서 자기가 경험한 것과 다른 학생들에 대한 느낌, 침묵에 대한 의견, 말하려고 했던 내용 등을 회상하여 보고한다.

⑦ 경청(Listening to class interaction)

학생들이 교실에서 상호작용을 하면서 말하지 못한 내용을 교사가 말해주면 학생들은 귀를 기울여 듣는다.

⑧ 자유대화(Free Conversation)
학생들은 교사나 다른 학생들과 의견을 교환하며 자유스럽게 대화
한다.

3.3 현장 적용시 유의점

공동체 언어 학습법은 전통적인 언어 학습법과는 많은 면에서 다른
점을 가지고 있다. Koba et al.(2000)에 의하면 이 학습법의 가장 주목
할 만한 사항은 불안을 감소시키는 여러 기법들이 있다는 점이다. 첫
째로 학급의 형태, 즉 원형으로 앉아있는 것 자체가 편안함을 느끼게
해 준다. 참고로 이 수업의 바람직한 학급 규모는 10명 이내로 소수이
다. 둘째로는 교사와 학습자 간의 이해가 안정감을 주어 불안을 감소
시킨다. 마지막으로 공동체 언어 학습법의 각 활동에도 편안함을 느끼
게 해 주는 요인들이 있다.

교사가 학습자들 앞에 서는 것은 아니지만, 교사의 역할은 공동체
언어 학습에서 아주 중요하다고 할 수 있다. 학습자와 교사 사이에 서
로 신뢰가 있어야 하며, 방어적이지 않은 관계에서만이 학습자들은 수
업에 열중할 수 있고, 수업 내용을 소화할 수 있다. 만약 교사가 예를
들어 대화 중에 학습자의 발음을 고쳐준다든지 하는 식으로 학습자의
불안을 증폭시킨다면 이는 학습에 재앙을 초래할 것이다. 교사는 공동
체 언어 학습에서는 대화에 간섭하지 말아야 한다. 단지 학습자들이
그들이 말하고자 하는 것을 무엇이든지 말할 수 있도록 내버려 두어
야 한다.

공동체 언어 학습법에서 이해(understanding)는 또 다른 핵심이다. 적
극적인 자세로 감정이입을 하면서 들어주는 것은 이해를 하는 데 필
수적인 것이다. 교사는 좋은 '청자'(listener)가 되어야 한다. 교사가 이
해심이 깊은 사람일 때 학습자는 안심을 하고 열린 마음으로 경계심

을 풀고 학습에 임할 수 있게 된다. 그러한 관계에서는 불안이 사라지고 효과적인 학습이 가능하게 된다. 커뮤니케이션이 없으면 방어적인 학습이 학습자들로 하여금 문법과 어학적인 이론을 알고 있더라도 유창하게 외국어를 말하는 것을 꺼려하게 한다. Koba et al.(2000)은 이러한 이유로 공동체 언어 학습법이 내성적인 경향이 있는 일본인 학습자에게 효과적이라고 말하고 있다.

공동체 언어 교육법에서는 학습자의 표현 의사와 무관한 문장을 기계적, 반사적으로 말하게 하는 수업을 지양하고 학습자가 표현하고 싶은 것을 말할 수 있게 한다. 그런데 학생 수가 많은 반의 경우 학생들의 말할 시간이 제한을 받게 된다. 그러나 그렇게 되더라도 반 전체가 대화를 녹음하는 것이 중요하다. 따라서 말할 시간을 더 많이 제공하기 위해 반을 두 그룹으로 나누어서 수업을 진행할 수도 있다. 이럴 경우 교사에게 무리가 안 되는 한도 내에서 두 그룹 사이에 서로 충분한 거리를 두어 녹음이 잘 될 수 있도록 한다. 전사 단계에서 두 그룹의 테이프를 교환하여 학습을 할 수도 있다. 이렇게 하면 그룹 간 대화의 내용이 공개된다는 문제가 있으나 학습자의 듣기 능력에 새로운 도전이 되기도 하고 양 그룹의 학습자들이 모두 같은 반에 속한 공동체라는 의식을 갖게 되기도 한다.

4. 한국어 교육에서의 적용

4.1 공동체 언어 학습법을 적용한 수업 모형

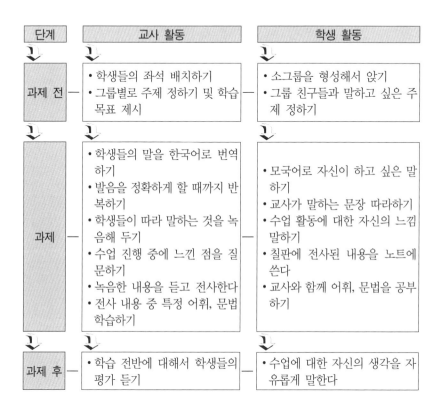

단계	교사 활동	학생 활동
과제 전	• 학생들의 좌석 배치하기 • 그룹별로 주제 정하기 및 학습 목표 제시	• 소그룹을 형성해서 앉기 • 그룹 친구들과 말하고 싶은 주제 정하기
과제	• 학생들의 말을 한국어로 번역하기 • 발음을 정확하게 할 때까지 반복하기 • 학생들이 따라 말하는 것을 녹음해 두기 • 수업 진행 중에 느낀 점을 질문하기 • 녹음한 내용을 듣고 전사한다 • 전사 내용 중 특정 어휘, 문법 학습하기	• 모국어로 자신이 하고 싶은 말 하기 • 교사가 말하는 문장 따라하기 • 수업 활동에 대한 자신의 느낌 말하기 • 칠판에 전사된 내용을 노트에 쓴다 • 교사와 함께 어휘, 문법을 공부하기
과제 후	• 학습 전반에 대해서 학생들의 평가 듣기	• 수업에 대한 자신의 생각을 자유롭게 말한다

4.2 공동체 언어 학습법을 적용한 지도안

학습 목표	한국말의 과거형으로 말하기
주요 학습 내용	문법과 어휘
학습자 정보	일본어를 모국어로 하고 있는 초급 수준의 학생
수업 소요 시간	약 1시간(수업 상황에 따라 변동 가능)

구분 (시간)	과정	교수·학습 활동	유의점	준비물
도입 (5분)	인사 복습 제시	T: 여러분, 안녕하세요. S: 선생님, 안녕하세요. T: (S1을 보며) S1씨, 오늘 날씨가 어떻습니까? S1: 오늘은 날씨가 춥습니다. T: S2씨, 지금 무엇을 합니까? S2: 지금 한국말을 공부합니다. T: 네! 잘 했어요. 지난 번 시간에 우리는 '지금-ㅂ니다/습니다'를 공부했습니다. 오늘은 한국말의 과거인 '어제 -았(었,였)습니다'를 공부하겠습니다. T: S3씨, 지금 공부합니다. 어제도 공부했습니까? S3: 네, 어제도 공부했...습...니다. T: 네, 잘 했어요. 그럼 지금부터 한국말의 과거표현에 대해 이야기해 봅시다. S: 네!	이 수업은 반 구성원이 5명 정도일 때 적당하다	
전개 (15분)	그룹 활동	T: 자, 여러분 둥그렇게 앉으세요. 이제 서로 친구들과 오늘은 과거 이야기에 대한 대화 주제를 생각해 보십시오. 지난 주말 이야기나 어제 이야기 아무거나 좋습니다. S1: (친구들에게) 무슨 주제가 좋을까? S2: 지난 주말에 했던 일은 어때? S3: 오늘이 금요일이라서 지난 주말 일은 잘 생각이 안 나. S4: 그럼, 어제 한 일에 대해 이야기하는 건 어때? S2: 좋아. 다들 괜찮니? S: 좋아!	학생들이 주제를 정할 때는 일본어를 사용해도 좋다	
	번역 및 녹음	S1: 선생님! '___さん、昨日何をしましたか'가 한국말로 뭐예요? T: 잘 듣고 따라 하세요. '___씨, 어제 무엇	학생들이 부담스럽지 않도록 교사는	

			을 했습니까?'
			(학생을 따라 할 때, 녹음기를 켜고 녹음한다.)
			S2: '昨日私は学校に来なかったんですか'가
			  한국어로 무엇입니까?
			T: 잘 듣고 따라 하세요. '나는 어제 학교에
			  안 왔습니까'
			(학생이 따라 할 때, 녹음기를 켜고 녹음한다)
			S3: 약속이 있…었..습니다.
			T: S3가 한 말을 다시 한번 정확하게 발음해
			  주고 학생이 따라할 때, 녹음한다.
			S4: 선생님! '彼氏いますか'가 한국말로 뭐예
			  요?
			T: 잘 듣고 따라하세요. '남자친구가 있습니
			  까.'
			  → 위와 같은 방법으로 교사는 학생들의
			  말을 번역해주고 녹음한다.
			T: (녹음이 끝난 후) 이번 수업에서는 무엇
			  에 대해 이야기했고, 한국어 표현 중에서
			  자신이 알게 되었다고 생각되는 것에 대
			  해 이야기 해 봅시다.
			S1: 오늘은 어제 한 일에 대해 이야기했어요.
			S2: 한국말의 과거 표현에 대해 공부했어요.
			S3: 가오루씨가 약혼했다는 것도 알았어요.
			S4: 한국말로 대화하는 것이 어렵지만 재미
			  있다는 것을 느꼈어요.
				그룹 뒤에 선
				다.
				
				학생들이 토
				론을 할 때는
				한국말이 어
				려운 학생은
				일본어로 말
				할 수 있다.
				최대한 편안
				한 분위기를
				만드는 것이
				중요하다.

연습 (30분)	전사 및 분석	T: S: T: S: T: T:	이제 녹음한 내용을 들으면서 새로 배운 구문과 새로운 단어에 대해서 살펴봅시다 네 (녹음기를 튼다) S1학생의 목소리가 들린 다. '어제 무엇을 했습니까?' 이 문장은 무슨 의미입니까? 昨日何をしましたか 네, 잘 했어요. (녹음기를 튼다) S2의 목소리가 들린다. '나는 어제 학교에 안 왔습니다' 이 문장은 무슨 의미입니까?	학생들이 잘 듣지 못하거 나 전사하지 못하면 교사 는 짧막하게 끊어서 들려 주고 전사를 도와준다.

| | | S: 昨日私は学校に来なかったんです
T: 네, 잘 했어요.
　 (이렇게 학생들의 대화가 끝나면 전체 대
　 화 내용을 전사한다)
T: 잘 들었죠? 선생님과 함께 학생들의 이야
　 기를 칠판에 써보도록 합시다. 여러분은
　 공책에 쓰세요.

<칠판 자료 예시>
S1: 와카나 씨, 어제 무엇을 했습니까?
S2: 저는 어제 친구집에 가서 놀았습니다.
S2: 가오루씨는 어제 왜 학교에 안 왔습니까?
S3: 약속이 있었습니다.
S2: 무슨 약속요?
S3: 남자친구를 만났어요.
S4: 정말? 가오루씨 남자친구가 있습니까?
S1: 네, 가오루씨는 그 남자친구와 2년전부터
　 만났습니다.
S2: 가오루씨는 벌써 약혼도 했습니다.
S4: 정말입니까? 저는 몰랐습니다.

T: 자, 오늘은 한국어 동사의 과거형에 대해
　 공부하겠어요.
　 하다 → 했습니다
　 놀다 → 놀았습니다
　 오다 → 왔습니다
　 있다 → 있었습니다.
　 자, 오늘 친구들이 말한 단어 중에서 모
　 르는 단어는 뭐예요?
S1: 약혼이 무슨 뜻이에요?
T: 네, 약혼은 남자와 여자가 결혼을 하기
　 전에 결혼하기로 약속하는 것입니다. 부
　 모님과 친구들 앞에서 결혼을 약속하는
　 거이지요.
T: 칠판에 판서한 단어 중에서 특별히 더 공
　 부하고 싶은 것은 무엇입니까?
S3: 그럼, 결혼한 후에 헤어지는 것은 무엇입 | 교사는 원하
는 대로 어떤
곳이든 중요
한 사항을 선
택할 수 있
다. 발음과
어휘에 초점
을 둘 수도
있고 문형이
나 문법을 강
조하여 설명
해도 무방하
다. | |

				여기서 읽기
		니까?		는 강압적이
		T:	(판서하며)그것은 이혼입니다. '이혼하다' 라고 합니다	로 준비된 읽
			(학생들의 요구에 따라 학습 내용을 확장한 후)	기가 아닌 자
		T:	자, 그럼 칠판에 적힌 내용을 읽어 볼까요?	연스러운 분
			(학생들 읽는다)	위기에서 읽
		T:	(판서된 다음 문장을 가르킨다)	도록 유도한
			(학생들 읽는다)	다. 발음이 좋
		T:	자, 그럼 아까 자기가 말한 문장을 한번 읽어볼까요?	지 않으면 반 복해도 좋다
			(학생들 읽는다)	
활동 (10분)	토론 과 평가	T:	이제 이번 시간을 통해 배운 점과 느낀 점을 이야기해 볼까요?	토론과 평가 는 모국어를
		S1:	한국말의 과거형에 대해 배웠는데. 형태 활용이 좀 헷갈려요.	상용해도 좋 다.
		T:	네, 맞아요. 과거형을 만드는 것은 동사에 따라 달라져서 조금 어렵죠.	
		S2:	하지만 아주 유용할 것 같아요. 현재와 과거를 배웠으니까 이제는 빨리 한국어 의 미래형을 배우고 싶어요.	
		S3:	맞아요. 그리고 새로 배운 결혼, 약혼, 이 혼과 같은 단어들도 무척 흥미있었어요.	
		T:	네, 내일은 미래형에 대해 공부해 보기로 해요.	
정리 (2분)	확인	T:	자 이번 수업은 한국말의 과거형에 대해 배웠어요. 규칙을 기억하지요?	
		S:	네!	
		T:	다음 시간에도 과거형에 대해 좀 더 공부 해 보기로 해요. 좀 더 다양한 표현을 배 우면 일기도 과거형을 모두 쓸 수 있을 거예요.	
		S:	어~ 어려울 것 같아요.	
		T:	지금 배운 것을 잘 기억해서 써 보면 할 수 있을 거예요. 그럼 이번 시간은 여기 까지 합시다.	
		S:	네! 선생님, 감사합니다.	

암시교수법
(Suggestopedia)

암시교수법(suggestopia)은 인간의 무의식이나 암시에 대한 연구를 교육학에 응용한 교수법으로서 학습자가 느끼는 여러 가지 심리적인 장벽 제거를 위해 편안한 분위기의 교실 환경을 중요시한다. 이를 위해 안락한 의자와 편안한 음악을 사용하며 요가의 명상과 같은 활동을 도입하여 인간적인 학습 환경 조성에 힘쓴다. 이 교수법은 이러한 학습 환경이 인간의 무의식에 존재하는 잠재력을 이끌어내 단시간에 집중적인 학습이 이루어질 수 있다고 본다. 이 교수법에서 학습 효과를 극대화하기 위해서는 학습자들로부터 절대적인 신뢰를 받는 양질의 교사가 필수적으로 요구된다. 모국어와 외국어에 능통하고 감수성, 예술적인 교양을 갖추고 있어야 하며 암시교수법에 대한 충분한 이해가 있어야 한다. 또한 학습자들은 마치 자신이 어린이가 된 것처럼 순수한 마음으로 학습동기를 이끌어내 적극적이고 자발적으로 수업에 참여해야 한다.

1. 암시교수법의 이론적 배경

암시교수법은 인본주의에 바탕을 둔 언어교수법으로서 1965년 불가리아의 정신과 의사이며 교육자인 Georgi Lazanov에 의해 창안된 교수 방법이다. 이 암시교수법은 인간이 잠재적으로 반응하는 비이성적 현상을 연구하는 암시학(suggestopedy)이라는 학문에 기초를 두고 있다. 암시교수법은 인간의 무의식이나 암시에 대한 연구를 교육학에 응용한 교수법이며 이 때문에 무의식에 관심을 갖는다.

Lazanov에 의하면 인간은 보통 자신의 잠재능력을 5%정도밖에 사용하지 못하는데 그 이유는 심리적인 장벽 때문이며 이러한 현상은 학습에도 영향을 끼친다고 한다. 그러므로 인간이 자신의 잠재능력을 최대한 발휘하기 위해서는 자기 능력에 대하여 느끼는 한계를 암시를 통해 제거할 필요가 있다고 말한다. 이 방법을 통하면 전통적인 방법에 의한 학습보다 25배나 빠른 학습효과를 얻을 수 있다고 한다. 심리적인 장벽을 제거하기 위해서 무의식의 기능이 편중되어 있는 비언어적 기능을 최대한 활용한다. 따라서 암시교수법에서는 안락한 학습 분위기 조성이 매우 중요하게 여겨진다. 암시교수법에서 제시하는 최적의 학습환경은 학습자가 몸과 마음이 이완된 상태에 있을 때인데 이때 주의집중이 가장 잘 이루어지며 이 상태에서 학습이 이루어지면 학습 내용이 잘 기억된다고 설명한다. 몸과 마음의 이완을 위해 음악치료 기법이 사용되는 것도 암시교수법의 큰 특징이다.

이러한 암시교수법은 1970년대에 큰 관심을 끌었는데 일부 학자들은 이 교수법이 지나치게 신비주의적이며 비과학적이라고 혹평하기도 했다.

2. 암시교수법의 원리와 특징

2.1 암시교수법의 원리

2.1.1 언어이론

Lazanov의 암시교수법은 명확한 언어이론을 제시하지 않고 있다. 목표어의 단어항목과 그것을 모국어로 번역한 어휘쌍을 제공하여 암기하는 것을 강조하는 것을 보면 어휘가 중심이 되고 어휘의 번역을 강조하는 언어관을 가진 듯이 보인다. 그러나 Lazanov는 때때로 전체적으로 유의미한 글로 된 언어 자료를 경험하는 것이 학습자에게 매우 중요하다고 언급하고 암시교수법 과정이 학습자에게 단어를 암기하고 말하는 습관을 습득하게 하는 것이 아니라 의사소통의 행위로 나아가도록 안내한다고 언급하고 있어 혼란을 주기도 한다. 교과서에 대해서는 동기유발을 위해 흥미롭고 정서적인 내용을 담아야 하며, 언어는 자료로서 학습되어야 한다고 본다. 또한 배워야 할 새로운 자료들은 잘 훈련된 교사에 의해 읽혀지고 암송되어야 한다고 보는데 이는 학습자가 암시적으로 교사의 영향을 많이 받기 때문이라고 한다. 따라서 교사의 능력이 매우 중시된다.

2.1.2 학습이론

암시는 암시교수법의 핵심이다. 일반적으로 암시는 최면 효과를 연상시키는데 암시교수법의 암시는 움직이지 않고 수면하는 것과 같은 의식의 변화상태를 나타내어 최면의 개념과 구별된다. 암시교수법은 비암시(desuggestion)와 암시(suggestion)의 작용에 의해 기억력을 끌어올려 학습 효과를 극대화한다. 비암시는 기억 창고에서 바라지 않는, 또는 기억을 방해하는 기억들을 떨어내는 것을 의미하며 암시는 바라거나 도움이 되는 기억으로 기억창고를 채우는 것이다. 즉, 비암시를 통해 기억창고의 공간을 확보하고 그 빈 공간에 암시를 통해 필요한 기억을 채우는데 학습에 필요한 정보를 많이 기억하기 위해 비암시와 암시의 작용이 활발해야 한다는 것이다. 최면의 암시는 이러한 작용이 없거나 부족하지만 암시교수법의 암시는 이러한 작용을 해낸다는 것이다.

비암시와 암시의 작용에 대한 이론적 구성요소는 다음과 같다.

① 권위

권위(authority)는 학습에 도움을 주는 요소 중 가장 중요하다. 일반적으로 사람들은 권위 있는 소식통에서 나오는 정보를 가장 잘 기억하며 영향을 받기 때문이다. 이와 같은 맥락에서 암시교수법은 학습자가 권위 있는 자료에서 얻은 정보를 가장 잘 익히고 신뢰한다고 본다. Lazanov는 환자가 의사를 절대적으로 신뢰하면 가짜약을 가지고도 치료의 효과를 볼 수 있는 것과 같이 학습자가 교사를 절대적으로 신뢰하면 교사의 암시에 따라 움직여 최대의 학습 효과를 얻을 수 있다고 믿는다. 따라서 '과학적인 음성언어, 고도로 긍정적인 실험자료, 그리고 교사를 진실로 믿는 태도' 등이 대부분의 학습자에게 권위 있게 호소하는 효과를 만들어 낸다고 믿는다. 교사의 권위 있는 분위기는 교수방법과 교육기관에 대한 신뢰, 교사의 자신감과 활동 능력, 교사에 대한 긍정적인 태도 등에서 느낄 수 있다고 한다.

② 아동화

아동화(infantilization)는 교수할 때 학습자가 아동의 역할을 맡게 함으로써 자신감, 자발성 및 수용성을 다시 얻도록 하는 학습효과를 말한다. 이것은 교사와 학습자의 관계를 부모와 아이의 관계로 해석한 시각에서 나온 것인데 학습자가 나이가 많더라도 아이가 된 듯한 역할 활동을 통해 아동기에 극대화되는 수용성과 자발성을 끌어내어 학습효과를 극대화하려는 것이다.

③ 양면성

양면성은 교사가 학습효과를 극대화하기 위해 이중으로 수업을 계획하여야 함을 뜻하는 것으로 이중계획(double planedness)이라고도 한다. 즉, 학습자는 직접적인 교수의 대상이 되는 언어적 환경뿐 아니라 교수활동이 이루어지는 비언어적인 환경으로부터도 학습하므로 이 두 가지 교육환경이 함께 고려되어야 한다는 것이다. 따라서 교실의 장식, 배경 음악, 좌석의 모양, 교사의 인격 등 환경적인 요소들이 직접적인 교수자료 자체만큼이나 교수활동에서 중요한 것으로 고려된다.

④ 억양, 리듬, 음악적 배경의 효과

암시교수법에서 언어자료를 세 번 제시하는데 이때 각기 다른 억양과 리듬으로 제시한다. 처음에는 세 개의 구를 함께 읽고 각 구를 다른 목소리나 리듬으로 읽게 한다. 이를 두 번째로 제시할 때에는 언어 자료가 적절한 극적 읽기(dramatic reading)를 실시한다. 이것은 학습자가 언어자료의 내용을 시각화하여 내용을 구체화하고 그것을 기억하는 데 도움을 준다. 이렇게 언어자료의 억양과 리듬에 변화를 주는 것은 반복의 단조로움과 지루함을 피하게 하고 극화하는 것은 감정에 강하게 호소하여 언어자료에 의미를 부여하는 데 도움을 준다고 보기 때문이다.

2.2 암시교수법의 특징

암시교수법은 학습 환경을 인간화함으로써 학습자의 심리적 장벽을 해소시키고 그 상태에서 집중적인 언어 학습을 실시하여 학습효과를 극대화하도록 고안된 교수법이다. 특히 단기간에 많은 어휘력을 습득함으로써 언어 사용의 유창성과 의사소통 능력의 신장을 꾀한다.

암시교수법에서 학습자들은 스스로 목표 학습량을 설정하도록 유도하며 학습자의 이러한 적극적인 행위는 단순암기를 통한 어휘력 신장이 아닌 문제에 대한 이해와 창조적인 해결 자세를 나타내는데 이러한 주도적인 학습이 기억력 증대에 도움이 되도록 한다.

암시교수법의 가장 큰 특징은 음악을 학습 환경의 중요한 요소로 인식하는 것이다. 음악과 음악적 리듬을 학습의 중심으로 두는 이유는 음악의 치료적 기능 때문이다. Gaston은 음악적 치료의 기능을 다음의 세 가지로 정의한다.

① 인간관계의 설정과 유지를 촉진시킨다.
② 음악 공연을 통해 자기만족을 높임으로써 자부심을 높여준다.
③ 독특한 리듬의 잠재성을 이용하여 활기와 질서를 가져다준다.

이 중 마지막 기능이 Lazanov에 의해 활용된 것으로 언어 자료의 제시를 구조화하고 속도를 조절하고 강조하기 위한 목적뿐만 아니라 학습자의 심리적 안정을 위한 목적으로도 사용되었다. 암시교수법에서 가장 많이 사용되는 음악은 바로크 양식인데 바로크 음악은 듣는 사람의 몸을 이완시키면서도 심장 박동에 영향을 끼쳐 정신력의 효율성을 획기적으로 증대시킨다고 알려져 있다.

암시교수법의 다른 특징은 학습자와 교사의 역할에서도 찾을 수 있다. 암시교수법이 효과를 얻기 위해서는 학습자의 자발적이고 적극적인 수업 참여가 있어야 한다. 특히 학습자는 자신을 스스로 아동화(infantilization)함으로써 교사가 제시하는 계획된 활동에 몰두하여야 한다. 그리고 암시교수법에서 교사는 절대적인 권위를 가지면서 학습자의 신뢰 속에 그들을 돕는 사람이어야 한다. 이를 위해 Lazanov의 방법으로 철저히 훈련된 사람만이 교사를 담당할 수 있는데 Lazanov가 제시한 교사의 행동 지침은 다음과 같다.

① 자신의 방법론에 절대적인 자신감을 보여라.
② 태도와 의상에서 깔끔한 행동을 보여라.
③ 교수 과정의 초기 단계를 적절히 조직하고 확실히 관찰하라.
④ 수업에 대해서 엄숙한 태도를 유지하라.
⑤ 평가에서 뒤떨어진 학생이 있으면 재치 있게 대응하라.
⑥ 교재에 대해 분석적인 태도보다는 통합적인 태도를 보여라.
⑦ 적절한 열성을 지녀라.

마지막으로 암시교수법에서는 언어자료만큼이나 학습 환경이 중요한 역할을 담당한다. 학습자의 마음을 이완시키기 위하여 교실은 푹신한 카펫을 깔거나 소파나 안락의자와 같은 편안한 의자를 놓고 조명을 어둡게 한 다음 고전음악을 배경으로 들려주어야 한다.

3. 암시교수법의 실제

3.1 수업 절차

암시교수법에서 하나의 과정은 30일간으로 이루어져 있고 이 30일은 다시 10개의 단위로 나누어진다. 각 단위는 3일을 주기로 하며 3일간의 수업은 세 단계로 구성된다. 이 수업의 단위를 'suggestopedia cycle'이라고도 부르는데 그 세 단계는 다음과 같다.

① 1단계: **구두 복습부분**(Oral Review Section)
교사와 학습자가 전시학습 내용을 토론하는 단계이다. 대화, 게임, 놀이, 그림그리기 등을 통한 직접식 교수방법을 사용하여 시작된다.
모든 학생이 원형으로 배치된 의자에 앉아 세미나 형식으로 토론한다. 이 토론은 주제에 따라 미시적 학습과 거시적 학습으로 구분할 수 있다. 미시적 학습은 생활과 밀접한 관련이 있는 질문을 통해 문법지식과 어휘력, 그리고 명쾌한 대답능력을 확인하고 거시적 학습은 역할놀이 등을 통해 광범위한 언어 구성 능력을 확인하는 데 중점을 둔다. 미시적 학습에서는 "학교에서 경복궁까지 어떻게 갈 수 있어요?"와 같은 주제의 토론이 예가 된다. 이 토론에서 학생들은 이동수단과 관련한 어휘와 조사 '-에서 -까지', '-(으)로'의 용법 등의 학습 정도를 확인할 수 있다. 거시적 학습에서는 '경복궁을 소개해 봅시다'와 같은 주제의 토론이 가능하다. 이 토론에서 학생들은 경복궁의 위치, 기능, 역사 등에 관한 지식뿐만 아니라 문법과 어휘보다 상위층위의 언어 구성 능력을 확인할 수 있다.

수업이 시작되면 각 학습자들에게는 새로운 이름과 이력이 부여된다. 학습자들은 이 신분을 가지고 목표 언어로 학습활동을 수행한다. 새로운 신분을 가지는 것은 학습자가 이전의 자신이 아닌 새로운 인물로 재탄생함을 암시하며 이는 학습자 스스로가 자신을 과거의 학습 경험에서 분리되도록 돕는 역할을 하여 새로운 자신감을 갖게 함으로써 고정관념에 근거한 학습의 벽을 허물어주어 학습효과를 증대시키는 역할을 한다. 예를 들면 모국에서 조용하고 소극적인 학생이었던 학습자가 유명한 한국 가수 '보아'가 되어 활동적이고 자신감 있는 인물 역할을 수행해 보는 것이다.

② 2단계: 본시학습 전개(text-distribution ceremony)

새로 배우게 될 학습 자료가 제시되고 토론되는 단계이다. 교재의 모든 페이지는 두 쪽으로 나뉘어 오른쪽에는 목표언어, 왼쪽에는 동시 번역된 모국어 번역이 들어 있다. 만일 학습자의 수준이 높은 경우에는 왼쪽에 쉬운 목표어로 의미가 설명되어 있어도 될 것이다. 긴 대화가 학습 자료로 제시되면 학생들은 일단 그 내용을 훑어보며 번역 또는 쉽게 풀어쓴 부분을 보고 내용을 이해하고 자료에서 교사가 중요하다고 생각하거나 학습자들이 알고 싶어 하는 문법, 어휘를 익힌다. 그 다음에 내용에 관하여 토론한다. 이때 학생의 질문이나 언급은 목표어로 이루어지는 것이 전형적이며 학습자들은 학습 자료의 분량이나 난이도에 신경을 쓰지 않고 재미있는 경험으로 인식하며 교사의 지도를 잘 따르면 학업이 성공적으로 성취될 것을 암시받는 것이 중요하다.

③ 3단계: 모임(session) 또는 연주회(concert)

이 부분은 암시교수법이 가장 잘 알려진 부분으로 두뇌의 무의식 단계에서 새로운 자아의 강화, 즉 암기를 위해 제시되는 단계이다.

- 능동적인 연주회(active concert) 단계(45분간)

  수업이 시작되면 모든 대화는 일, 이분 동안 중단되고 편안한 의자에 반원형으로 둘러앉은 학습자들은 교사가 들려주는 고전음악, 특히 바로크 음악을 듣는다. 몇 분간 음악이 연주 된 후, 교사는 음악의 리듬과 조화를 이루는 억양으로 교재를 읽어 나간다. 처음에는 약간 높게, 그 다음에는 점점 여리면서 낮게, 그리고 마지막부분에서는 속삭이듯 낮아지는 목소리로 읽는다. 학생들은 번역된 부분을 보면서 내용을 이해하고 능동적으로 교재를 따라 읽는다.

- 수동적인 연주회(passive concert) 단계(20분간)

  교사는 교실을 차분하고 편안한 분위기로 만든 후, 바로크 음악을 5분간 들려준다. 이러한 환경에서 학습자들은 수동적인 상태가 되어 보다 더 편안해진다. 이 단계 전체에서 학습자들은 가수동상태(pseudo-passiveness)에 놓인다. 이것은 수면 상태와 깨어 있는 상태의 중간 정도에 있는 상태로서 Lazanov에 의하면 가장 학습 효과 증대에 도움을 주는 상태라고 한다. 교사는 음악을 소개한 후 자연스러운 억양으로 전 단계에서 학습한 교재를 읽기 시작한다. 학습자들은 교재를 덮은 상태에서 편안히 교사의 낭독을 듣는다. 음악이 끝나기 전에 교사가 먼저 교실을 나가고 학습자들은 엄숙함을 유지하면서 천천히 일어날 준비를 한다. 학습자들은 교재의 내용과 음악이 가능한 한 마음 속에 울려 퍼지도록 동료들에게 아무 말도 하지 않고 그대로 교실을 나온다.

3.2 교수·학습의 활동 유형

① 말하기를 통한 복습

수업 초기 단계에 실시된다. 교실의 조명을 은은하게 하고 감미로운 클래식 음악을 틀어놓는다. 학습자들을 원형으로 앉힌다. 교실 벽에 이미 학습한 문법 정보가 담긴 포스터를 여기저기에 붙여 둔다. 교사와 학습자는 인사를 나누고 이미 학습한 교재에 대해 세미나 식으로 토의를 한다.

② 질문과 대답

교사는 한국어와 학습자의 모국어로 제작된 대화문을 학습자에게 제시한다. 제시된 대화문과 관련된 문법, 어휘에 관하여 유의할 점이나 요점을 간단히 설명하고 간단하게 토의한다. 학습자에게 흥미와 관심을 끄는 사항에 대해 질문과 대답을 한다.

③ 듣기

먼저 교사는 학습자들이 안정된 상태에서 음악에 몰입할 수 있는 시간을 준다. 교사는 음악에 맞추어 학습하는 대화문을 읽어준다. 학습자들은 눈을 감고 호흡을 조절하며 교사가 음악에 맞추어 음량과 억양까지 조절하며 읽어주는 대화문을 듣는다. 그 후 학습자들은 자신의 모국어로 번역된 대화문을 보면서 교사의 낭독을 다시 듣는다. 다 듣고 나면 학습자들은 조용히 교실을 떠난다. 이후 학습자들은 잠자리에 들기 전과 아침에 일어나기 전, 교재를 읽는다.

④ 역할놀이

전 시간에 배운 대화문을 가지고 조별로 역할극을 실시한다. 학습자들은 일정한 배역을 맡아 여러 가지 소도구를 사용하여 대화문을 구연한다. 조별로 분위기를 바꾸어 가며 감정을 살려 다양하게 구연을 한다. 예를 들면 슬프게, 화난 것처럼, 사랑스러운 음성으로 실감나게 구연을 한다.

3.3 현장 적용시 유의점

암시교수법은 실제적으로 정규 수업시간에 적용하기 쉽지 않은 면이 있다. 무엇보다 암시교수법은 안락한 의자와 은은한 조명, 음악과 같은 수업 환경을 매우 중요시한다. 또한 독특한 수업방식을 수행하기 위해서는 암시교수법의 원리를 잘 익힌 훈련된 교사가 반드시 있어야 한다. 그리고 학습자의 모국어로 번역된 대화문이 학습교재로 제공되므로 다언어권 학습자들을 대상으로 하는 수업보다는 단일언어권 학습자를 위한 수업에서 사용되는 것이 더욱 적당하다. 이러한 요소를 최대한 반영한 수업 준비가 우선적으로 보장되어야 교육현장에서 적용할 수 있다.

암시교수법에서는 바로크 음악을 배경음악으로 추천하고 있으나 대금이나 해금으로 연주된 전통음악에서 감상곡을 선택해 사용할 수 있다. 학습교재로 제공되는 대화문을 구성할 때에는 학습자의 흥미를 유발할 수 있는 것으로 해야 하며 대화문의 길이가 길지 않도록 유의해야 한다.

4. 한국어교육에서의 적용

4.1 암시교수법을 적용한 수업 모형

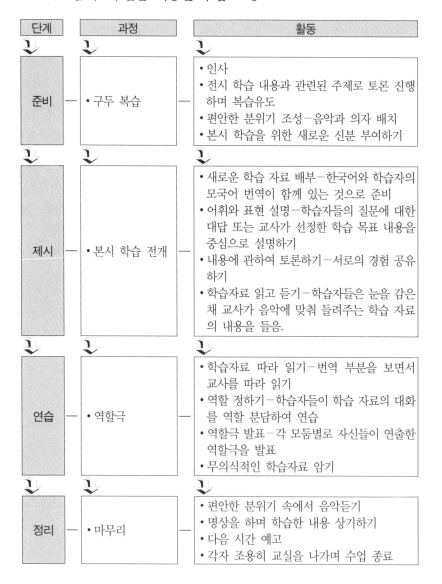

단계	과정	활동
준비	• 구두 복습	• 인사 • 전시 학습 내용과 관련된 주제로 토론 진행하며 복습유도 • 편안한 분위기 조성 – 음악과 의자 배치 • 본시 학습을 위한 새로운 신분 부여하기
제시	• 본시 학습 전개	• 새로운 학습 자료 배부 – 한국어와 학습자의 모국어 번역이 함께 있는 것으로 준비 • 어휘와 표현 설명 – 학습자들의 질문에 대한 대답 또는 교사가 선정한 학습 목표 내용을 중심으로 설명하기 • 내용에 관하여 토론하기 – 서로의 경험 공유하기 • 학습자료 읽고 듣기 – 학습자들은 눈을 감은 채 교사가 음악에 맞춰 들려주는 학습 자료의 내용을 들음.
연습	• 역할극	• 학습자료 따라 읽기 – 번역 부분을 보면서 교사를 따라 읽기 • 역할 정하기 – 학습자들이 학습 자료의 대화를 역할 분담하여 연습 • 역할극 발표 – 각 모둠별로 자신들이 연출한 역할극을 발표 • 무의식적인 학습자료 암기
정리	• 마무리	• 편안한 분위기 속에서 음악듣기 • 명상을 하며 학습한 내용 상기하기 • 다음 시간 예고 • 각자 조용히 교실을 나가며 수업 종료

4.2 암시교수법을 적용한 지도안

학습목표	'여행'을 주제로 교통수단, 소요시간, 경비에 대해 이야기할 수 있다.
주요 학습 내용	1) 문형 : [transportation](으)로 2) 어휘 : (시간이) 걸리다, (돈이) 들다
학습자 정보	초급, 8명, 다국적
수업 소요 시간	100분

(교사 : T, 학생 : S)

구분 (시간)	단계	학습 활동(교사·학생)	유의점	준비물
준비 (20분)		잔잔한 음악이 깔리는 교실. 학생들은 들어와 편한 자리에 앉아 음악을 듣는다. 1-2분 정도 음악에 집중하도록 한다.		음악 (이루마- kiss the rain)
	인사	T: 안녕하세요? (나즈막한 목소리로) S: 안녕하세요?		
	긴장 풀기	교사는 학습자들이 몸을 이완시켜 긴장을 풀 수 있도록 가벼운 체조를 시킨다. T: 기분이 어때요? 편안해요? 자, 기지개 좀 켤까요?		

	구두
	복습
	활동
		학생들이 안정이 되고 차분해 지면 복습을 위한 상황을 제시하고 주요학습 표현을 상기시킨다.
		
		T: 어제 우리는 마이클의 친구에 대해 이
		    야기 했어요. 마이클의 친구는 어떤 사
		    람이에요?
		S: 고향 친구예요.
		T: 네, 맞아요. 그리고 또?
		S1: 운동을 잘하는 사람이에요.
			학생들이 심
			리적으로, 신
			체적으로 안
			정감을 갖는
			것이 중요하
			므로 복습과
			정에서도 오
			류에 집중하
			거나 발화를
			재촉하지 않
			도록 한다.	

		T: 네, 그렇습니다. 그리고 다른 것은 없어요? S2: 마이클과 같이 한국에 공부하러 온 사람이에요. 교사는 학습자들이 배운 표현을 사용하여 자신의 경험을 발화할 수 있도록 유도한다. T: 네, 맞아요. 여러분한테도 그런 친구가 있어요? 좀 소개해 주세요. S1: 제가 제일 좋아하는 친구는 미셸이에요. 미셸은 저하고 같이 고등학교에서 공부한 친구예요. 그 친구는 요리를 잘하는 사람이에요. 지금 대학교에서 사는 사람이에요. S2: 제 친구는 히로미예요……		
제시 (30분)	새로운 신분 부여	교사는 학생들에게 새로운 신분증을 나누어 주며 새로운 학습의 시작을 알린다. T: 여러분, 이것이 오늘 여러분의 이름입니다. 오늘도 재미있게 공부합시다. 여러분은 잘 할 수 있습니다.	학생들에게 자신감을 심어준다.	새 신분증 (이름, 국적, 직업, 나이)
	학습 내용 제시	학생들이 신분증을 받고 자신에 대한 정보를 숙지하는 동안 교사는 음악의 볼륨을 높여 음악을 들려준다. 학생들이 음악을 듣는 사이에 새로운 학습 자료를 배부한다. T: 여러분, 오늘 공부할 대화입니다. 읽어 보세요. [영어권 학습자를 위한 자료의 예] 유리: 이번 여행에 돈이 얼마나 들었어요? 　　　How mush did it cost for this travel? 에릭: 거기에 친구 집이 있어서 별로 많이 들지 않았어요 　　　Not that much, cause I have friend there.	학습자들이 모국어로 번역된 자료를 배부한다.	학습자료 (대화)

		유리: 비행기로 갔어요?		
		Did you go by plane?		
		에릭: 아니요, 갈 때 부산에 먼저 갔어요.		
		No. When I go there, I stopped by Busan first.		
		거기서 제주도로 가는 배를 탔어요.		
		At there, I took the ship goes to Jeju island.		
		유리: 배 여행은 어땠어요?		
		How did you like traveling by ship?		
		에릭: 좋았지만 시간이 많이 걸렸어요.		
		It was good but it took long time.		
내용이 해 토론 및 표현 설명		학생들은 번역문과 함께 대화문을 읽는다. 학생들이 다 읽으면 천천히 대화 내용에 대해 이야기한다. T: 이 사람은 어디를 여행했어요? S: 제주도에 갔어요. T: 어떻게 갔어요? S: 배를 탔어요. T: 네, 배로 갔어요. 배를 탔어요. 그리고 갔어요. 그럼 배로 갔어요. 이렇게 말해요. 비행기를 탔어요. 그리고 갔어요. 그럼 어떻게 말해요? S: 비행기로 갔어요. T: 네, 맞아요. 비행기로 갔어요. 여러분은 학교에 어떻게 왔어요? S1: 저는 지하철로 와요. S2: 저는 버스로 와요. T: 그렇군요. 그런데 이 사람은 여행에서 돈을 많이 썼어요? S: 아니요, 조금 썼어요. T: 여행할 때 돈을 써요. 그럼 '여행에 돈이 들어요' 이렇게 말해요. 돈이 들어요. 이 사람은 돈이 많이 들었어요? S: 아니요, 돈이 조금 들었어요. T: 네, 그래요. 여러분은 서울 생활에 돈		

		이 많이 들어요?		
		S1: 지하철 탈 때 돈이 많이 들어요.		
		T: 아, 교통비가 많이 들어요.		
		S2: 저는 친구하고 놀 때 돈이 많이 들어 요.		
		T: 아, 그렇군요. 그런데 이 사람한테 배 여행은 좋았어요?		
		S: 아니에요.		
		T: 왜요?		
		S: 시간이 많이 걸렸어요.		
		T: 네, 제주도에 갈 때 시간이 많이 걸렸 어요. 돈은 '들어요', 시간은 '걸려요' 이렇게 말해요.		
	학습 자료 내용 듣기	학생들이 새로운 표현을 이해하면 교사는 대화를 들려준다. T: 자, 모두 눈을 감으세요. 그리고 오늘 의 대화를 잘 들어보세요. ……		
연습 (40분)		학생들에게 1번 대화를 들려준 후, 다시 한 번 들려줄 때 자발적으로 따라 읽도록 유도 한다.	교사는 감정 을 최대한 살 려 읽어준다.	
	따라 하기	T: 자, 다시 한번 들어보세요. 제가 말할 때 여러분도 같이 말해 보세요. T: 이번 여행에 돈이 얼마나 들었어요? … 학습자들은 눈을 감고 각자 자신의 필요에 따라 조용히 따라한다.		
	역할극 하기	T: 이제 여러분이 이 두 사람이 되어 보 세요. 짝을 정해 서로 이 사람들처럼 여행 경험에 대해 이야기해 봅시다. 돈		짝짓는 방법

		이 얼마나 들었어요? 어떻게 갔어요? 어땠어요? 시간이 얼마나 걸렸어요? 이런 이야기를 해 보세요. S1: 어디에 여행갔어요? S2: 제주도에 갔어요. S1: 어떻게 갔어요? S2: 비행기로 갔어요.		
	발표	역할 연습이 끝나면 팀별로 자신들의 대화를 발표한다. T: 자, S1과 S2의 이야기를 들어봅시다. S1: 어디에 여행갔어요? S2: 제주도에 갔어요. S1: 어떻게 갔어요? S2: 비행기로 갔어요.	학습자들이 감정표현을 제대로 하도록 지도한다.	
정리 (10분)	자리 정리	T: 모두 수고했습니다. 이제 자리에 앉으세요. 그리고 눈을 감고 음악을 잘 들어보세요.	음악 소리를 좀더 키운다.	
	학습 내용 암기 확인	학생들의 분위기가 안정이 되면, T: 오늘의 대화를 한번 생각해 보세요. 음악이 흐르는 가운데 학생들은 각자 대화를 상기하며 암기한다. 학생들의 되새김이 끝나면 수업을 정리한다.		
	다음 수업 공지 및 인사	T: 내일은 여러분의 미래 계획에 대해 이야기하겠습니다. 내일 다시 만납시다. 안녕히 가세요. 학생들은 조용히 교실을 나간다.	학생들은 자유롭게 교실을 떠날 수 있다.	

침묵식 교수법
(The Silent Way)

Caleb Gattegno에 의해 창안된 침묵식 교수법은 모국어 습득과 외국어 학습이 다르다는 전제하에 학습자가 이미 알고 있는 모국어 발음을 연상하면서 목표어의 정확한 발음에 접근하도록 시도한다. 이 교수법은 학습자가 학습할 내용을 기억하고 원리와 규칙을 스스로 발견하고 창조한다면 훨씬 쉽게 학습할 수 있으며, 매개체를 사용하고, 교재 내용에 포함된 문제를 해결하는 것이 학습에 도움이 된다는 가설에서 출발한다. 침묵식 교수법은 다양한 학습도구와 그림차트를 이용한 가상경험을 중시하며 학습자의 노력에 초점을 둔다. 침묵식 교수법에서 교사의 역할은 학습자들을 가르치고 평가하지만, 학습자의 학습을 방해하지는 않는 것이다. 또한 교사는 중립적인 관찰자의 역할을 해야 하며, 학습의 반응을 이끌어내기 위한 학습도구로 손가락, 차트, 막대를 조작 사용할 줄 알아야 한다. 창의력도 필요하다. 침묵식 교수법의 전제는 교실에서 교사는 가능한 한 침묵해야 하고, 학습자는 가능한 많은 언어를 생산해내도록 격려되어야 한다는 것이다.

1. 침묵식 교수법[1)]의 이론적 배경

나에게 말하라. 그러면 나는 망각한다. (Tell me and I forget.)
나에게 가르치라. 그러면 나는 기억한다. (Teach me and I remember.)
나를 포함하라. 그러면 나는 배운다. (Involve me and I learn.)

---

1) Silent Way를 하정자(1982)에서는 무언원리(無言原理)로 번역하고 있으나 일반적인 번역에 따라서 본장에서는 침묵식 교수법이라 칭한다.

Benjamin Franklin은 학습자의 특성에 관해 위와 같이 이야기한다. 학습도 일이므로 성공적인 학습을 위하여서는 학습자 스스로의 노력이 필요하다. 이를 위하여 학습자는 지각과 행동과 느낌과 생각을 가지고 언어 상황에 대처해 나갈 때 새로운 언어에 대한 인지가 이루어진다. 단순한 기계적인 암기는 머리 속에 아무것도 남겨 주지 못한다. 즉 교사가 설명의 형식으로 가르친다면 배움은 이루어지지 않고 학습의 과정에 학습자가 참여하였을 경우에 비로소 학습이 이루어진다는 것이다.

행동주의 심리학의 영향으로 탄생한 청각구두식 교수법(Audiolingual Method)이 학습자 개개인의 특성을 무시한 채 교사 주도의 문형연습과 같은 기계적인 연습을 중시한 것과는 달리 1970년대 이후 학습자의 태도를 중시하고 개개인의 학습전략에 관심을 갖게 되면서 제2언어를 배울 때 학습자의 심리적인 부담감을 덜어주어야 한다는 인지주의적 학습방법이 주목을 받기 시작하면서 언어 학습에서의 혁신적인 방법론이 등장하였다.

이러한 학습자 중심의 언어교수 방법 중 하나인 침묵식 교수법은 Caleb Gattegno에 의해 창안된 교수법으로 학습자의 개성을 최상의 것으로 삼는다. 즉 가르치는 것보다는 배우는 것이 우선한다는 것으로 교사는 가급적 말을 자제하고 책임감과 독립성을 지닌 자율적인 능동자인 학습자가 목표어에 대해서 의욕을 가지고 스스로 말을 배우고자 할 때 비로소 목표어를 배운다는 것이다. 따라서 학습의 주체는 학습자이고 교사는 학습자의 학습을 지켜보는 관찰자의 입장을 견지하다가 학습자에게 무엇이 필요한지 객관적으로 판단하는 판단자의 역할, 이를 바탕으로 학습자에게 필요로 하는 것을 제시해 주는 제시자적인 역할을 하는 것이다.

Gattegno는 자신이 개발한 수학 프로그램 설계의 경험과 외국어 학습을 위한 세 가지 가설을 설정하여 학습에 필요한 색채도표와 채색

막대 등 다양한 학습도구를 개발하고 이를 활용한 학습방법을 창안하였다. 이러한 학습도구들은 교사가 침묵하고 학습자들이 발견학습을 할 수 있도록 도와준다. 이는 언어는 대체물이고 경험이 언어에 의미를 부여해 주는 것이라는 가설에서 알 수 있듯이 색채도표와 채색막대 등의 매개체에 학습자와 교사가 의미를 부여하여 언어를 창조해 나간다는 것이다.

이러한 가정하에 Gattegno가 설정한 침묵식 교수법의 기반이 되는 세 가지 가설을 보면 다음과 같다(Richards & Rodgers, 1989; 김정렬, 2001:165 참조).

① 발견학습(Discovery learning)
학습 내용의 반복이나 암기보다는 학습자가 배울 내용을 발견하고 창조한다면 훨씬 쉽게 학습할 수 있다. (Learning is facilitated if the learner discovers or creates rather than remembers and repeats what is to be learned.)

침묵식 교수법은 학습이 문제를 해결하고 학습자가 교사와 협동적으로 학습에 참가하여 창조적으로, 그리고 발견을 통하여 학습을 해 나간다는 가설을 전제하는 것이다. 이러한 발견학습은 학습자의 지적 능력을 고양하여 기억을 유지하는 데에 도움을 준다는 것이다.

② 물질적 초점(Physical focus)
학습은 사물을 수반하거나 사물의 매개를 통해 촉진이 된다. (Learning is facilitated by accompanying physical objects.)

침묵식 교수법에서 사용하도록 고안된 색채도표와 채색막대는 학습자가 이러한 매개체에 초점을 맞춤으로써 학습에 집중할 수 있도록 하여주고 보다 효과적으로 학습내용을 기억할 수 있도록 도와준다는 것이다.

③ 문제해결 접근법(Problem-solving approaches to learning)

문제 해결 활동을 통해 학습이 촉진된다. (Learning is facilitated by problem solving involving the material to be learned.)

침묵식 교수법은 학습자가 목표언어로 적절하고 의미있는 발화를 할 수 있도록 고민하게 함으로써 학습자 스스로 목표언어를 인식하고 분석하게 한다. 즉 학습자가 목표언어에 대한 문제를 스스로 고민하고 해결할 수 있다는 것이다.

침묵식 교수법의 학습목표는 주로 초보 단계의 학습자들에게 목표어의 기본 요소들을 사용할 수 있는 구두 및 청각적 능력을 길러주는 것이다. 일반적으로 목표어에 있어서 모국어 사용자와 비슷한 유창성이고, 정확한 발음과 목표어의 운율적 요소의 전달이 그에 해당한다. 보다 직접적으로는 학습자에게 언어의 문법에 대한 기본적인 실용지식을 제공하는 것인데, 학습자 편에서는 이런 결과가 독립적인 학습을 위한 기초를 형성해 줄 수 있다.

Gattegno(1972)에서 제안한 기초 수준의 언어교육과정에서는 다음과 같은 목적을 설정할 수 있을 것이라 논의하였다(김정렬, 2001:166 재인용).

① 학생들 자신, 교육, 가족, 여행, 일상사에 관한 질문들에 정확하고 쉽게 대답하기(Correctly and easily answer questions about themselves, their education, their family, trevel, and daily events.)
② 정확한 액센트로 말하기(Speak with a good accent.)
③ 공간, 시간, 그리고 숫자들과 관계 있는 사진들을 글이나 구두로 표현하기(Give either a written or oral description of a picture, including the existing relationships that concern space, time, and numbers.)

④ 목표어 원어민의 문학과 문화에 대한 일반적인 질문에 대답하기 (Answer general questions about the culture and the literature of the native speakers of the target language.)

⑤ 철자 쓰기, 문법, 독해, 작문 분야를 적절히 수행하기(Perform adequately in the following areas: spelling, grammar production, production rather than explanation, reading comprehension, and writing.)

2. 침묵식 교수법의 원리와 특징

2.1 침묵식 교수법의 원리

Gattegno는 'Teaching Foreign Languages in Schools: the Silent Way' (1963)에서 처음 침묵식 교수법의 원리를 소개하였다. 그러나 단순히 언어 교수 이론을 제시하는 것으로만 끝난 것이 아니라 이후 'English, the Silent Way: a Video Program'이란 비디오 교재에서 침묵식 교수법의 원리에 따른 언어 교수방법과 기술을 구체적으로 제시하고 있다.

침묵식 교수법은 교사가 수업시간에 가능한 한 침묵을 지켜야 하며 학습자가 많은 연습을 할 수 있도록 해주어야 한다는 전제를 두고 있다.

Gattegno(1972)에서는 언어 학습에 있어서 언어학이 과연 어느 정도 영향을 끼칠 것인가에 회의적인 관점을 견지하며 언어를 '경험의 대용물'로 간주하였다. 따라서 다양한 학습도구를 통하여 얻은 경험을 언어로 전이하는 과정을 중요시하였다.

그리고 언어를 이루는 형태보다는 언어의 정신을 파악하는 것이 더욱 중요하다고 하였는데, 이러한 정신은 소리와 구조와 어휘로 구성되어 있다고 하였다.

소리는 아기가 모국어를 처음 배울 때 그 언어의 소리, 즉 억양, 운율 등과 같은 소리의 음악을 접하게 되는데 이 음악에 담겨 있는 정신을 받아들이는 것과 같다는 것이다.

구조는 일반적인 문법과는 다르다. 우리가 영어 문법을 몇 십년씩 배웠다고 하더라도 영어를 유창하게 하지 못하는 것처럼 문법은 단순한 형태인 것이다. 따라서 구조는 표현의 의미로 그 표현이 사람들의 사고방식, 생각 등을 잘 나타낼 수 있어야 한다는 것이다.

이는 언어가 구체적인 의미들이 임의적으로 연합되어 문법 규칙에 의해 문장 혹은 의미 있는 단위들이 서로 연결되어 구성된 소리의 집합체라는 것이다.

마지막으로 어휘는 학습자의 모국어로 이해하지 말고 목표어의 어휘 그 자체로 이해해야 한다는 것이다. Gattegno(1972)에서는 어휘를 언어 학습의 중심 단위로 간주하여 어휘 선택을 매우 중요하게 생각하였다. 그리고 어휘를 Semi-Luxury Vocabulary, Luxury Vocabulary, Functional Vocabulary로 구분하고 Semi-Luxury Vocabulary, Luxury Vocabulary는 같은 뜻의 모국어로 대치할 수 있으나 Functional Vocabulary는 학습자의 모국어로 대치할 수 없으므로 구조와 같이 이 기능 어휘에 담겨 있는 의미구조를 이해해야만 그 언어의 본질을 이해할 수 있기 때문에 목표어를 익히는 데 중요한 열쇠를 제공한다고 하였다.

그리고 학습자는 스스로의 지각을 통하여 이들 사이의 구조적 관계를 인지하고 식별해 나가는 것이라 여겼다. 따라서 교사가 학습자의 이러한 인지과정에 혼란을 주어서는 안 된다고 하였다.

2.2 침묵식 교수법의 특징

침묵식 교수법은 구조주의적 접근법(Structural approach)을 바탕으로 모국어 습득과정과 외국어 습득과정은 다르다는 전제하에 모국어 학습 과정은 외국어 학습의 기초로 본다. 이에 비해 외국어 학습은 인지주의 적 접근으로 지능적이고 인지적 과정으로 여겼다. 또한 학습자는 단순 히 학습하는 것이 아니라 학습하는 법을 학습한다(learning to learn)고 하여 학습체계가 지적 자각(intelligent awareness)을 통해서 활성화된다 고 한다. 그리고 학습은 자기 자각을 통한 '자기 수정'의 활동이라고 하여 '내적 기준'은 학습자 자신의 산출물을 감시하고 스스로 수정하게 한다고 본다. 이를 통하여 언어학습은 귀납적으로 이루어진다고 가정한다.

그리고 앞 절에서도 설명하였듯이 침묵식 교수법에서는 학습자의 발견학습과 연상학습을 위하여 다양한 보조도구를 사용한다. 보조도구 의 종류와 기능을 보이면 다음과 같다.

① 지침봉(Pointer)
어떤 구체적 사항을 상기시켜 지적하여 줄 때 사용하며, 지침봉을 칠판이나 교탁 등을 두드리며 학습자들에게 발음 학습에서 리듬의 강 약을 속도와 함께 전해 줄 때 사용하기도 한다.

② 음색표(Sound color chart)
목표어의 글자에 구애받지 않고 색으로 상징된 소리에 온 정신을 집중하도록 하고 이 색으로 상징된 소리를 정확히 알게 하는데 유용 하다. 색깔별로 자음과 모음을 나타내는데 유사한 소리들은 비슷한 색 으로 제시되어 학습자들로 하여금 유사음의 정확한 소리의 차이를 인 식시키는 데에 유용하다. 한 칸에 두 개의 색이 들어있는 경우는 반모 음(y, w)와 결합한 소리를 나타낸다.

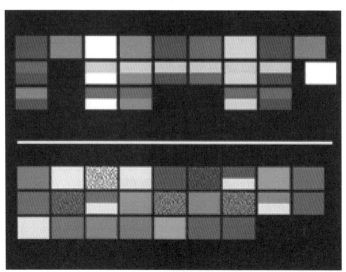

위의 표는 언어교육학원[2] 홈페이지
(www.ltrc.co.kr/kor/introduction/introduction04.asp)에서 인용한 것임.

③ 음가표(Fidel chart;phonic chart)

학습자들이 교육과정 중에 배워야 할 발음의 범위와 철자를 정리한 것으로 이 음가표를 통하여 정확한 발음을 배울 수 있는데 각 음운들을 앞의 음색표에서 제시한 소리의 색으로 표시하여 학습자가 음색표를 통하여 학습한 색과 소리의 상관관계를 유추하여 정확한 발음을 학습할 수 있도록 하였다. 또한 한국어의 경우에 발음규칙에 따라 철자와 다르게 소리나는 경우가 있더라도 다른 색으로 된 철자를 통하여 철자와 다르게 소리날 수 있음을 제시하여 정서법도 아울러 배울 수 있도록 한다. 따라서 동일한 자음이라고 하더라도 색이 다르면 위의 음색표에서 제시한 색의 소리로 다르게 소리날 수 있음을 알 수 있다.

---

2) 언어교육학원은 현재 침묵식 교수법으로 한국어를 가르치는 유일한 교육기관이다.

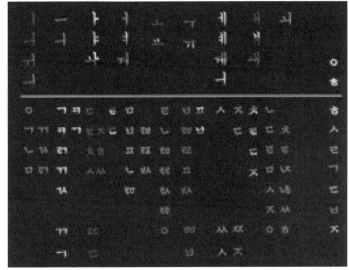

위의 표는 언어교육학원 홈페이지
(www.ltrc.co.kr/kor/introduction/introduction04.asp)에서 인용한 것임.

④ 단어표(word chart)

앞에서 학습한 소리에 의미를 연상시키도록 하여 주며 학습자들의
관점에서 단어를 결합하게 하고, 색으로 표현된 소리를 통하여 필요한
단어를 기억하게 하고 부여된 첫 언어구조에 동일한 구조의 몇 개의
다른 문장을 대치함으로써 학습자 스스로 문장을 만들 수 있도록 한다.

⑤ 채색막대(multi-colored rods)

학습자에게 막대에 단어의 의미를 부여하여 연상학습을 할 수 있도
록 한 것으로 막대의 길이를 이용하거나 막대를 움직여 문장의 구조
를 연습할 수 있다.

- 색깔의 종류 : 베이지색, 빨간색, 연두색, 노란색, 초록색, 까만색,
  갈색, 파란색, 주홍색

- 크기 : 1cm부터 10cm까지 1cm씩 길이가 다른 10종류와 15cm의 특수한 막대기
- 셈 연습, 물체를 대신, 단어나 문법구조를 대신하여 제시한다.

⑥ 그림과 연습문제(worksheets)

그림 카드는 그림을 통하여 일상생활에 필요한 어휘를 길러주는 데 도움이 된다. 이는 크게 세 단계로 나뉘어 학습자에게 제시하고 연습시킬 수 있는데 1단계는 단어를 익히는 단계로 그림을 보고 단어를 익힌다. 2단계는 익힌 단어 중에서 적어도 세 단어를 골라 문장을 하나하나 만드는 연습을 하도록 한다. 3단계는 그림이 암시하는 상황을 학습자로 하여금 쓰도록 한다.

⑦ 비디오 테이프(video-tape)

이는 Gattegno가 직접 제작한 'English, the Silent Way: a Video Program' 비디오 교재로 8명의 외국인 학생들이 초급부터 영어를 학습해 나가는 과정을 30분짜리 비디오 테이프 140개에 녹화한 것이다. 침묵식 교수법을 어떻게 학습 현장에 적용할 수 있는지에 관한 방법을 보인 수업의 표본이다.

⑧ 손가락(finger)

문장이나 단어를 도입한 후에 문장의 어순이 바뀌었거나 단어 속에서 어떤 소리가 잘못 발음되어졌거나 빠졌을 때에 손가락을 사용한다. 또한 순간순간 막대를 활용할 수 없을 때 손가락을 막대 대신 이용할 수도 있다.

결론적으로 침묵식 교수법은 상황중심교수법과 청각구두식 교수법과 같은 전통적 교수법을 뒤따른 기대에 못 미치는 부족한 언어교수

방법이었다. 그러나 교실 활동을 조직적으로 이끌어내고 교사의 간접적 역할을 강조하며 학습자에게 책임감을 둔 것과 교재와 다양한 학습도구를 활용한 것은 가히 언어교수법에서 혁신을 일으킨 것이라 평가할 수 있다.

이상에서 제시한 침묵식 교수법의 장점과 단점을 정리하면 다음과 같다.

장점	단점
1. 교사가 침묵함으로써 학습자의 집중력을 높이고 학습자 스스로 공부할 수 있는 능력을 길러 준다.	1. 학습 효과를 올리는 데 시간의 소요가 많으므로 학습자들이 지루해 할 수 있다.
2. 모방과 기계적인 암기를 통해 학습하는 방법과는 달리 교사의 지시에 따라 학습자 자신이 그 문제 해결 방법을 발견해 내는 '발견학습'이다.	2. 수업 자료를 준비하는 데 많은 시간이 걸린다.
3. 학습자의 지각, 행동, 느낌 및 사고에 의해 언어 습득이 이루어지므로 기계적인 반복 연습보다 더 오래 기억된다.	3. 직접적인 지도로 학습자들이 얻을 수 있는 이점이 많은 데도 불구하고, 학습자들이 문제 해결을 위해 몇 시간 며칠 동안을 고군분투해야 하는 경우도 있다.
4. 음색표와 채색막대 등의 시각 도구는 학습자에게 집중력을 제공하고 학습자가 기억하기 쉬운 이미지를 형성시키며 음색표를 통한 발음 연습으로 문자에 대한 부담감을 줄여 준다.	4. 제시단계에서 새로운 어휘나 표현을 한 번만 들려주기 때문에 학습자가 주의를 기울이지 않을 경우 정확한 발음을 기억하는 데 어려움이 있다.
5. 학습자의 심리를 중시함과 동시에 학습자가 가지고 있는 지성을 신뢰하고 스스로 자연스럽게 언어를 습득하는 내적 판단 기준을 만들어 갈 수 있도록 학습자를 전면적으로 신뢰하는 학습자 중심의 방법이다.	5. 추상적인 단어들에 대한 학습자들의 이해력이 떨어진다.
	6. 초급단계 이후 학습자들에게 적용하는 데 어려움이 있다.
	7. 교사와 학생 간의 상호작용에 의해 얻어지는 학습효과를 기대할 수 없다.

3. 침묵식 교수법의 실제

3.1 수업 절차

수업은 크게 발음에 초점을 두는 단계와 문형 및 단어에 초점을 두는 단계로 나눌 수 있다.

① 발음에 초점을 두는 단계: 음가표(fidel charts)를 사용해서 발음 연습하기
- 교사는 아무 말도 하지 않고 색깔별로 구분하여 만든 음가표 (fidel charts)에 있는 4개의 색깔 블록(block)을 가리킨다. 차트에 있는 색깔 블록들은 한국어의 모음과 자음을 나타낸다.
- 교사가 첫 번째 색깔 블록을 가리키며 /i/라고 말한다. 교사가 다른 색깔 블록들을 가리키며 /e/, /a/, /i/라고 말한다.
- 학생들을 한 명씩 가리키며 그 발음을 소리 내보게 한다. 지명을 받은 학생이 발음을 다르게 하거나 못하면 다른 학생에게 바른 소리를 발음하게 하여 서로 협동수업이 되게 한다.
- 교사가 채색막대(rod)를 가리킨 다음에 다시 음가표에 있는 막대에 해당하는 다섯 가지 색깔 블록(ㅁ,ㅏ,ㄱ,ㄷ,ㅐ)을 가리킨다. 학생들이 색을 보고 소리를 연결하여 '막대'라고 말한다.
- 교사가 다시 빨간 막대를 가리킨 다음에 색깔 블록을 차례로 가리키면 학생들이 '빨간 막대'라고 말한다.
- 이러한 절차로 여러 학생들에게 발음을 해 보도록 한다. 학생의 발음에 잘못이 있으면 교사가 입 모양만 보여주고 소리는 내지 않는다.
- 정확하게 발음하지 못하는 학생의 경우 정확하게 발음할 때까지 기다린다.
- 다시 교사가 '초록 막대를 드세요.'라고 한번 말해 주고 학생들

이 번갈아 가면서 발음을 하게 한다.

- 학생들이 색깔 블록을 보면서 몇 가지를 선택하여 구나 문장으로 말하게 한다. 학생들이 선택하여 간단한 명령이나 복잡한 명령을 해본다.
- 학생들에게 수업 시간이 어땠는지 물어보고 그 대답을 듣는다.
- 학생들에게 숙제나 과제물을 주지 않는다.

② 문형연습, 구조, 단어 연습단계: 길이가 다른 색깔 막대를 이용해서 연습하기

- 일반적으로 발음 연습이 끝나고 나서 문형, 구문, 어휘 등을 연습하게 한다. 학생들이 구문을 이해하였다고 생각하면 막대를 이용하여 그 구문을 사용할 수 있는 상황을 교사가 만들어 준다.
- 그림차트에서 그림을 선택한 후 음색표를 이용하여 단어를 제시한다.
- 짧은 막대를 제시한 후 다시 음색표의 같은 색깔 블록을 지적하여 그림을 막대로 대치한다.
- 같은 방법으로 다른 막대를 이용하여 단어를 익힌 후 여러 막대를 조합하여 구나 문장을 만든다.
- 막대의 순서를 바꾸거나 위치를 조절하여 문장의 어순, 혹은 문장을 발화할 때의 리듬 등을 연습할 수 있다.
- 여러 가지 구문을 만들어 본 후 학생들이 얘기한 것을 써보게 한다.

3.2 교수 · 학습의 활동 유형

① 음색표와 음가표를 활용하여 발음 익히기

앞 절에서 제시한 것과 같이 정확한 자음과 모음을 익힐 수 있다.

또한 색과 소리를 결합하여 인식하게 하고 비슷한 소리들은 유사한 색으로 제시함으로써 학습자 스스로 소리의 유사성을 인식하고 색으로 그 차이를 알 수 있다.

② 그림차트, 음색표와 음가표를 활용하여 단어 익히기
그림으로 제시한 단어를 음색표와 음가표를 활용하여 단어를 익힐 수 있다.

③ 지휘봉을 활용하여 강세 익히기
단어의 강세나 억양을 지휘봉의 두드리는 소리 혹은 지휘를 통하여 익힐 수 있다.

④ 그림차트를 활용하여 어휘력 확장하기
다양한 그림을 활용하여 어휘력을 확장할 수 있다.

⑤ 채색막대를 활용하여 구나 문장 만들기
막대의 색과 길이를 이용하여 문장을 만들 수 있다.

⑥ 채색막대를 활용하여 어순 및 초분절소 익히기
막대의 순서를 바꾸거나 위치를 변경함으로써 문장의 어순 및 질문, 명령 등의 초분절소를 익힐 수 있다.

⑦ 손가락을 활용하여 숫자 익히기
손가락의 마디 및 다섯 개의 손가락을 활용하여 숫자를 익힐 수 있다.

⑧ 손가락을 활용하여 문장 연결하기
손가락의 마디와 마디를 활용하여 문장의 연결을 만들 수 있다.

3.3 현장 적용시 유의점

① 학습자 역할

침묵식 교수법은 학습자 중심의 학습방법이다. 따라서 학습자는 그들 자신의 학습에 책임을 지고, 반드시 자율성과 책임성을 길러야 한다.

또한 학생은 문제 해결자로, 자기 스스로를 평가하는 역할도 해야 한다. 따라서 오류를 일으켰을 경우에는 다른 학생들의 바른 발화를 통하여 스스로 수정해야 한다.

② 교사의 역할

교사는 한국어의 발음, 문법 등을 완벽하게 알고 있어야 한다. 또한 완벽한 학습 시나리오를 짜야 하는 극작가의 역할(교수, 평가, 학습자가 비의존적 학습자가 되기를 돕기 위해 사라지기)도 하여야 한다. 그러나 종전의 교사 중심의 교수법에 익숙한 교사가 이러한 역할을 하기 위해서는 상당한 인내와 수업 방법의 개발 등이 필요하다.

교사가 수업 중에 침묵을 지켜야 함은 맞으나 수업에서는 학생들의 활동을 지켜보고 무엇이 필요한 것인지를 파악하여 제시하는 등 활동적이어야 한다.

Stevick(1982:201)에서는 침묵식 교수법의 원리에 따른 교사의 역할을 다음과 같은 세 가지 말로 제시하고 있다.

- Watch. (지켜 보라.)
- Give only what is need. (필요한 것만 주어라.)
- Wait. (기다려라.)

또한 침묵식 교수법에서는 교사가 반복연습을 시키지 않는다. 이는 학습자들에게 예민성과 집중력을 갖도록 해 주기 위한 것이다. 마찬가지로, 학습자가 새로운 언어로 적절하고 의미있는 발화를 하려고 노력하는 것은 그 학습자로 하여금 그 자신만의 인지력과 분석력을 통하여 언어를 깨달을 수 있도록 해준다.

4. 한국어 교육에서의 적용

4.1 침묵식 교수법을 적용한 수업 모형

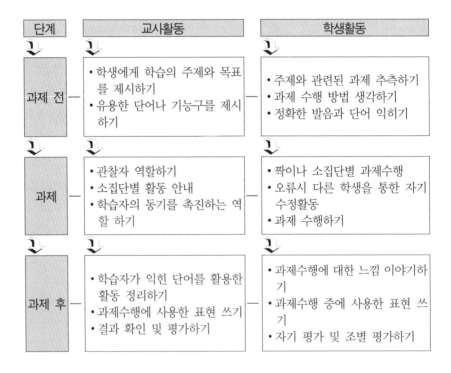

단계	교사활동	학생활동
과제 전	• 학생에게 학습의 주제와 목표를 제시하기 • 유용한 단어나 기능구를 제시하기	• 주제와 관련된 과제 추측하기 • 과제 수행 방법 생각하기 • 정확한 발음과 단어 익히기
과제	• 관찰자 역할하기 • 소집단별 활동 안내 • 학습자의 동기를 촉진하는 역할 하기	• 짝이나 소집단별 과제수행 • 오류시 다른 학생을 통한 자기수정활동 • 과제 수행하기
과제 후	• 학습자가 익힌 단어를 활용한 활동 정리하기 • 과제수행에 사용한 표현 쓰기 • 결과 확인 및 평가하기	• 과제수행에 대한 느낌 이야기하기 • 과제수행 중에 사용한 표현 쓰기 • 자기 평가 및 조별 평가하기

4.2 침묵식 교수법을 적용한 지도안

학습목표	다양한 색깔명을 익힌다
주요 학습 내용	1) 발음 2) 어휘 : 빨간색, 파란색, 노란색, 하얀색, 검은색 3) 문법 : N 주세요
학습자 정보	초급 학습자
수업 소요 시간	50분

(교사 : T, 학생 : S)

구분 (시간)	과정	교수·학습 활동	유의점	준비물
도입 (5분)	인사 복습 (발음 및 어휘 확인)	T: 여러분, 안녕하세요? S: 선생님, 안녕하세요! T: (그림 차트에서 고기, 아이 등의 그림을 선택하여 학생들에게 제시) S1: (그림을 보고 지난 시간에 배운 단어를 확인한다.)고기, 아이.... T: (교사는 막대를 가리킨 후 음가표에서 'ㅁ, ㅏ, ㄱ, ㄷ, ㅐ'를 짚어 학습자가 읽게 한다. 그후 다시 막대를 제시한 후 재빨리 음가표를 짚는다. 다른 학습자에게도 읽게 한다.) S: 막대	학습자가 단어를 정확하게 발음하지 못하면 다른 학생의 발음을 듣고 익히게 하고 모두 발음을 못하면 음색표와 음가표를 활용하여 다시 학습한다.	그림 차트, 음가표, 음색표
제시 (15분)	듣고 따라 하기	T: (빨간 막대를 들고 음가표에서 'ㅃ,ㅏ, ㄹ,ㄱ,ㅏ,ㄴ'을 짚어 학습자가 읽게 한다.) S: 빨간 T: (다시 빨간 막대를 들고 음가표에서 '빨간 막대'를 짚는다.) S: 빨간 막대 T: (다른 색 막대를 들고 음가표에서 각 색의 글자를 짚어 학습자에게 확인	못 읽으면 다시 음색표에서 소리를 연습한다.	다양한 채색 막대

		시킨다.)		
		S: 파란 막대, 노란 막대, 검은 막대, 하얀 막대.		
연습 (15분)	대치 연습	T: (그림 차트에서 다양한 색 가방 혹은 다양한 색 모자 등을 가리키며 어휘를 익히게 한다.) S: 빨간 가방, 파란 모자, 검은 모자...		그림 차트
활용 (10분)	물건 주고 받기	T: (음가표에서 '주세요'를 짚은 후 학습자에게 읽게 한다.) S: 주세요. T: (빨간 막대를 들고 학습자에게 발화하게 한 후 다시 음가표에서 '주세요'를 짚는다.) S: 빨간 막대 주세요. T: (빨간 막대를 학습자에게 준다. 이런 활동을 몇 번 하여 '주세요'의 의미를 알게 한다.) T: (다양한 색의 가방 혹은 모자를 놓고 학생들끼리 주고받게 한다.) S1: 빨간 가방 주세요. S2: 파란 모자 주세요.	학습자의 활동을 보면서 필요한 부분은 제시한다.	다양한 색 가방 혹은 모자
정리 (5분)	확인 정리	T: (학습자가 자신들이 한 발화를 쓰게 한다.)		

전신반응 교수법
(Total Physical Response)

전신반응 교수법(Total Physical Response : TPR)은 Asher에 의해 주창된 교수법으로 명령이나 지시등의 언어자극에 대해서 신체적으로 반응함으로써 목표어를 습득하도록 하는 교수법이다. 이렇게 언어자극에 대해서 신체적으로 적절한 행동을 할 수 있게 하기 때문에 학습자는 긴장감을 낮춘 상태에서 이해를 통한 학습을 하게 된다. 이처럼 전신반응 교수법은 보고, 듣기에 의한 이해우선 언어학습 전근법과 언어자극에 대해 신체적 반응을 특별히 강조하고 있어 아동의 모국어 학습 과정과 유사하다는 것을 전제로 하고 있다. 전신반응 교수법은 학습자의 입장에서는 즐겁고, 학습의 부담이 없으며, 장기기억이 가능한 교수방법이고, 교사입장에서는 경제적인 학습지도가 가능하며, 주의 집중이 용이하고 수업이 활기차며, 상호작용을 하게 되므로 유대를 강화할 수 있는 효과가 있다.

1. 전신반응 교수법의 이론적 배경

전신반응 교수법(Total Physical Response)은 학습자가 청각을 통해 들은 명령내지 지시문(단어와 문장)에 따라 몸 전체로 반응하는 교수법으로써 전신체적 반응 교수법이라고도 한다. 이 교수법은 1970년대 캘리포니아 산호세 주립대학의 심리학 교수였던 James Asher에 의해 주창되었다. 이 시기에 대표적인 교수 학습의 이론으로는 본 장에서 주로 다루고자하는 전신반응 교수법(Total Physical Response), 상담 전문가인

Curran에 의한 공동체 언어 학습법(Community Language Learning), 불가리아의 정신학자인 Lozanov에 의한 암시교수법(Suggestopedia), Gattegno의 침묵식 교수법(The Silent Way), Terrell에 의한 자연교수법(Natural Approach) 등이 있었다.

한편, Postovsky가 이해를 중심으로 한 교수법(Comprehension-Oriented Approach)인 텔레비전의 화면을, Winitz가 청각만을 이용한 교수법 (Optimized Habit Reinforcement)으로 그림을 연결하여 청해연습과 구두연습을 시킨 반면에, Asher의 전신반응 교수법은 위의 두 학자와 서로 비슷한 면이 있으나 단어를 동작과 연결시킨 것이 다른 점이다. 단어와 동작을 연결시킨 교수법은 19세기에 Gouin의 Series — 연상하기 쉽게 배열된 일련의 연속적 동작 — 와 Palmer의 Action Chain — 일정의 연속적 동작을 명령문에 따라 이행시키고, 그 동작에 관해 문답시키는 연습 — 에서 찾아 볼 수 있었으나, 전신반응 교수법은 단어의 여러 가지 양상 가운데 듣는 연습에 동작을 이용한 것이 큰 특징이다. 즉 TPR은 음성과 동작을 의미와 직결시켜서 모어의 간섭이나 개입이 없이 외국어교육에 활용할 수 있는 직접교수법과 관련이 깊다.

Asher는 인간의 뇌에 있어서 정보전달을 중시하는 우뇌에 대해서 다음과 같이 설명하고 있다. "우뇌는 주로 보고, 만지고, 그리고, 노래를 부르고, 몸짓을 하는 등 육체적 행위에 관여한다. 따라서 우뇌는 귀를 통해 들은 단어에 의해 행동하고, 단어를 의미화 할 수 있는 작용을 하고 있다."고 강조하였다. 우뇌는 영상, 심상으로 기억을 한다. 심상이나 상상 등 감각적인 분야를 담당하고 있는 우뇌는 좌뇌에 비하여 받아들일 수 있는 기억용량이 무한대이다. 그렇기 때문에 우뇌를 충분히 활용하면 기억력이 한없이 늘어나게 된다. 따라서 언어적 자극과 신체적 활동을 함께하면 우뇌를 적극적으로 활용한 결과이며 효과적인 학습활동을 할 수 있고 기억도 오랫동안 지속되는 것이다.

또한, 전신반응 교수법은 아동의 발달 심리학과 밀접한 관계가 있다. 즉, 성인이 제2언어 학습을 성공적으로 하려면 그 학습과정과 학습환경이 아동이 모국어를 습득하는 것과 같은 것으로 보는 것이다. Asher는 아동의 모국어 학습이 생물학적으로 정형화된 일정한 순서에 따라 이루어진다고 하였다. 그 과정은 다음과 같다.

〈아동의 모국어 습득 단계〉
  – 말하기 능력보다 듣기 능력이 먼저 발달
  – 듣기 능력은 부모의 명령문(지시문) 형태의 말에 신체적으로 반응하면서 습득
  – 듣기이해 능력이 생기면 말하기는 자연적으로 발전

이처럼 전신반응 교수법은 성인의 외국어 학습과 아동의 모국어 학습 과정이 유사한 것으로 보고, 듣기에 의한 이해우선 언어학습 접근법(Comprehension Approach)과 언어자극에 대해 신체적 반응을 특별히 강조하고 있다. 이해우선 언어학습 접근법에 의한 기본적인 교수 · 학습과정은 언어학습에서 이해력(comprehension ability)은 생산적 기능(productive skill)보다 선행한다는 명제하에 말하기 교육은 이해적 기능(comprehension skill)이 습득될 때까지 기다려야 하며, 듣기를 통해 습득된 기능은 다른 기능에 전이됨으로써 항상 단어나 문장의 의미(meaning)를 강조하였다. 나아가 인본적 교수법(Humanistic Approaches)에 의거 학습자의 스트레스를 최소화하여 불안감이 없이 학습해야 함을 역설하고 있다.

결국 TPR은 언어적으로는 구조주의 어휘와 문법을, 심리학적으로는 인본주의 심리학, 발달심리학, 흔적이론을, 학습이론으로는 아동의 모국어 학습이론을 중시하였는데, 인본주의 교수법과 흔적이론을 부연 설명하면 다음과 같다.

1.1 TPR과 인본적 교수법(Humanistic Approaches)

인간 중심의 교육, 학습자 중심(Learner-centeredness)의 교육은 1970
년대부터 활발하게 전개되었는데, 앞에서 거론한 공동체 언어학습, 침
묵식 교수법, 암시교수법이 대표적이다. 그 중 Curran에 의한 공동체
언어 학습(Community Language Learning)은 상담학습이라고도 불리는
데 기본 전제는 학습자의 요구 사항을 들어주고, 학습자의 가치관과
목표하는 바를 달성하도록 도와주는 학습이다. 이 과정에서 교사는 학
습자에게 필요한 자료(단어, 문장 등)를 제공하고 수동적인 자세로 상
담자 역할을 하게 된다. 이렇게 함으로써 학습자는 학습에 대한 두려
움이 줄어들고 자신의 생각과 감정을 있는 그대로 자유롭게 표현할
수 있다. 즉, 학습자는 한 교실에서 공동체적 분위기를 형성하여 안정
되고, 아무런 불안요소가 없이 학습에 임하게 된다.

전신반응 교수법은 학습자로부터 말하기를 강요하지 않고, 스트레
스 없는 언어 환경을 제공해 주어야 한다고 보고 있다. 이는 인간의
정의적 요인을 중시하는 인본주의 교수법과 일맥상통한다. 학습자 마
음의 움직임과 정서적 발달을 고려한 언어학습인 것이다. 스트레스가
없는 언어 학습 환경이어야말로 학습자 중심의 교육이며 궁극적으로
소정의 언어를 학습할 수 있다는 것이다.

1.2 TPR과 흔적이론(Trace Theory)

전신반응 교수법은 자극과 반응(stimulus and response)의 관계를 학
습이론의 기초로 보았다. 우리 몸의 운동에서 대뇌의 활동에 의하여
의식적으로 일어나는 운동을 수의 운동이라 하고, 대뇌의 의식과 관
계없이 자동적으로 일어나는 운동을 반사 운동이라고 한다. 반사 운
동은 자극에 대하여 대체로 빠른 속도로 일어나며, 위험으로부터 몸

을 보호하는 역할을 한다. 언어학습의 초기 단계에 근육운동 지각 시스템(kinesthetic sensory system)으로 활성화된 청해력은 오래동안 기억에 남는데, 이것은 일단 자전거 타기, 수영 등 몸을 움직여 얻어진 기능이 장기적으로 재생가능한 것과 같은 이치이다. 언어학적으로 볼 때 인간에 있어서 자극은 학습자가 듣는 언어적 자극(verbal stimulus)을 의미하고, 반응은 그 언어적 자극에 따른 학습자의 신체적 반응(physical response)을 의미한다. 신체적 반응은 학습자가 언어적 자극을 연상하게 하고, 더 잘 기억하게 하는 흔적(trace)역할을 하는 것이다. 흔적이론에 의하면 반드시 신체활동만이 기억을 돕는 흔적의 역할을 하는 것은 아니다. 언어적 자극을 따라 말하는 것 등의 구두연습(verbal rehearsal)도 기억을 도울 수 있다. 따라서 신체적 활동과 이 구두연습이 함께 이루어지면 기억과 연상(association)작용이 더 잘 될 수 있으며, 따라서 흔적이론은 TPR과 불가결한 관계를 갖고 있는 것이다.

예를 들어서 영어 단어를 암기할 때 책상에 가만히 앉아서 외우는 것보다는 움직이면서, 춤을 추면서, 아니면 단어와 관계된 기타의 동작을 하면서 암기하는 것이 훨씬 효과적인 것이다. 수학의 공식을 외울 때도 2인 1조가 되어 한 사람이 탁구 칠 때 스매싱하는 폼을 잡으면서 '삼각형의 넓이는?'라고 외치면, 상대방은 '밑변 × 높이 ÷ 2'라고 맞받아치는 동작을 하면서 답변을 하는 것이다. 이러한 일련의 동작을 통하여 우리의 뇌를 활발하게 활동(습득된 것을 저장)시킬 수 있고, 향후 적재적소에 활용할 수 있도록 하는 것이다.

2. 전신반응 교수법의 원리와 특징

2.1 전신반응 교수법의 원리

TPR은 유아의 모어습득 체험을 제2외국어 학습에 응용한 것이다. 유아기에 들을 수 있는 것은 대부분 명령문, 지시문으로 이런 문장과 단어에 대해 유아는 말로 대응하는 것이 아니고 신체로 반응하게 된다.

Asher는 발달 심리학적인 측면에서 어린 아이들의 모국어 습득과정을 재현하면 효과적인 외국어 학습을 할 수 있다고 본다. 그래서 듣기 능력'을 먼저 개발해야 한다고 하면 이 때 들여 주는 말은 명령형의 형태를 가지도록 한다. 그는 복잡한 표현이라도 명령을 통하면 보다 쉽고 자연스럽게 학습할 수 있다고 보았다.

Asher는 어린 아이가 아직 두 안어, 세 단어 정도로 이루어진 간단한 말만을 할 수 있는 단계에서도 "방에 가서 공을 가지고 와"와 같은 복잡한 문장을 완전히 알아듣는 것에 주목하고 언어가 단일한 어휘항목이 아닌 전체나 덩어리로 내면화할 수 있다고 믿었으며 조립된 문형이 언어학습과 사용에 영향을 줄 수 있다고 보았다. 또한 언어습득과 관련하여 언어란 추상적인 개념어와 구체어로 구성되며 구체어는 명사와 명령형 동사에 의해 가장 상세하게 제시된다고 보았다.

Asher(1986:40)가 활용한 기본적인 동사, 어휘, 문장구조를 소개하면 다음과 같다.

〈동사〉

stand	sit	turn around
walk	stop	jump
point to	touch	pick up
put down	write	open
close	hit	throw
turn on	turn off	give
take	draw	laugh

〈어휘〉

table	head	my
chair	mouth	your
window	eye(s)	on
door	nose	under
light	car(s)	in
ceiling	arm(s)	between
floor	leg(s)	next to

〈문장구조〉

Touch the table.
Write your name.
Turn on the light.
Pick up the pink flower.
Point to the floor.
Draw a circle on the chalkboard.

　최초 동사를 활용하여 명령을 하고, 다음 어휘를 숙지하며, 마지막으로 명령의 문장을 듣기에 의한 신체적 반응으로 학습을 하게 된다. 수업 시간의 흐름에 따라 필수 기본 동사의 빈도수에 의거 1일차에 5단어(1번~5번), 2일차에 5단어(6번~10번), 3일차에는 8단어(11번~18번) 등 점차 확대해 가면서 새로운 명령(지시)의 동작과 어휘를 학습한다.

2.2 전신반응 교수법의 특징

다른 교수법과 달리 TPR은 다음과 같은 특징을 갖는다.

① 학습자에게 발화를 강요하지 않고 불안감이나 긴장감에서 벗어나 단지 듣기에만 집중하여 청해력을 기를 수 있다.
② 문법적 설명 등을 필요하지 않기 때문에, 교수 학습이 비교적 쉬워서 전문적인 교사가 아니어도 학습지원이 가능하다.
③ 응용 범위가 넓기 때문에 다른 교수법이나 교과서와 병용하기 용이하다.
④ 전체적으로 학습 분위기가 좋다. 다양한 움직임, 게임, 촌극 등의 수업은 학습자의 흥미를 유발시키고 수업을 활기차게 만든다.
⑤ 초급 학습에 적절하며, 읽기와 쓰기에 비하여 말하기 능력이 부족한 학습자에 대해서 효과적이다.
⑥ 언어의 형태가 아니라 동작으로 표현되는 의미를 강조한다. 동작과 의미에 초점을 둠으로써 학습자는 긴장감에서 자유로워지고 학습에 집중할 수 있다.
⑦ 전신반응을 이용하기 때문에 집중력이 높아지고, 학습내용이 장기적으로 저장되어 향후 중급단계로 이어진다.
⑧ 명령이나 지시문에 수반되는 학습자의 행동을 보고 학습자의 수행여부를 판단하므로 평가가 쉽다.
⑨ 교수자와 학습자간 역할이 바뀌기 때문에 연대감 및 신뢰감이 형성된다.
⑩ 동작동사 및 필수적인 사물의 명칭을 가르칠 때 효과적이며, 동작을 통해 관련되는 어휘와 표현을 쉽고 빠르게 익힐 수 있다.

Asher는 이 교수법의 지도 효과에 대해서 학력의 수준과 상관없이 빠르게 목표언어를 배울 수 있고, 오랜 동안 학습한 내용을 파지할 수 있으며, 스트레스를 받지 않고 언어를 배울 수 있는 것 등으로 보았다.

전신반응 교수법은 학습자의 입장에서는 즐겁고, 학습의 부담이 없으며, 장기기억이 가능한 교수방법이고, 교사입장에서는 경제적인 학습지도가 가능하며, 주의 집중이 용이하고 수업이 활기차며, 상호작용을 하게 되므로 유대를 강화할 수 있는 효과가 있다.

3. 전신반응 교수법의 실제

3.1 수업 절차

전신반응 교수법의 효과를 극대화하기 위해서 교사는 수업 전에 철저한 계획을 세워야 한다. 왜냐하면 TPR 수업은 활기차고 빠르게 진행되는 가운데 모든 학습자가 몰입히여 참여하여 수업목표를 원활하게 달성하기 때문에 준비가 철저하지 못할 경우 수업은 산해지기 쉽기 때문이다.

전신반응 교수법의 수업 절차는 다음과 같다.

① 처음은 시범단계로서 교사는 명령을 내리면서 직접 행동을 한다. 학습자들은 듣기에 열중하면서 교사의 행동을 주시한다.
② 교사는 명령과 함께 시범을 보일 학습자와 같이 행동한다.
③ 교사와 함께 시범을 보인 학습자들만 명령을 수행한다.
④ 주위에서 관찰했던 학습자들도 다 같이 명령을 수행해 본다.
⑤ 학습자들이 말할 준비가 된 단계에 이르면 명령은 교사가 아닌 학습자가 내린다. 학생 상호간에 명령을 하고, 나아가 교사에게도 명령을 할 수 있도록 한다(role reversal).

⑥ 교사는 명령한 단어를 칠판에 쓴다. 명령을 듣고 신체적으로 반응하는 법을 배운 뒤 그 표현을 읽고 쓴다.

⑦ 명령한 단어에 익숙해지면 어절이나 문장형태로 조합해서 명령을 내린다.

3.2 교수 · 학습의 활동 유형

① 교사는 목표어로 명령("서요")을 하면서 학습자에게 수차례 시범을 보인다(교사는 자리에서 일어섰다가 앉기를 반복함).

② 학습자는 교사의 발음과 행동을 주시한다.

③ 교사는 한 학습자(지원자)를 지적하여 교사와 같은 명령("서요")과 동작을 하게 한다.

④ 지원자가 숙달되면 다른 학습자들도 따라 하게 한다.

⑤ 교사는 가만히 있고, 지원자의 명령("서요")에 학습자들이 따라 하게 한다.

⑥ 학습자 상호간에 명령("서요")과 행동을 수행하도록 한다.

⑦ 학습자는 교사를 향하여 명령("서요")을 내린다.

⑧ 학습자들이 실수를 하면 직접 다시 명령의 내용을 행동으로 보여준다.

⑨ 학습자들의 발음이 정확하고 행동이 일치하면 명령어인 ("서요")를 칠판에 쓴다.

⑩ 읽기 연습을 시키고 노트에 쓰도록 한다.

⑪ 교사는 칠판에 새로운 명령어를 쓴다.(교사는 가능한 한 대립어를 활용하여 "앉아요" 지시하는 것이 좋음)

⑫ 동일한 방법으로 앞의 ①~⑪을 반복한다.

위의 단계에서 교실내의 실물을 활용할 때나 기타의 사물이나 동작의 자료가 필요할 때는 그림이나 사진을 미리 준비하는 것이 좋다.

1일차에 명령어 5개(예: ①서요, ②앉아요, ③가요, ④와요, ⑤웃어요) 정도를 숙달했을 경우 교사는 ①~⑤의 순서대로, 또는 순서를 임의대로 바꾸어 명령을 하여 학습자들의 학습 능력을 평가해 본다. 교사는 수업의 시작부터 끝까지 학습자들이 흥미를 갖고 적극적으로 참여할 수 있도록 유도해야 한다.

3.3 현장 적용시 유의점

TPR은 명령문을 사용하는 전신반응 교수법의 주요 기법이다. 명령문을 이용하기 위한 몇 가지 유의 사항을 보면 다음과 같다.

① 원활한 수업을 위해서 교사는 수업 전에 미리 사용할 명령을 계획해야 한다.
② 교사가 먼저 시범을 보이면서 학생들과 함께 행동을 수행한다. 어느 정도 숙달되면 교사는 행동하지 않고 학생만 행동을 하도록 한다. 학생들이 교사나 다른 학생들에게 명령을 내리도록 한다.
③ 수차례 반복되면 학생들이 행동의 순서를 외우므로 교사는 명령의 순서를 바꾼다.
④ 새로운 명령을 너무 빨리 학생들에게 제시하지 않는다. 또한 명령은 한 시간에 가르칠 수 있는 적당량을 선정하도록 한다.
⑤ 목표어를 많이 배워감에 따라 연속적인 행동을 이어가도록 한다. 즉, 좀 더 긴 일련의 명령문을 가르칠 수 있다.

4. 한국어 교육에서의 적용

4.1 전신반응 교수법을 적용한 수업 모형

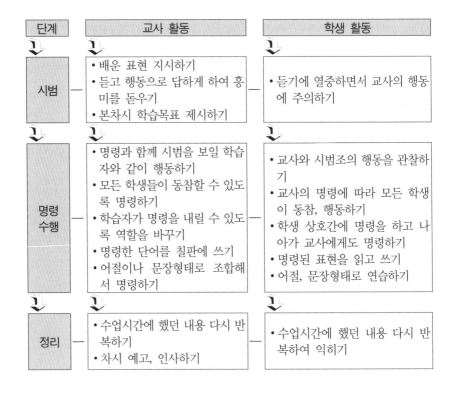

단계	교사 활동	학생 활동
시범	• 배운 표현 지시하기 • 듣고 행동으로 답하게 하여 흥미를 돋우기 • 본차시 학습목표 제시하기	• 듣기에 열중하면서 교사의 행동에 주의하기
명령 수행	• 명령과 함께 시범을 보일 학습자와 같이 행동하기 • 모든 학생들이 동참할 수 있도록 명령하기 • 학습자가 명령을 내릴 수 있도록 역할을 바꾸기 • 명령한 단어를 칠판에 쓰기 • 어절이나 문장형태로 조합해서 명령하기	• 교사와 시범조의 행동을 관찰하기 • 교사의 명령에 따라 모든 학생이 동참, 행동하기 • 학생 상호간에 명령을 하고 나아가 교사에게도 명령하기 • 명령된 표현을 읽고 쓰기 • 어절, 문장형태로 연습하기
정리	• 수업시간에 했던 내용 다시 반복하기 • 차시 예고, 인사하기	• 수업시간에 했던 내용 다시 반복하여 익히기

4.2 전신반응 교수법을 적용한 지도안

학습목표	목적어와 서술어가 조합된 명령어의 의미를 이해하고 동작과 명령을 할 수 있다.
주요 학습 내용	1) 문법 - N(을/를) AVst(으)세요. 2) 어휘 - 물, 도시락, 젓가락, 밥, 가방 　　　　 마시다, 열다, 먹다, 닫다, 넣다
학습자 정보	초급2
수업 소요 시간	50분

(교사 : T, 학생 : S, MG(Model Group) : 시범 그룹)

구분 (시간)	단계	교수·학습 활동	유의점	준비물
도입 (5분)	인사	T: 여러분, 안녕하세요? S: 선생님, 안녕하세요.		
	복습	T: 여러분, 일어서세요. S: (지시대로 일어남) T: 앉으세요. S: (지시대로 앉음)		
제시 (10분)	듣고 따라 하기	(교사는 명령을 내리면서 직접 행동한다. 학습 자는 교사의 명령과 행동에 주의한다) T: 물(을) 마시세요. 　도시락(을) 여세요. 　숟가락(으로) 밥(을) 먹으세요. 　도시락(을) 닫으세요. 　도시락(을) 가방(에) 넣으세요. S: (교사의 발음과 행동에 주시한다)	여러 번 반복함	물컵, 도시락 숟가락 가방
연습 (20분)	시범 조의 시범 전체 학생 들의 참여	(몇 몇 듣기 능력이 뛰어난 학생을 선발하여 앞으로 나오게 한다. 시범조 학생들에게 명령 을 내릴 때, 교사는 행동을 함께 보여 준다. 생 소한 단어는 칠판에 적기도 한다 - 도시락, 숟 가락, 젓가락) T: 물(을) 마시세요. MG: (물을 마시는 행동을 한다) T: 도시락(을) 여세요. MG: (도시락을 연다) T: 숟가락(으로) 밥(을) 먹으세요. MG: (숟가락으로 밥을 먹는다) T: 도시락(을) 닫으세요. MG: (도시락을 닫는다) T: 도시락(을) 가방(에) 넣으세요. MG: (도시락을 가방에 넣는다) (어느 정도 모든 학생이 이해를 하게 되면 시 범조를 들어가게 하고 교사는 행동 시범도 하 지 않고 전체 학생을 대상으로 명령을 한다)	(　　)에 있는 격조사를 함 께 학습할 수 있으나 학습 자가 부담을 느끼면 생략 할 수도 있다.	

전신반응 교수법　205

		T: 물(을) 마시세요. 도시락(을) 여세요. 젓가락(으로) 밥(을) 먹으세요. 도시락(을) 닫으세요. 도시락(을) 가방(에) 넣으세요. S: (교사의 명령을 듣고 행동을 한다)		
연습	시범 조의 명령	(시범조가 학생들에게 명령하고 학생들은 명 령을 듣고 행동으로 반응한다) MG: 물(을) 마시세요. 도시락(을) 여세요. 젓가락(으로) 밥(을) 먹으세요. 도시락(을) 닫으세요. 도시락(을) 가방(에) 넣으세요.		
	학생 상호 간의 명령	S: (시범조의 명령을 듣고 행동을 한다) (학생들 상호간에 명령을 하고 행동하도록 한다) S1: 물(을) 마시세요. 도시락(을) 여세요. 젓가락(으로) 밥(을) 먹으세요.		
	교사 에게 명령 하기	도시락(을) 닫으세요. 도시락(을) 가방(에) 넣으세요. S2: (S1의 명령을 듣고 행동을 한다) (학생 한 명을 지목하여 교사에게 명령하도록 하고 교사는 명령을 듣고 행동한다) S1: 물(을) 마시세요.		
	읽고 쓰기	도시락(을) 여세요. 젓가락(으로) 밥(을) 먹으세요. 도시락(을) 닫으세요. 도시락(을) 가방(에) 넣으세요.		
	새로 운 명령 어 연습	T: (학생의 명령을 듣고 행동을 한다. 학생 들이 실수를 하면 직접 다시 명령의 내용 을 행동으로 보여준다) (학생들이 발음이 정확하고 행동이 일치하면 명령어를 칠판에 쓴다. 학생들에게 읽기 연습 을 시키고 노트에 쓰도록 한다)		

		(교사는 새로운 명령어를 쓰고 앞의 방법과 동일하게 연습한다)		
활용 (10분)	Role - play	"심슨이 말했습니다" 놀이를 통해서 배운 표현을 확인하고 함께 동작으로 반응한다. 교사는 전 시간에 배운 표현과 새로운 표현들을 이용한다. 새로운 표현은 칠판에 쓴다. 시범조를 앞으로 나오게 하여 명령에 따라 행동하도록 한다.		
		시범 조가 잘 하게 되면 학생들이 이해했는지 확인한 다음 "심슨이 말했습니다" 게임을 시작한다. 교사는 "심슨이 말했습니다"는 표현이 들어갈 때만 행동하도록 학생들에게 말한다. "옛날에 심슨이라는 왕이 살았습니다. 심슨은 아주 훌륭한 왕이었습니다. 심슨이 말했습니다. 물을 마셔라"...... 명령한 행동을 바르게 취하지 못하면 규칙에 어긋나므로 틀린 학생은 게임에서 탈락하게 된다. 학생 모두가 잘 따라하면, 표현을 바꾸면서 게임을 계속한다.		
정리 (5분)	확인 정리	학습한 내용을 다시 반복해서 확인한다. 다음 학습 내용을 예고하고 인사를 하며 마친다.		

자연교수법
(Nature Approach)

Tracy Terrell(1977)은 자신의 외국어 교수의 경험을 통해 자연교수법 (Nature Approach)이라는 언어교수의 새로운 원리를 제안하였다. 이것은 제2언어 습득에 대해 연구자들이 확인했던 '자연주의적' 원칙들을 통합한 언어교수의 방법을 개발하려는 시도였으며 Krashen의 영향력 있는 이론에 의해 이론적 근거를 튼튼히 하게 되었다. 자연교수법은 기본적인 대인 의사소통 기술 습득에 목표를 두고 있으며, 초기 단계에서는 말하기보다 듣기에 중점을 두어야 하며 학습자들에게서 발화가 출현하는 것을 목표로 하고 있다. 자연교수법은 교실에서 쓰이는 교수방법이나 기법이 매우 유동적이며 여러 가지 교수법 중에서 어느 것이든지 적절히 통합하여 사용할 수 있다.

1. 자연교수법의 이론적 배경

외국어 교수법은 언어와 언어학습 이론에 따라 역사적으로 많은 변화를 겪어왔다. 외국어 교수법의 주류를 이루었다고 할 수 있는 교수법에는 문법번역식, 직접교수법, 청각구두식 교수법, 인지주의적 교수법, 침묵식 교수법, 의사소통 중심 접근법 등이 있다.

외국어 교육의 방법은 심리학과 언어학 등 다른 학문의 패러다임의 변화에 영향을 받아왔다. 1960년대 초기에 인지주의적 교수법이 대두하였는데 인지주의적 교수법은 인지심리학 및 Chomsky의 변형 생성학에 기초를 둔 교수법으로 언어규칙의 습득에 주안점을 두고 있다. 1960년대 후기에는 언어교육의 목적이 의사소통에 있다는 의사소통 교수법에 대한 관심이 높아지게 되었다. 1980년대에 들어서자 Krashen이 더욱 종합적인 외국어 습득이론을 내세웠다. Krashen이 제시한 여러 가지 가설은 응용언어학적 연구와 그의 직관에 입각한 것이다. 이 이론을 토대로 Krashen&Terrell(1983)은 새로운 교육방법적 원리와 수업 방법을 제창하였는데 이것이 바로 자연교수법인 것이다. 1800년대 말부터 1900년 초에 유행한 직접 교수법은 구두 언어능력의 중요성을 강조하고 원어민과 같은 정확한 발음 습득을 매우 중요하게 여겼다. 이 교수법은 어린이가 모국어를 습득하는 것처럼 외국어를 습득하는 것이 가능하다고 본 이상적인 면을 가지고 있는 외국어 교수법이라고 할 수 있다. 이러한 직접교수법은 자연주의적 교수법으로 이어지게 된다. 자연주의적 교수법이란 Asher의 전신반응 교수법(Total Physical Response)과 Krashen과 Terrell의 자연주의 접근법을 말한다.

자연교수법이란 용어는 Tracy Terrel에 의해 처음 사용되었다. 캘리포니아의 스페인어 교사였던 Terrell은 1977년 언어교수의 새로운 원리를 위해 하나의 제안을 개략적으로 설명하면서 처음으로 '자연교수법'이라는 용어를 쓰기 시작하였다. 이것은 제2언어 습득에 대해 연구자들이 확인했던 '자연주의적' 원칙들을 통합한 언어교수의 방법을 개발하려는 시도였다. 이후 Terrell과 몇몇 동료들은 초보적 수준 및 상급 수준의 수업현장에서 자연교수법에 대한 시험을 계속하였으며 동시에 Krashen과 협력하여 자연교수법의 이론적 근거를 튼튼히 하게 하였다. 이 교수법에 사용된 '자연(natural)'이라는 말은 자연교수법의 이론적인 바탕이 어린 아이들이 자연스럽게 언어를 배워 가는 원리들로부터 왔음을 강조하기 위함이었다.

자연교수법이란 학습자가 규칙에 얽매이지 않은 상황에서 모국어와 제2언어 모두를 습득하는 방법을 관찰하고 해석한 근거에 이론적인 틀을 세운 Terrell(1977)이 제안한 교수법을 말한다. 이러한 언어 교수법은 언어습득의 필요조건으로서 언어의 문법적 구성을 거부하는 것이 특징이다. 자연교수법의 이론적 근거를 공고히 해 온 Krashen과 Terrell은 언어의 주요기능을 의사소통으로 보고 있다. 그렇기 때문에 그들은 자연교수법을 의사소통적 접근 방법의 한 예로 보며 Krashen과 Terrell(1983)에서 자연교수법이 "오늘날 발전되고 있는 다른 의사소통적 접근 방법과 유사하다."고 보았다. 그리고 Krashen과 Terrell은 청각구두식 교수법에 대해 언어습득에 관한 실제적 이론에 입각한 것이 아니라 언어의 구조 등에 관한 이론에 기초를 두고 만들어진 것이라 거부하는 입장을 보였다.

자연교수법에서는 어휘의 중요성이 강조되고 어휘 항목의 배열과 입력문의 구조적인 복잡도를 고려한 내용의 계열적 구조를 강조하는 언어관을 만나게 된다. 분명히 이런 점에서 보면 전달할 내용의 유의미성을 강조한 것을 제하고는 특별히 새로울 것이 없어 보이기도 하다.

Newmark Reibel(1968)은 "성인은 문법적으로 조직되지 않은 자료들에 의해서 효과적으로 배울 수 있으며 이러한 접근은 실제로 모국어 수준의 언어 숙달을 낳을 수 있는 우리가 알고 있는 유일한 학습 과정"이라고 주장하였다.

자연교수법에서는 올바른 종류의 이해 가능한 입력의 제공뿐만 아니라 이해와 유의미한 의사소통에 대한 강조가 교실에서의 성공적인 외국어 습득을 위한 필수적이고 충분한 조건을 제공한다. 이것은 다양한 자료들로부터 이끌어 온 교수기법의 통합과 적용을 위한 새로운 논리적 근거가 되었다. 자연교수법의 독창성은 유의미한 언어습득 활동이 일어나기 위해서는 이해 가능한 입력문의 역할이 절대적임을 강조한 데 있다. 목표어의 입력문이 많다는 것만으로는 부족하고 학습자의 언어 수준에 적절하고 활동 속에 긴밀하게 녹아든 입력문에 학습자들이 많이 노출되어야 한다는 것이다. 정확한 문법이나 정확한 발음보다는 이해가 가능하고 적절한 유의미한 연습 활동을 강조하는 교수법이라 할 수 있다.

2. 자연교수법의 원리와 특징

2.1 자연교수법의 원리

Terrell(1977)은 자신의 교육 경험을 통해 자연교수법이라는 언어교수의 새로운 원리를 제안하였다. 이 원리는 Krashen의 유력한 제2언어 습득 이론을 응용하여 이론적 근거를 튼튼히 하는데 힘썼다.

Krashen의 이론은 모니터 모델(Monitor Model) 또는 입력가설(Input Hypothesis) 등으로 불리는데 그가 제시한 외국어 습득에 대한 여러 가설 중 하나를 부각시킨 것이다. 외국어 교육 및 제2언어 교육과 관련이 있는 가설로 자연교수법의 기초가 되는 이론적인 가설에는 습득-학습 가설(The acquisition-learning hypothesis), 모니터 가설(The monitor hypothesis), 자연 순서 가설(The natural order hypothesis), 입력 가설(The input hypothesis), 태도-습득 가설(The attitude-acquisition hypothesis)가 있다.

먼저 이 가설들에 대해 살펴보자.

2.1.1 습득-학습 가설(The acquisition-learning hypothesis)

Krashen은 습득과 학습을 엄격히 구분한다. 습득-학습 가설에서는 제2언어 또는 외국어를 배울 때 언어능력이 발달되는 데는 그 차이가 분명한 두 가지 방법, 즉, 습득과 학습이 있다고 주장하며, 그리고 습

득과 학습의 차이를 다음의 표로 명시하였다.[1]

습득(Acquisition)	학습(Learning)
- 아동의 제1언어 습득과 유사 (similar to child first language acquisition) - 언어를 '줍기' ('picking up' a language) - 무의식적인 과정 (subconscious) - 묵시적 지식 (implicit knowledge) - 형식적인 교수가 도움이 되지 않음 (formal teaching does not help)	- 형식적인 지식 (formal knowledge of language) - 언어에 대해 알기 ('knowing' about a language) - 의식적인 과정 (conscious) - 명시적 지식 (explicit knowledge) - 형식적 교수가 도움이 됨 (formal teaching help)

습득은 어린이의 모국어 발달과 유사하다. 습득이란 언어에 대한 이해와 의사 전달을 위한 언어사용을 통하여 자연스럽게 언어에 능숙해지는 무의식적인 과정을 지칭한다. 학습은 이와는 대조적으로 하나의 언어에 대한 의식적인 규칙이 발달되는 과정이다. 그것은 결국 한 언어의 형태에 대한 명시적 지식과 이 지식을 입으로 표현하는 능력을 말한다. 이 이론에 따르면 학습이 습득으로 이끌어지지는 않으며 의사소통과 관계가 없는 일련의 교실 수업 즉, 문법, 독해, 작문 등은 학습의 영역에 해당하는 것이므로 실제 의사소통과는 관련이 없으며 때문에 진정한 언어습득이라고 볼 수 없다.

2.1.2 모니터 가설(The monitor hypothesis)

모니터 가설에서 모니터란 습득이 아닌 학습의 한 측면이며 출력을 감시하고 발화를 의식적으로 수정, 교환, 편집하는 기구이다. 의식적인

---

1) Krashen과 Terrell(1983)

학습은 획득된 지식체계의 출력을 점검하고 수정하는 감시자 또는 편집자로 작용할 수 있다. 성인의 외국어 학습에서 의식적인 학습은 규칙에 맞게 하는 'monitor' 구실만을 하다는 것이다.

성공적인 모니터 사용을 결정짓는 조건은 시간, 형태에 대한 초점, 규칙의 이해, 이 세 가지라고 할 수 있다. 학습자가 학습된 규칙을 선택하고 적용하기 위해서는 충분한 시간이 있어야 하며, 언어사용자는 출력되는 것의 정확성과 형태에 초점을 두어야 한다. 규칙의 이해란 언어수행자는 언어규칙을 알아야 한다는 것으로 모니터 행위의 매우 강력한 전제조건이기도 하다. 모니터는 두 가지 면에서 간단할 때 가장 잘 이루어지는데 그것은 기술하기에 간단하고 복잡한 이동이나 재배치를 필요로 하지 않아야 한다. 학습자들이 감시 장치를 신속하게 사용하지 못하면 외국어를 유창하게 구사할 수 없을 것이다. 숙달되지 못한 외국어 화자는 감시 장치를 많이 이용하게 될 것이고 그러면 외국어 구사는 유창하지도 매끄럽지도 못 할 것이다.

2.1.3 자연 순서 가설(The natural order hypothesis)

자연교수법이 관심을 끄는 이유 중의 하나는 언어를 배우는 학습자와 언어가 가지고 있는 규칙과의 관계 때문이다. 언어 학습자는 문법규칙을 의식적으로 배우고 나서 그것을 문장으로 만드는 데에 적용을 하는 것인지 아니면 문법도 습득 과정을 통해 무의식적으로 이해하는 것인지 또 어떤 문형의 경우 다른 문형보다 먼저 배워지는 것인지에 대한 의문이 제기된다. 자연 순서 가설에 의하면 문법적 구조의 습득은 예측 가능한 순서로 진행된다고 한다. 아동과 성인이 영어를 제2언어로 배우는 여러 상황에서 영어를 모국어로 습득할 경우 어떤 일정한 문법구조나 형태소들은 다른 것에 앞서서 습득되며 제2언어습득의 경우에도 비슷한 자연적 순서가 발견된다고 하는 것이 연구에 의해 밝혀졌다. 이와 같은 습득 순서의 유사성은 대조분석에서 주장하는 모국어의 특성에 의한 것이라기보다는 언어 습득의 내적 과정에 기인하는 것으로 볼 수 있다. 성인은 예측 가능한 순서에 따라 문법구조를 학습하는 것이 아니라 문법구조를 습득하는 것이라고 할 수 있다. 하지만 이 가설이 문법 구조 습득에 불변의 순서가 있다는 것은 아니다. 이 가설에 따르면 오류는 자연스런 발달 과정의 표시이며, 습득되는 동안에는 학습자의 모국어가 그 어느 것이라 할지라도 비슷한 발달상의 오류가 학습자에게서 일어난다.

2.1.4 입력가설(The input hypothesis)

입력가설은 학습자가 한 언어에 대해 노출된 정도와 언어습득 사이의 관계를 설명하기 위한 주장이며 그 내용은 다음과 같다.

첫째, 이 가설은 학습이 아니라 습득과 관련되어 있다.

둘째, 사람들은 자신들이 가진 현재의 언어능력 수준을 약간 넘는 입력을 이해함으로써 언어를 잘 습득한다. 즉, 습득자가 가진 언어능력의 수준인 i단계에서 어떤 자연적 순서를 따라 i를 즉시 뒤따르는 단계인 i+1단계의 언어를 이해할 때 언어를 가장 잘 습득한다. 상황과 문맥, 언어 외적인 정보 및 세상에 대한 지식에 근거한 실마리들은 이러한 이해를 가능하게 한다.

셋째, 유창하게 말하는 능력은 직접 가르칠 수 없고 입력에 대한 이해를 통해 습득자 스스로 언어능력을 증진시켜 나감으로써 시간이 지나면 나타난다고 본다.

넷째, 충분한 양의 이해 가능한 입력이 있을 경우 i+1은 자동적으로 제공된다. 이해 가능한 입력이란, 표현된 언어 뿐 아니라 상황에 기초하여 학습자가 이해할 수 있는 입력을 지칭한다. 화자가 언어로 전달한 내용을 청자가 이해할 때, 화자는 청자의 현재의 언어능력 수준

주위에 해당하는 입력문을 많이 제공해야 청자가 학습자로서 많은 양의 언어를 습득하게 된다. 입력문을 학습자의 언어 수준에 맞춘다는 것은 말처럼 쉬운 것은 아니다. 특히, 입력문이 유의미한 의사소통 상황을 구성하기 위해서 기능이나 상황위주로 구성되어 있고, 더욱이 학습자들의 언어능력이 서로 다를 때 교실상황에서 학습자의 언어능력에 맞도록 세밀하게 맞추기는 어렵다. 따라서 학습자의 현재 언어 수준에 세밀하게 조정될 수는 없고, 사실상 학습자들의 언어능력 수준이 서로 다양한 언어 수업에서는 세밀하게 조정될 수도 없다.

이 가설에 Krashen이 추천하는 바는 말하기를 직접적으로 너무 빨리 가르쳐서는 안 된다는 것이다. 예를 들어 갓난아기가 말을 하기까지는 오랜 기간의 침묵 기간이 필요하며 이 기간 동안에 말은 단지 입력되기만 한다. 제2언어 습득에서도 충분한 양의 이해가능한 입력(i+1)을 가지게 되면 발화가 출현한다는 것이다.

2.1.5 태도-습득 가설(The attitude-acquisition hypothesis)

태도-습득 가설은 정의적 여과설(The affective filter hypothesis)이라고도 불린다. 자연교수법은 학습자의 정의적 상태 또는 태도를 습득에 필요한 입력을 자유로이 통과시키거나 방해하며 또는 막아 버리는 조절 가능한 여과기(filter)로 본다. 이 가설은 정의적 내지 정서적 요인이 제2언어 및 외국어 습득과정에 어떻게 관련되며 정의적인 요소가 입력(input)이 LAD에 도달하는 것을 방해하거나 촉진할 것으로 보고 있다. Dulay와 Burt(1977)는 정의적 여과가 낮은 것이 바람직하다고 보았다. 그것은 필요한 입력(input)을 보다 덜 방해하고 보다 덜 막기 때문이다. 제2언어습득과 관련된 정의적 변인과 태도 변인에는 세 종류, 즉, 동기와 자신감, 불안이 있다.

① 동기

학습자 자신의 일상생활과 관련성이 높고, 학습내용에 호감을 가지면 학습자의 동기가 높아지고 언어습득이 더욱 잘된다.

② 자신감

자신에 대한 좋은 이미지를 갖고 학습하는 내용을 잘 이해하게 되면 학습자의 자신감이 높아진다.

③ 불안

개인적인 불안감과 수업에 대한 불안감이 낮을 경우 제2언어 습득에 보다 도움이 된다.

정의적 여과가설에 따르면 정의적 여과가 낮은 학습자는 더 많은 입력을 탐색하여 받아들이고 자신감을 갖고 상호작용하며, 자신들이 받은 입력에 대해 보다 더 수용적이라고 한다. 불안감이 높은 학습자의 경우는 정의적 여과가 높고 그로 인해 습득이 방해된다. 정의적 여과가설의 입장에서 볼 때 어린이의 경우 정의적 여과가설이 낮기 때문에 제2언어습득에 있어서 나이가 많은 습득자보다 어린이가 언어습득에 더 유리함을 알 수 있다.

이상의 다섯 가지 가설들은 언어교수에 관하여 분명한 시사점을 가지는데 이를 요약하면 다음과 같다.

첫째, 제2언어 습득에서 의사소통 능력을 기르기 위해서는 의식적인 학습보다 언어 습득이 중심이 되어야 한다. 습득을 강조하는 자연교수법은 의사소통 능력의 함양을 강조하는 한국어 교육 과정의 요구와도 부합된다고 할 수 있다.

둘째, 표현 능력을 기르기 위해서는 가능한 많은 이해 가능한 입력이 제시되어야 한다. Krashen은 입력이 이해 가능하고, 흥미가 있고 자연적이어야 하며, 문법 중심으로 배열된 것이 아니라야 하며 양이 충분해야 한다고 보았다. 특히, 초기에는 말하기보다 듣기를 많이 시켜야 한다고 주장하였다.

셋째, 이해를 돕는 것은 무엇이든지 중요하며, 특히, 시각적 보조 자료는 넓은 범위의 어휘에 노출시켜주기 때문에 매우 유용하다고 할 수 있다.

넷째, 학생들이 제공된 입력을 완전히 흡수할 수 있도록 정의적 여과를 최대한 낮추어야 한다. 정의적 여과를 낮추기 위해 학생들의 과제는 형태보다는 의미의 전달에 중점을 주는 것이어야 한다. 입력은 흥미 있는 것이어야 하고 교사는 편안한 수업 분위기, 자신감을 심어 줄 수 있는 교실 분위기를 만드는 데 공헌해야 한다.

2.2 특징

자연교수법은 언어의 일차적인 기능을 의사소통이라 여기고 외국어 교육에서 의사소통 능력을 가르쳐야 함을 중요시하는 교수법을 말한다. 여기서 '자연'이란 표현을 쓰는 이유는 외국어 습득의 방법은 모국어 습득의 방법과 같이 무의식적이고 비공식적인 상태의 자연스런 상황에서 가능하다고 보기 때문이다. 외국어학습의 환경변수가 일정한 상태에서 발화연습을 하기보다는 입력에의 노출과 학습에 대한 정서적인 준비 및 말하기 전에 많은 시간의 이해를 강조한다.

자연교수법의 기본 원리는 학생들의 모국어에 의존하지 않고 어린이가 모국어를 자연스럽게 배우는 원리를 적용하여, 의사소통상황 속에서 목표언어를 자연스럽게 배우는 원리를 직접 사용해서 가르치는 방법이다. 따라서 목표언어 자체를 가능한 많이 접촉하도록 하고 언어를 배우려고 하는 심리적 태세를 극대화하며, 발화보다는 듣기에 더 큰 비중을 둔다. 또 이해 가능한 입력의 자료로서 글이나 그림 등의 여러 가지 자료를 적극적으로 이용한다는 것이 특징이며 이해 우선, 이해 중심의 교수법이라고 할 수 있다.

자연교수법에서는 언어의 성질에서 의미를 중요성을 특히 강조하였는데 그것은 언어교육에서 어휘의 역할을 강조한 것으로 여겨진다. 언어란 의미와 메시지 소통의 수단이며, 언어의 습득은 목표언어의 의미를 이해해야만 가능하다는 견해를 가지고, 학생이 충분히 이해할 수 있는 언어자료를 단계적으로 그리고 지속적으로 접하게 함으로써 목표언어를 습득하게 할 수 있다는 것이 이 교수법 원리의 근간이며 자연교수법의 특징이라고 할 수 있다.

3. 자연교수법의 실제

3.1 수업절차

자연교수법은 교실에서 쓰이는 교수법이나 기법이 매우 유동적이며 여러 가지 교수법 중에서 어느 하나의 방법에만 전적으로 의존하지 않고 어느 것이든지 적절하게 통합하여 사용할 수 있다. 때문에 자연교수법은 그 기법과 활동 등을 각종 교수법으로부터 자유로이 채택하여 왔고 이를 다양한 활동들에 사용해 보도록 제안하고 있다.

Richards와 Rodgers(1988)가 제안하는 자연교수법의 절차는 다음과 같다.

① TPR에서 사용하는 명령으로 시작한다. 처음의 명령들은 아주 단순하다.
② 신체 부분의 이름을 가르치거나 숫자를 도입할 때 TPR을 이용한다.

③ 교실 안의 기물 및 소품을 명령문으로 소개한다.
④ 학급 구성원의 이름으로 확인할 때는 신체적 특징과 옷 이름을 사용한다.
⑤ 새로운 어휘를 소개할 때 잡지의 그림 같은 시각 자료들을 이용한다.
⑥ 그림을 사용할 때는 TPR과 결합시킨다.
⑦ 그림을 관찰할 때 명령이나 조건절과 결합한다.
⑧ 여러 장의 그림을 이용하여 학생들에게 묘사되고 있는 그림을 지적하도록 한다.

이 모든 활동에서 교사는 '이해 가능한 입력'의 흐름이 끊기지 않게 주의한다. 또한 입력에 대한 이해를 확실히 하기 위해서는 주요 어휘, 적절한 몸짓, 반복 그리고 부연 설명을 하도록 한다.

3.2 교수·학습의 활동유형

자연교수법에 근거한 특별한 교수유형이나 절차는 없으며 여러 가지 교수법과 수업 기술을 적용할 수 있다. 배두본(1998)은 학생들의 언어 발달 단계를 발화 전 단계, 초보 발화 단계, 발화단계로 나누어 이 교수법을 적용한 예를 보여주고 있다.

발화 전 단계에서는 TPR 교수법을 사용하는 것이 필요하며, 초보발화 단계에서는 간단하고 쉬운 질문에 응답하기, 한 단어나 짧은 구를 이용해서 표현하기, 인사말 말하기 등을 말하게 한다. 발화 단계에서는 게임과 놀이, 역할극, 간단한 대화 등의 활동을 하는 것이 좋다. 초보 단계에서는 말하기를 강조하지 않으며 학생들의 오류를 수정해 주지 않는다.

자연교수법은 일련의 습득 활동에 역점을 두어야 하므로 학생들을 이해시킬 수 있는 수단을 사용하여 학생들에게 감정, 의견, 욕구 등 정의적이고 인간적 활동과 문제해결 및 게임을 하도록 유도하며 다른 교과의 내용 등을 도입하여 적극적으로 활동하게 한다.

수업의 흐름에 따라 구성해 보면 다음과 같다.

교사는 학생들과 인사를 주고받은 다음 수업 주제와 관련된 가벼운 이야기로 흥미를 불러일으키고 편안한 분위기를 조성한다.

간단한 활동을 통해 지난 수업내용을 복습한다.

그림이나 비디오 기타 자료를 통해 새로운 언어자료를 제시한다.

새 자료를 가지고 게임이나 역할극을 함으로써 언어습득 활동 전개해 나간다.

언어습득 활동을 마친 후 교사와 학생, 혹은 학생들이 서로 질문을 주고받음으로써 활동을 마무리하고 확인한다.

3.3 현장 적용시 유의점

자연교수법의 목표는 기본적 의사소통 기능을 습득하는 데 있으며, 기본적 의사소통 능력을 기르기 위해서 목표어의 사용자와 의사소통하는 데 사용할 수 있는 상황과 주제 및 기능들을 세분화할 수 있어야 한다.

자연교수법에서는 학습자와 교사가 각자의 역할을 충분히 하였을 때 충분한 효과를 얻을 수 있다. 자연교수법에서 학습자의 역할은 언어를 보통의 의미로 배우려 해서는 안 된다는 가정이 있다. 의미 있는 의사소통을 포함한 활동들에 자기 스스로를 몰입시킬 수 있는 정도에 따라 습득의 양과 종류, 유창성이 결정될 것이다. 언어 습득자는 이해 가능한 입력을 처리하는 사람으로 간주된다. 예비 발화 단계에서 학생들은 '목표언어로 응답하지 않고도 언어활동에 참여한다(Krashen&Terrell). 학습자들은 신체적 명령들을 행동으로 보이고 교사의 설명으로부터 동료 학생을 식별해 내며, 그림 설명을 듣고 해당하는 그림을 지적하는 등의 행위를 할 수가 있는 것이다. 자연교수법에서 교사가 하는 역할은 이해 가능한 언어 입력을 학습자에게 주고 학급 분위기를 흥미 있고 친근하게 하여 정의적 여과를 낮추는 일과 다양한 집단의 구성과 집단과의 상호작용 및 학습내용을 고려하고 상황에 부합된 학급활동을 선정하고 조직하는 것이다. 그러므로 일정한 교재나 교과서의 사용보다는 학습활동이 실생활과 연결되도록 하거나 학습자 상호간의 실질적 의사소통 활동이 가능하도록 실물교재나 그림, 지도, 광고문, 게임 등을 이용할 것을 권장한다.

자연교수법의 현장 적용시 주의할 점을 요약해 보면 다음과 같다.
첫째, 새로운 어휘들을 사용하되 어휘의 양을 적당히 조절해야 한다.
둘째, TPR이나 역할극, 게임, 그 밖의 활동들을 통해 언어습득이 될 수 있도록 교실활동을 구조화한다.
셋째, 자연적 순서가설과 오류 수정에 입각하여, 주로 옳은 표현에 대한 칭찬과 피드백을 해 주고 틀린 답이나 오류에 대해서는 의사소통에 결정적인 영향을 주지 않는 한 지적을 삼가는 것이 좋다.
넷째, 창조적인 교실활동을 고려할 때는 언어 내용뿐만 아니라 학습자의 인지적 수준도 고려해야 한다.

4. 한국어 교육에서의 적용

4.1 자연교수법을 적용한 수업 모형

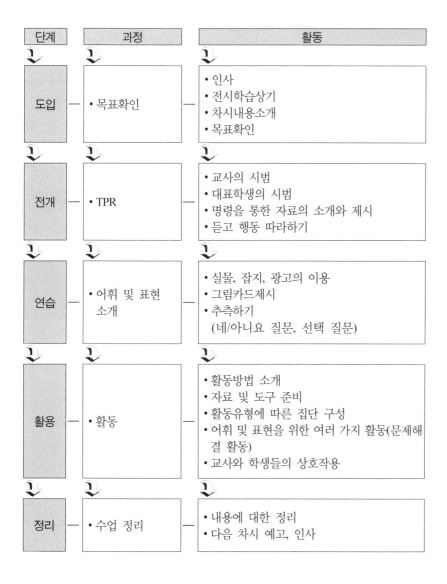

단계	과정	활동
도입	• 목표확인	• 인사 • 전시학습상기 • 차시내용소개 • 목표확인
전개	• TPR	• 교사의 시범 • 대표학생의 시범 • 명령을 통한 자료의 소개와 제시 • 듣고 행동 따라하기

연습	• 어휘 및 표현
	  소개
		• 실물, 잡지, 광고의 이용
		• 그림카드제시
		• 추측하기
		  (네/아니요 질문, 선택 질문)

활용	• 활동	• 활동방법 소개 • 자료 및 도구 준비 • 활동유형에 따른 집단 구성 • 어휘 및 표현을 위한 여러 가지 활동(문제해 결 활동) • 교사와 학생들의 상호작용
정리	• 수업 정리	• 내용에 대한 정리 • 다음 차시 예고, 인사

4.2 자연교수법을 적용한 지도안

학습목표	위치 관련 어휘를 이해하고 말할 수 있다. 장소나 사물의 위치에 대해 묻고 대답할 수 있다.
주요 학습 내용	1) 문형: Place에, Place에 있다/없다 2) 어휘: 여러 가지 위치어 　　　앞, 뒤, 옆, 오른쪽, 왼쪽, 위, 아래/밑, 안/속, 밖…
학습자 정보	초급 단계 한글 자모를 익히고 인사말을 익힌 정도의 수준
수업 소요 시간	50분

(교사 : T, 학생 : S)

구분 (시간)	과정	교수·학습 활동	유의점	준비물
도입 (5분)	인사 복습 (질문 대답)	T: 여러분, 안녕하세요? S: 선생님, 안녕하세요? T: 자, 여러분 여기가 어디입니까? S: 교실입니다. T: 좋습니다. S1 씨, 교실에 의자가 있습니까? S1: 네, 의자가 있습니다. T: S2 씨, 교실에 냉장고가 있습니까? S2: 아니요, 교실에 냉장고가 없습니다. T: 교실에 냉장고가 없습니다. 　　S2 씨, 교실에 무엇이 있습니까? S2: 교실에 책상이 있습니다. T: 네, 교실에 책상이 있습니다. 　　S3 씨, 교실에 무엇이 있습니까? S3: 거울이 있습니다. T: 네, 좋습니다. S1 씨, 교실에 의자가 있습니다. 　　교실에? S1: 교실에 의자가 있습니다. 책상이 있습니다. T: S2 씨, 교실에? S2: 교실에 의자가 있습니다. 책상이 있습니다. 거울이 있습니다.	의자, 책상, 시계, 달력, 거울 외에 교실에 여 러 가지 물 건을 배치 한다.	여러 가지 사물/위치 어 단어카 드

		T: S3 씨, 교실에? S2: 교실에 의자가 있습니다. 책상이 있습니다. 거울이 있습니다. 시계가 있습니다.		
제시 (15분)	질문에 행동 으로 대답 하기/ 단어 카드로 보여 주기	T: 음, 좋습니다. (교사는 천천히 교실 뒤로 걸어간다. 교실 뒤에 도착한 다음에 질문한다) 자, 여러분 제가 어디에 있습니까? S: 교실에 있습니다. T: 네, 저는 교실에 있습니다. 교실 어디에 있습니까? 교사는 교실 앞을 손가락으로 가리켜 본다. 그리고 다시 교사가 위치하고 있는 곳을 손가락으로 가리키며 학생들이 말을 할 수 없더라도 손가락으로 가리키도록 유도한다. S: ??? 학생들은 뒤를 보면서 교사가 있는 곳을 손가락으로 가리킬 뿐 말을 할 수 없다. T: 저는 교실 뒤에 있습니다. (교사는 다시 교실 앞으로 이동한다) (칠판에 판서를 한다) 어디에 있습니까? (판서가 끝나면 다시 학생들에게 질문한다) 여러분 제가 어디에 있습니까? S: ??? (학생들은 교사를 손가락으로 가리킬 뿐 말을 할 수 없다) T: 저는 교실 앞에 있습니다. (교사는 손을 앞으로 뻗어 크게 동작을 하면서 말한다) 앞, 앞, 앞. (교사는 손을 뒤로 넘기면서 말한다.) 뒤, 뒤, 뒤.	학생들에게 말할 때는 정확하고 또박또박 발음한다.	

		(교사는 양손을 옆으로 뻗으면서 말한다.) 옆, 옆, 옆. (교사는 준비한 단어카드를 칠판에 붙인다.) 앞, 뒤, 옆.		
연습 (20분)	듣고 따라 하기/ 행동 따라 하기/ 듣고 행동 하기	교사는 칠판에 붙은 단어 카드를 보고 학생 들이 따라하게 한다 T: 앞, 앞에 있습니다. S: 앞, 앞에 있습니다. T: 뒤, 뒤에 있습니다. S: 뒤, 뒤에 있습니다. T: 옆, 옆에 있습니다. S: 옆, 옆에 있습니다. T: 자, 여러분 일어나세요. (교사는 손으로 '일어나라'는 듯한 행동을 하 면서 학생들이 일어나게 한다.) T: 자, 따라하세요. (교사는 손을 앞, 뒤, 옆으로 뻗으면서 '앞', '뒤', '옆'이라는 발음을 다시 한 번 들려 준 다음에 학생들에게 교사와 똑같은 동작을 따 라하면서 발음을 따라하게 한다.) 앞, 뒤, 옆. S: (동작을 따라 하면서) 앞, 뒤, 옆 학생들이 잘 따라하면 교사는 위치어만을 말 하고 학생들이 동작을 하게 한다. T: 앞. S: (학생들은 동작을 한다) T: 뒤. S: (학생들은 동작을 한다) 교사는 책을 들고 다시 질문한다. T: 여러분, 책입니다. (책을 앞으로 내밀면서)	연습을 할 때는 처음 부터 목표 어로 대답 하도록 부 담을 주지 말고 손가 락으로 가 리 키 거 나 행동 으 로 보여 주게 하여 학습 자의 부담 감을 줄여 준다.	

책이 앞에 있습니다.
(책을 뒤로 넘기면서)
책이 뒤에 있습니다.
(책을 옆으로 이동시키면서)
책이 옆에 있습니다.
(뒤로 돌아서서 책을 오른쪽 손에 들고)
책이 오른쪽에 있습니다.
(뒤로 돌아선 채로 책을 왼쪽에 들고)
책이 왼쪽에 있습니다.
(책을 위로 올리면서)
책이 위에 있습니다.
(책을 아래로 내리면서)
책이 아래에 있습니다.
(책을 상자에 넣으면서)
책이 상자 안에 있습니다.
(책을 상자 밖으로 꺼내 놓으면서)
책이 상자 밖에 있습니다.

칠판에 새로 나온 위치 관련어를 붙인다.
모든 위치 관련어를 정확하게 발음해 주고
따라 하게 한다.
학생들의 위치어 발음 연습이 끝나면 다시
한번 교사는 위의 동작을 하면서 학생들에게
위치어에 익숙해지도록 한다.

T: (동작을 하면서) 책이 앞에 있습니다.
S: (동작을 하면서) 책이 앞에 있습니다.
T: (동작을 하면서) 책이 뒤에 있습니다.
S: (동작을 하면서) 책이 뒤에 있습니다.
T: (동작을 하면서) 책이 옆에 있습니다.
S: (동작을 하면서) 책이 옆에 있습니다.
T: (동작을 하면서) 책이 위에 있습니다.
S: (동작을 하면서) 책이 위에 있습니다.
T: (동작을 하면서) 책이 아래에 있습니다.
S: (동작을 하면서) 책이 아래에 있습니다.
T: (동작을 하면서) 책이 상자 안에 있습
니다.

		S: (동작을 하면서) 책이 상자 안에 있습니다. T: (동작을 하면서) 책이 상자 밖에 있습니다. S: (동작을 하면서) 책이 상자 밖에 있습니다. 학생들을 모두 나오게 한다. T: 자, 앞으로 나오세요. 학생들을 둥글게 세운다. T: 자, (손짓을 하며) 둥글게 서세요. S1 씨, 오른쪽 옆에 S3 씨, S3 씨 옆에 S4 씨... 교사는 학생들이 책을 들고 교사가 말하는 위치에 책을 두게 한다. T: 책이 앞에 있습니다. S: (학생들은 듣고 행동으로 보여준다) T: 책이 오른쪽 옆에 있습니다. S: (학생들은 듣고 행동으로 보여준다) T: 책이 상자 안에 있습니다. S: (학생들은 듣고 행동으로 보여준다) 잘한 학생들에게 큰 박수를 쳐 주어 칭찬해 준다.		
활용 (10분)	Pair-Work Role Play Game	1. 듣기 과제를 통해 위치어를 연습한다. 듣고 맞는 위치에 그림을 채워 넣는다. 2. 사물의 위치 소개하기 ① 교사는 교실에 여러 가지 물건을 여러 가지 위치에 배치해 둔다. ② 학생들에게 종이를 한 장 씩 나누어 준다. ③ 학생들은 그 종이에 있는 물건의 위치를 쓴다.	3개의 활용 방법 중 적절한 것 하나를 택하도록 한다. 게임을 통해 재밌고	

| | | 선생님의 책:
 S3 씨의 책상 위에 있습니다.
 ④ 학생들은 잘 듣고 그것이 무엇인지 맞힌
 다.
 3. 자신의 방 소개하기
 ① 교사는 학생을 두 사람씩 짝 지어준다.
 ② 교사는 방의 그림이 대략적으로 그려진
 종이를 각각의 학생에게 한 장씩 나눠준
 다.
 ③ 짝이 된 두 학생은 자신의 방에 무엇이 있
 는지, 어디에 있는지 정확한 정보를 상대
 학생에게 이야기해 준다.
 ④ 상대 학생은 자신의 상대학생의 이야기를
 잘 듣고 방 그림을 그린다.
 ⑤ 다 그린 다음에 무엇이 틀렸고 맞았는지
 확인해 준다. | 유익한 학
 습이 될 수
 있게 한다. | |
| 정리
 (5분) | 확인
 및
 정리 | 교사는 교실의 물건을 가지고 오늘 배운 내
 용을 간단하게 정리한다.

 T: 여러분, 책상 위에 무엇이 있습니까?
 S: (대답한다)
 T: 여러분, ~의 아래/위/안에 무엇이 있습
 니까?
 S: (대답한다)
 T: 여러분, 시계가 어디에 있습니까?
 S: (대답한다)
 T: 여러분, 책이 어디에 있습니까?
 S: (대답한다)

 T: 좋습니다. 다음 시간에 만납시다. | | |

의사소통식 교수법
(Communicative Language Teaching

의사소통식 교수법은 기능적 교수법이다. 외국어 학습에 의사소통 기능을 적용하여 의사소통 활동을 통하여 새로운 표현을 학습하고, 같은 방법으로 학습한 표현을 활용함으로써 실제 의사소통 활동이 가능하도록 하게 하는 교수법이다. 의사소통을 하기 위해서는 학습활동이 학습자 중심이어야 한다. 따라서 의사소통식 교수법에서는 학습자들이 외국어를 이해하고 의사소통에 이를 수 있도록 다양한 방법을 사용한다.

1. 의사소통식 교수법의 이론적 배경

의사소통식 교수법(Communicative Language Teaching(CLT), Communicative Approach(CA))은 1970년대 초 영국에서 Hymes와 같은 인류언어학자들과 Halliday와 같은 Firthian[1]의 언어학자들을 중심으로 태동되었다. 이들은 문법을 중시하는 구조주의 교수법을 형태 중심의 방법으로 보고 외국어를 구사하는 능력은 형태에 대한 이해가 아니라 실제로 대상어를 사용할 수 있는 능력이라고 보았다. 따라서 실제적인

---

[1] 1940년대 런던 언어학파의 창시자인 언어학자 John Firth는 언어 사용이 사회·문화적 맥락에서 포괄적으로 분석·연구되어야 한다고 주장하였으며 언어 분석을 위한 주제와 맥락으로 담화를 중시하였다. 1960년대 이후에도 영국 언어학에 큰 영향을 주게 되었는데 이 영향을 받은 언어학자들 중 대표적인 인물이 Halliday(박경자 외, 249)이며 이들을 Firthian 또는 Neo-Firthian이라고 한다.

의사소통은 형태의 학습이 아닌 의사소통 활동을 통하여 이루어져야 된다는 기능적인 측면을 강조하였다.

언어교수방법론은 심리학적 견해에 영향을 많이 받아왔다. 초기의 언어교수법은 행동주의 심리학에 근거하여 조건에 따른 반사의 과정으로 외국어 학습을 수동적인 구조로 보았다. 이 시기의 언어학적 배경으로는 구조주의적 언어관이라 할 수 있는데 이에 따라 발달된 외국어교수법들 가운데 대표적인 것이 청각구두교수법이었다.

청각구두교수법이 행동주의 심리학에 근거하였다면 최근의 언어교수방법론은 심리학적으로는 인지심리학에 그 뿌리를 두고 있고, 언어학적으로는 변형생성 문법에 영향을 많이 받았다. 인지심리학에서는 학습자는 다양한 특색을 가지고 있어서 하나로 조건화 될 수 없으며 지적인 연습을 통해서 외국어를 배운다고 한다.

오늘날의 교수법은 과거의 경우와는 사뭇 다르고 복잡한데, 의사소통에 있어서 문법적인 것과 담화적인 요소를 넘어서 언어의 사회·문화적, 화용론적 요소를 다 포함하고 있다. 즉, 실제 생활에서 일어나는 의사소통 행위를 여러 가지 방법으로 수업 현장에 도입한다는 것이다. 왜냐하면 최근의 교수법에서 추구하는 것은 학습자들로 하여금 언어적 정확성은 물론이고 언어적 유창성을 기르게 하는 것이기 때문이다. 따라서 교실 안에서만의 활동이 아니라 실제 생활에서 학습자들이 언어 행위를 할 수 있도록 하는 기재를 갖추게 하는 것이다. 또 한 가지 특징은 학습자들을 단지 배우는 입장이 아닌 같이 상호작용을 하는 대상으로 간주하게 된 것인데, 이러한 과정을 통해 학습 활동이 학습자들을 자극하여 실제 생활에서 자신의 언어적 잠재력을 충분히 발휘할 수 있도록 하는 것이다.

2. 의사소통식 교수법의 원리와 특징

외국어 학습자가 가능한 실제 의사소통 활동에 가깝게 교실 활동을 하게 만드는 것이 의사소통식 교수법(Communicative Language Teaching)이다.

2.1 원리

David Nunan은 의사소통식 교수법을 다음과 같이 정의하고 있다.

① 목표 언어로 상호작용을 통해서 의사소통 방법을 배운다.
② 학습 상황에 실제적인 자료를 도입한다.
③ 학습자들에게 언어뿐만 아니라 배우는 과정에 초점을 맞추는 기회를 제공한다.
④ 학습자들의 개인적인 경험을 교실 학습에서 기여하는 요소로 사용한다.
⑤ 가급적 교실 밖의 언어활동과 교실에서의 학습을 관련지어 교육한다.

목표 언어로 상호작용을 통해서 의사소통 방법을 배운다는 것은 청각구두식 교수법에서처럼 단순히 듣고 따라하고 반복적인 연습을 통해서 유창성을 기르는 방법에서 탈피하여 목표언어를 통해서 유의미한 의사소통 활동을 함으로써 새로운 표현을 학습한다는 것이다. 따라서 이전의 교수법(문법번역식, 청각구두식 교수법 등)들이 문법적으로 정확한 문장을 발화하도록 유도되어 문법 중심의 수업이었다면 여기에서는 의미 중심의 교수활동으로 바뀌었다는 것이다. 대화의 사용에 있어서도 그 대화를 암기하여 같은 상황에 처했을 때 교과서적인 대답을 이끌어 내는 것이 목적이 아니라 의사소통의 방법을 알게 하는 데 목적이 있다.

학습자들에게 의사소통을 통하여 의사소통 방법을 가르치는 데 있어서는 가르치고자 하는 표현의 문맥화 과정이 필요하다. 즉, 문맥적으로 자연스러운 대화를 통해서 새로운 표현을 제시하고 그 문맥을 통해서 이해하게 하며, 나아가 실제 대화에서도 유사한 문맥 안에서 의사소통 활동을 자연스럽게 할 수 있도록 유도하는 것이 중요하다.

2.2 의사소통식 교수법의 특징

의사소통식 교수법에서는 학습자들이 목표 언어로 의사소통을 할 수 있는 능력을 기르는 데 그 목적이 있다. 따라서 실제 의사소통 활동과 수업에서의 의사소통 연습은 서로 연계하여 이루어진다. 이러한 이유로 교실에서의 학습 상황에 실제적인 자료를 도입해야 한다. 왜냐하면 실제 의사소통을 할 수 있도록 유도하는 것이 목적이라면 실제적인 자료를 사용해야 하기 때문이다. 이전의 교수법에서 인위적인 상황을 만들어서 교과서적인 표현들을 많이 만들어낸 반면 최근의 방법에서는 가급적 많은 실제적인 자료들(신문, 잡지, 다양한 서식, 영상매체 등)을 도입하고 있다. 이는 일단의 질문에 대한 정형화된 대답을 암기함으로써 언어적 순발력에 의해 대화를 이어가는 단편적인 방식에서 탈피하여 실생활에서 일어날 수 있는 다양한 상황을 주고, 상황에 따른 문맥에 의해 이해하도록 하여 궁극적으로 학습자의 사고에 의한 대답을 이끌어내려 하는 것이다.

의사소통적 교수법이 의사소통 중심이라고는 하나 이전의 청각구두식 교수법(Audio-Lingual Method: ALM)에서 주로 사용된 방법들이 아예 배제되는 것은 아니다. 왜냐하면 수업 초기에 또는 학습 활동의 중간 중간에 필요에 따라 반복적인 연습을 통해서 어느 정도의 유창성을 길러야 할 경우도 있기 때문이다. 그러나 ALM에서처럼 반복적인 연습이 주된 것이 아니라 그것이 의사소통을 하기 위한 최소한의 요소로 주변적인 것이다. 발음의 경우를 예로 들어 보면, 아무리 학습자가 문맥을 통해서 이해하고 자신의 사고에서 나온 표현으로 의사소통 활동을 한다고 해도 부정확한 발음으로 인해 의사소통 행위에 방해가 된다면 이를 극복하기 위해서 발음에 대한 반복적인 훈련이 필요할 것이다. 비록 그것이 원어민 화자와 같은 정확한 발음은 아니더라도 의사소통 활동에서 상호 이해 가능한 범위 안에 있어야 한다. 그렇지 않으면 의사소통 자체가 성립할 수 없기 때문이다.

의사소통식 교수법의 또 다른 특징은 학습자들이 수업을 통해서 언어 지식을 배우게 되는 결과만이 중요한 것이 아니라 수업 과정, 즉 학습자들이 목표어를 배우는 과정을 중요하게 생각한다는 것이다. 이전의 외국어 학습 현장에서 중심이 되는 부분은 주로 교사이었다. 그러나 의사소통식 수업에서는 그 중심이 교사에서 학습자로 넘어오게 된 것이다. 따라서 학습자들이 목표어를 습득하고 활용할 수 있게 하기 위해서 사용 가능한 모든 기재가 동원된다.

성인 학습자들의 경우에는 목표어의 수준이 초급이라 할지라도 개개인의 지적 수준은 모국어 화자와 차이가 없다. 발화란 지적 활동의 산물인데 단지 목표어의 수준이 미치지 못하여 자신의 의사 표현을 정확하게 표현할 수 없는 경우가 많다. 언어적 표현 능력이란 문법적인 것과 어휘를 들 수 있는데, 이 두 가지의 능력이 부족하여 자신의 의사를 정확하게 표현할 수 없는 경우, 상황에 따라 간헐적인 모국어 사용도 허용할 수 있다. 말하기에서의 학습자들의 성취전략으로는 추측, 어휘 대치, 협동 등을 들 수 있다. 추측에 속하는 것으로는 목표어를 자신의 모국어식으로 만들어 버린다거나 모국어의 어휘를 사용하는 것, 그리고 자신의 언어 기재에 근거하여 어휘를 생성하는 일 등이 있겠고, 어휘 대치에 속하는 것은 정확한 어휘를 모를 경우 반의어, 유의어를 사용하거나 어휘의 개념을 풀어서 설명하는 것 등이 있으며, 협동의 방법으로는 교사를 포함한 상대방에게 물어보거나 상대방을 흉내 내는 경우를 들 수 있다. 따라서 교사는 학습자들이 보이는 성취 전략들을 모두 의사소통 행위로 보아 적정한 선에서 학습자들이 선택할 수 있는 모든 방법을 허용할 수 있다.

학습자들이 외국어 학습 시 나타나는 현상들 가운데 하나가 모국어에 의한 간섭이다. 성인 학습자일수록 모국어에 의한 간섭이 현저하게 나타나는데, 모국어에 의한 간섭은 목표어와의 유사성 정도에 따라 그 정도가 심할 수도 있고 약할 수도 있다. 언어간 간섭 현상에서 대표적인 것이 억양이다. 대부분의 학습자들에서 이해 가능한 발음과 유창성은 확보되었다고 하더라도 모국어의 억양이 남아 있는 경우를 쉽게 관찰할 수 있다. 일반적으로 모국어와 목표어의 구조가 유사하면 간섭 현상이 많이 나타나고 상대적으로 그 구조가 상이할수록 간섭 현상이 덜 나타난다고 한다. 언어간 간섭 현상은 모든 학습자들에게 필연적으로 나타나는 것은 아니나 성인 학습자들에게 보편적인 일이다. 따라서 두 언어에 대한 대조분석을 통해서 가르칠 때 학습 효과를 올릴 수 있다고도 한다(Fries, 1945:9). 대조분석을 하려면 번역의 과정을 거쳐야 하며 외국어 학습 과정에서 번역은 학습자들이 필요로 하거나 학습에 긍정적인 효과를 준다고 생각될 때 사용 가능하다.

이상에서 본 바와 같이 의사소통식 교수법에서는 학습자가 모국어를 부분적으로 사용하거나 제시 또는 설명의 과정에서 번역을 도입하기도 하는데 이는 원활한 의사소통을 가능하게 하는 것이라면 가능한 모든 기재를 활용할 수 있다는 기본 전제에 의한 것이다. 왜냐하면 언어 학습에서 바람직한 결과를 얻기 위해서는 학습 과정 또한 중요한 부분이기 때문이다.

학습자 중심의 교수 방법의 특징 가운데 또 다른 것은 학습자들의 개인적인 경험을 교실 학습에 기여하는 요소로 사용한다는 것이다.

학습자들은 다양한 배경을 가지고 있다. 첫째로는 국적이 다양하며 비록 국적이 같다고 할지라도 나이, 성장 배경, 교육 정도에 따라 다양한 성향을 보이므로, 궁극적으로 똑같은 학습자는 하나도 없다고 해도 과언은 아니다. 교사 주도의 학습에서는 단지 교사의 직관과 경험만이 학습 활동에 녹아들 수밖에 없어서 수업이 단조롭고 주입식일 수밖에 없었다. 그러나 의사소통식 교수법에서는 학습자들의 다양한 경험을 학습에 도입함으로써 의사소통 활동을 통하여 새로운 표현이나 어휘를 제시하고, 유의미한 연습과 유의미한 활동을 통하여 새로운 표현에 익숙해지게 된다. 학습자의 경험에 의한 생각은 교사가 가지고 있는 생각과 사뭇 다를 수 있다. 이 때 교사는 자신의 생각으로 유도할 것이 아니라 학습자의 생각을 중심으로 하여 의사소통 활동을 이끌어 가는 것이 중요하다. 이를 통해 학습자들은 학습 활동에서 자신의 중요성을 깨닫게 되며 자연스럽게 수업에 대한 참여도도 높일 수 있다. 또한 교사가 자신의 주장을 학습자들에게 관철시키려고 한다면 이는 교사 주도의 학습 활동이 될 수밖에 없다. 의사소통 활동에서 교사가 원하는 대답이 나오지 않을 경우 교사가 질문하고 교사가 대답하는 결과를 낳게 되기 때문이다.

의사소통식 교수법에서는 가급적 교실 밖의 언어활동과 교실에서의 학습을 관련지어 교육한다. 이는 외국어 교육의 궁극적인 목표가 의사소통 능력을 기르는 것이라는 기본 전제에 따른 것이다. 만일 교실 안에서의 수업 활동과 교실 밖에서 수행하는 의사소통 활동이 다르다면 학습자들이 실제로 교실에서 배운 것을 교실 밖, 즉 실제 상황에서 쓸 수 없다는 뜻이 된다. 언어에 대한 이해는 가능하나 언어에 대한 느낌이 없으므로 실생활에서 배운 것을 활용하는 것이 불가능하다는 것이다. 사회적 맥락 속에서 교수된 표현을 이해하고 습득할 때 정확한 사용이 가능하고 이를 통해 자연스러운 의사소통이 이루어질 수 있다.

외국어 교육에서 또 다른 중요한 문제 가운데 하나는 어떤 순서로 가르칠 것인가이다. 가장 바람직한 학습 순서는 내용의 기능 또는 흥미를 유지시키는 의미 등을 고려하여 결정하여야 한다는 것이 의사소통적 교수법의 기본 입장이다. 그러나 언어에 따라서는 단순히 내용이나 의미만을 고려하여 가르치게 될 때 체계적인 학습이 이루어지지 않을 수도 있다. 조사가 발달되어 있고 용언의 활용이 복잡하며, 각기 조금씩 다른 의미 기능을 가진 수십 가지의 연결어미를 가지고 있는 한국어가 대표적인 예가 될 수 있다. 따라서 교수요목을 난이도 순으로 등급화하여 그 순서로 제시해야 할 필요가 있다. 걷지도 못하는 단계에서 달릴 수 있기를 기대할 수 없기 때문이다. 단, 등급화된 표현을 의사소통을 통하여 제시할 때도 적절한 문맥화 과정은 필요하다.

언어는 개인의 시행착오를 통하여 습득된다. 새로운 표현을 학습하면서 발음 또는 표현 상의 실수는 항상 따르는데, 지속적으로 같은 실수가 반복될 때 이를 오류라고 한다. 과거의 교수법에서는 문법적으로 완벽한 문장을 생성하도록 유도되었으나 의사소통식 교수법에서는 오류를 인정하며, 그 오류를 분석하고 수정해 나가는 과정이 하나의 학습 단계로 여겨진다. 외국어 학습자가 범하는 실수나 오류가 대상 언어의 체계로 가는 과정 중 중간에 위치한 체계로 보아 이를 중간언어라 이르는데, 중간언어가 화석화되거나 퇴화되는 것을 방지하기 위하여 오류에 대한 수정이 반드시 이루어져야 한다. 중간언어가 목표어 체계로 발전할 수 없으면 모국어 화자와 같은 발음과 유창성에 도달할 수 없으며, 따라서 이를 극복하지 못한 많은 외국어 학습자들에게서 대상 언어능력이 모국어 화자의 언어능력에 도달할 수 없는 현상이 나타난다(Selinker, 1972).

교실에서의 의사소통 활동은 교사와 학생 간, 그리고 학습자와 학습자 간에서 이루어진다. 대부분 새로운 표현에 대한 제시는 교사와 학생 간의 의사소통 활동에 의해 이루어지며, 그 표현의 의미와 느낌을 내재화할 때는 학생들 간에 짝 활동이나 그룹 활동을 통한 직접 대면이나 글을 통해서 이루어지는 경우가 많다. 의사소통식 교수법의 궁극적인 목표가 의사소통을 통해서 의사소통 능력을 기르는 것이기 때문이다.

위해서 언급한 바와 같이 20세기에 들어 교수법의 큰 흐름은 행동주의 심리학에 근거한 청각구두식 교수법과 이후 인지심리학에 근거한 의사소통식 교수법이라 할 수 있다. 이 두 교수법에 의미를 두는 이유는 외국어 학습 활동의 중심이 교사에서 학습자로 넘어갔다는 데 있다.

의사소통식 교수법을 조금 더 잘 이해하기 위해서 Finocchario & Brumfit (1983)가 비교한 청각구두교수법과의 차이를 소개한다(Brown).

	청각구두교수법	의사소통식 교수법
1	의미보다 구조와 형태가 중요하다	의미가 중심이 된다
2	문법에 근거한 대화의 암기를 요구한다	대화 사용의 경우는 암기가 아닌 의사소통 기능에 중심을 둔다
3	언어 요소는 문맥화할 필요가 없다	문맥화가 기본 전제이다
4	언어학습은 구조와 소리, 어휘를 배우는 것이다	언어학습은 의사소통을 배우는 것이다
5	배운 것을 완전히 익힐 것을 요구한다	효과적인 의사소통을 추구한다
6	연습이 가장 중요한 기술이다	연습을 하지만 주변적인 것이다
7	모국어 화자와 같은 발음을 추구한다	이해 가능한 발음을 추구한다
8	문법적 설명은 배제한다	학습을 위한 모든 기재가 사용된다
9	길고 단조로운 연습 과정 후에 의사소통 활동을 한다	시작 단계에서부터 의사소통을 하기 위한 시도가 장려된다.
10	학습자들의 모국어 사용은 금지된다	상황에 따라 간헐적인 모국어 사용은 허용된다
11	초급 단계에서 번역은 금지된다	번역은 학생들이 필요로 하거나 이득이 될 때 사용 가능하다
12	말하기가 완성되기 전에 읽기와 쓰기를 다루지 않는다	필요시 읽기와 쓰기를 학습 초기부터 시작할 수 있다

13	대상 언어 체계는 구조 유형을 가르침으로써 학습된다	기본적으로 대상 언어 체계는 의사소통의 과정을 통해 학습되어야 한다
14	언어적 능력이 주된 목표이다	궁극적 목표는 의사소통 능력이다
15	언어의 다양성은 인정하나 강조되지는 않는다	언어의 다양성이 자료나 방법을 선택하는 기준이 된다
16	단원의 순서는 언어적 복잡성의 원칙에 의해서만 결정된다	학습 순서는 내용의 기능 또는 흥미를 유지시키는 의미 등을 고려하여 결정된다
17	교사는 학습자를 통제하며 이론에 위배되는 행동을 허용하지 않는다	교사는 학생들의 동기 부여를 위해서 어떤 방법이든지 사용할 수 있다
18	언어는 습관이므로 실수는 가능한 방지해야 한다	언어는 개인의 시행착오를 통해서 창조된다
19	정확성이 주된 목표이다	유창성과 이해 가능한 언어가 기본 목표이다:정확성은 추상적 방법이 아닌 문맥에서 판단된다
20	학습자들은 제한된 자료 안에서 언어 체계와 대응하도록 독려된다	학생들은 다른 사람들과 짝활동, 그룹활동을 통한 직접대면이나 글을 통해서 다른 사람들과 상호작용하도록 한다
21	교사는 학습자들이 사용하는 언어를 한정한다	교사는 학생들이 사용할 언어가 무엇인지 정확하게 알 수 없다
22	학습 동기는 언어의 구조에 대한 관심에서 비롯된다	본질적인 동기는 언어를 통한 의사소통 활동이 재미있어야 유발된다

3. 의사소통식 교수법의 실제

3.1 수업 절차

의사소통 활동을 하기 위해서는 학습자들에게 의사소통을 하기 위한 동기를 부여해야 한다. 학습자들에 따라서는 지금까지의 교육적 배경에 의해 상대방과 의사소통을 하기보다는 자신만이 가지고 있거나 또는 지금까지 습관적으로 해온 공부 방법을 고집하는 경우가 있기 때문이다. Selinker(1972)의 지적과 같이 모국어 화자의 언어능력에 도달할 수 없게 되는 이유 중 하나는 언어를 문법적으로만 이해하려 할 뿐, 의사소통에는 소극적인 경우이다. 따라서 교사는 학습자들이 의사소통을 하는 데 동기를 부여하기 위하여 가능한 모든 방법을 모색해 보아야 한다. 의사소통식 교수법에서의 학습 활동이 의사소통 과정이라고 할 때 학습 동기는 언어를 통한 의사소통 활동이 재미있어야 유발된다. 재미있는 의사소통 활동을 위해서는 학습자의 관심사가 무엇인지 교사가 미리 파악하고 있어야 한다. 자칫 수업이 지루하게 이루어지는 이유는 교사의 일방적인 수업 진행에 의해 의사소통 과정이 제대로 이루어지지 않아서 학습자들이 학습하는 내용을 제대로 이해할 수 없기 때문이다.

학습자들에게서 공통적으로 나타나는 특징은 교사가 판서를 하면 그것을 그대로 받아 적는 것이다. 배울 내용에 대한 판서는 그것이 많든 적든 학습 과정에서는 항상 일어나는 일이다. 그런데 학습자들이 받아 적는 과정에서 남녀에 따라 각기 다른 현상이 나타난다. 첫째로 남자의 경우는 좌뇌와 우뇌가 신경으로 연결되어 있지 않아 한 가지에 몰두하면 동시에 일어나는 다른 것에는 신경 쓸 수 없다는 것이다. 따라서 의사소통 활동을 통해서 새로운 표현이 제시될 때 판서의 양이 많아지면 자연적으로 교사가 의사소통을 하기 위하여 건네는 대화에는 신경을 많이 쓸 수 없게 된다. 여자의 경우는 좌뇌와 우뇌가 신경으로 연결되어 있어 같은 시간에 두 가지의 활동을 할 수 있다. 예를 들면, 음악을 들으면서 공부를 하거나 텔레비전을 보면서 전화를 할 수 있는 것 등이다. 그러나 이 경우에도 두 가지 활동을 같이 함으로써 각각의 활동에 서로 간섭을 일으키는 것은 피할 수 없다. 따라서 남녀 모두에게 교사의 판서는 의사소통 활동에 그렇게 큰 도움을 주지 못한다. 이를 해결하기 위한 방법으로 의사소통 활동을 충분히 한 후 판서를 하거나 판서의 양을 최소화하는 것이 필요하다.

교실에서의 학습 활동은 의사소통을 위한 도구라고 할 수 있는 언어의 단위, 범주, 문법 기능 등을 인지하고 이들에 관한 규칙을 내재화하는 과정인 '기능습득 단계'와 내재화된 규칙에 의해 자신의 의견이나 생각을 표현하고 상대방의 말을 이해하며 상호 의사소통을 하는 '기능사용의 단계'로 나눈다(Rivers and Temperley, 1978). 즉, 의사소통을 통하여 학습자들에게 새로운 어휘, 언어 범주, 문법 기능을 교수한 후, 그 표현에 대한 기계적인 연습을 거쳐, 짝 활동 또는 그룹 활동을 통하여 유의적 연습과 의사소통적 연습을 한 후, 적절할 과제를 주어 의사소통 행위에 이르도록 수업을 구성해야 한다는 것이다.

3.2 교수 · 학습의 활동 유형

의사소통의 활동 유형에는 화자와 청자의 구성에 따라서 대화형식, 독화형식, 회화형식, 혼합형식 등을 들 수 있다.

대화형식은 인사, 문답, 대담, 소개, 전화 등 둘이서 서로 말하고 듣는 형식으로 교실에서는 대개 짝활동(pair work)으로 이루어진다. 독화형식은 한 사람이 듣고 여러 사람이 듣는 형식으로 설명, 발표 등을 들 수 있고, 회화형식은 여러 사람이 말하고 듣는 형식으로 회화, 토의, 회의, 토론, 좌담 등이 있으며, 혼합형식은 통합 교육으로서 효과적인 방법으로 말하기와 듣기, 말하기와 읽기, 말하기와 쓰기 등을 혼합한 형식이다.

초급에서는 학습자들의 유창한 표현력을 기대할 수 없으므로 대화형식과 독화형식을 많이 쓴다. 수업 내용을 복습한다거나, 배운 내용을 가지고 역할놀이(role play)하기, 관련 단원의 그림에 대한 이야기, brainstorming, 게임 등을 대화형식으로 활용할 수 있고, 주말이야기, 오늘의 화제, 그림 또는 사진 이야기 등의 독화형식이 활용될 수 있다.

중급 이상에서는 학습자들의 언어능력이 어느 정도의 길이를 가지고 얘기할 수준에 이르게 되므로 회화 형식을 도입하여 여러 사람이 같이 하는 활동이 가능하게 되는데, 이야기 만들기, 토론하기, 단어 게임, 연상 게임 등이 관련 활동에 속한다.

　최근 교수법의 경향은 언어의 네 가지 기능을 통합하여 가르치는 데 중점을 두고 있다. 따라서 초급 단계부터 통합 교육은 이루어져야 하나 학습자들의 수준이 아직 못 미치므로 제한적일 수밖에 없다. 그러나 중급 이상의 수업 활동에서는 초급에서보다 적극적으로 기능 연계 활동을 해야 할 필요가 있다. 말하기와 듣기를 연계하여 문장 듣고 요약하기, 영상물을 보거나 듣고 요약하는 활동을 할 수도 있고, 말하기와 읽기를 연계하여 신문 기사나 광고를 읽고 요약할 수도 있으며, 말하기와 쓰기를 연계하여 낱말 맞추기, 연극, 인물조사, 면접조사 등의 혼합형식의 활동을 할 수 있다.

3.3 현장 적용시 유의점

　의사소통의 기본 개념은 교사와 학습자가 의사소통 활동을 통하여 새로운 표현을 배우고 그 표현을 가지고 의사소통 활동에 이르게 해야 한다는 것이다. 의사소통을 하기 위해서는 상대의 말을 잘 들어야 하고 거기에서 나온 화제로 이야기를 이끌어 가야 한다. 따라서 교사는 자신의 의도대로 수업의 틀을 유지하는 것도 중요하지만 수시로 학습자의 견해와 수준을 고려해 가면서 학습 과정을 이끌어 가야 한다. 이러한 학습 과정에서 유의할 점은 다음과 같다.

① 실생활에서의 의사소통을 위한 말하기 활동을 중심으로 교육한다.
② 학습자의 능력과 성향에 따른 과제 중심으로 연습할 수 있도록 한다.
③ 의미에 중점을 둔 말하기 활동을 한다.

④ 학습자간 상호 활동할 기회를 많이 주고 의사소통의 질을 높인다.
⑤ 정형화된 표현부터 시작해서 자신의 생각 기재 안에서 말하기를 할 수 있게 한다.
⑥ 정확한 발음과 적절한 속도로 자연스러운 발화를 이끌어내야 한다.
⑦ 적절한 오류 수정 과정을 거친다.
⑧ 가능한 다른 3가지 기능(쓰기, 듣기, 읽기)과 연관지어 교육한다.

4. 한국어교육에서의 적용

지금까지 의사소통교수법의 원리와 실제로 의사소통식 수업을 진행하기 위해서 어떠한 방법으로 접근해야 하는지에 대해서 알아보았다.

이 장에서는 한국어교육에서 의사소통식 교수법을 어떻게 적용해야 할 지에 대해서 알아보고자 한다. 구체적인 교수법의 적용을 위해서는 그날의 학습 목표가 무엇인지를 먼저 설정하여야 한다. 예를 들어, 오늘의 교수 목표가 '-것 같다'이라고 가정하고 의사소통적으로 접근하여 보기로 하겠다.

'-것 같다'의 교수를 위해서 먼저 고려해야 할 것은 학습자들이 지금까지 배운 문법 요소들이 어떤 것이냐이다. 이 표현은 거의 모든 한국어 교재들에서 1급(초급)의 표현으로 분류되어 있다. 그러나 같은 초급에서도 교재에 따라서는 '-는 것, -은 것, -을 것' 등, 관형형 어미와 결합된 명사구에 대한 사전 학습이 없이 '-것 같다'가 나오는 경우도 있다. 또한 일부이기는 하나 어휘 '같다'의 의미를 학습자들이 모를 수도 있다. 의사소통식 교수법에서 문법 요소를 제시할 때에는 의미가 가장 큰 중심축을 이뤄야 한다. 그렇지 않으면 의사소통을 위해서 가장 필요한 조건인 새로운 표현에 대한 이해가 이루지지 못하기 때문이다.

'-것 같다'는 의존명사 '것'과 상태동사 '같다'가 결합되어 이루어진 표현이다. '것 같다'는 관형형 '-(으)ㄴ, -는, -(으)ㄹ' 등의 관형형 어미들과 결합하여 선행하는 서술어의 시제를 나타낸다. 초급 수준의 학습자들이 이미 이들에 대한 정보를 알고 활용할 수 있을 정도라고 가정한다면, '-(으)ㄴ 것, -는 것, -(으)ㄹ 것'의 의미 또한 이해하는 데 어려움이 없을 것이다. 더욱이 대부분의 교재들에서 미래표현인 '-(으)ㄹ 거예요'가 과거표현에 이어서 나오게 된다는 점은 관형형 어미와 의존명사 '것'의 의미 상관 관계를 잘 보여준다고 할 수 있다.

반면 '같다'와 관련된 어휘는 '다르다'와 '비슷하다'가 있다. 따라서 어휘 '같다'를 교수할 때는 대개 '비슷하다'와 '다르다'를 같이 교수하게 된다.2) '같다'와 관련된 어휘들이 '-것 같다'를 교수하기 전에 이미 학습되어 있다면 이 둘을 연계시키는 데는 크게 문제가 없으리라 본다. 그러나 '-것 같다'의 학습 이전에 '같다'다 학습되지 않았다면 '같다'를 통해서 '-것 같다'로 접근하는 것이 바람직하다. 그 이유는 첫째, 성인학습자에 대한 교육은 단순히 표현을 암기하는 것이 아니라 이해를 통한 교수이어야 하며, 둘째, 어휘 의미의 교육을 통해서 어휘를 활용할 수도 있고, 그와 관련된 표현도 쉽게 이해할 수 있기 때문이다.

의사소통식 교육 방법이란 배운 표현으로 의사소통을 하게 하는 것뿐만 아니라 새로운 표현을 제시할 때도 의사소통적인 방법이어야 한다. 의사소통이 가능하다 함은 학습자들이 알고 있는 어휘와 표현 범위 안에서 이야기할 것을 전제로 한다. 따라서 '같다'의 의미와 함께 '다르다, 비슷하다'의 의미를 교수하고 이 세 어휘로 의사소통을 하면서 '-것 같다'로 유도하게 되면 의사소통을 통해서 어휘를 학습 또는 활용하고 새로운 표현을 배울 수 있게 된다.

학습자들이 이미 학습된 표현과 어휘를 통해서 의사소통적 방법으로 '-것 같다'의 의미를 알게 되었다면 그 다음으로는 기계적인 연습

---

2) 지금까지의 많은 논의에서 어휘의 교육은 의미의 장, 연어 관계, 어휘간 상관관계 등을 고려하여 교수하여야 한다고 본다.

을 통하여 학습한 표현을 내재화하는 과정이 이어져야 한다. 그러나 기계적인 연습이라고 하더라도 형태적인 변화에만 초점을 맞춰서는 안 되며 의미를 통하여 접근하는 방법이 바람직하다. 예를 들어 '-(으)ㄴ 것 같다'의 경우 선행하는 서술어의 어간이 자음으로 끝날 경우와 모음으로 끝날 경우에 형태적인 변화를 겪게 된다. 즉, '가다'의 어간과 결합하여 '간 것 같다'가 되고 '먹다'의 어간과 결합하여 '먹은 것 같다'가 되는 것이다. 이럴 때에도 의미를 유추할 수 있는 그림 카드나 사진, 몸짓, 표정 등 여러 가지 방법을 통하여 의미를 유추하게 하고 거기에서 변화되는 것을 제시하는 것이 좋다.

'것 같다'에 대한 기계적인 연습이 끝나면, 짝 활동 또는 그룹 활동을 통하여 유의적 연습과 의사소통 연습을 한다. 이 단계에서는 제시 또는 기계적 연습 단계에서 교사와 학습자들 사이에서 이루어졌던 활동을 학습자들끼리 하도록 하여도 좋고, 거기에서 다소 변형되거나 다른 방법을 사용해도 좋다. 학습자들이 짝활동을 할 때는 교사가 담당하던 질문을 학습자들이 담당해야 하므로 교사는 돌아다니면서 모니터를 한 후 학습자 간 질문과 대답이 원활히 이루어지지 않을 경우, 짝활동에 개입하여 의미와 기능을 짚어줄 필요가 있다.

4.1 의사소통식 교수법을 적용한 수업 모형

의사소통 연습에 이어서 진행되어야 할 단계는 의사소통 행위이다. 이는 도입과 연습 과정을 통해서 내재화된 표현을 가지고 실제 의사소통 과정과 같은 조건 안에서 의사소통을 하도록 하는 것인데, 이 때는 학습한 표현으로 이룰 수 있도록 적절할 과제를 주어야 한다. 학습자들은 과제를 부여 받고 그 과제를 수행하는 과정을 통해서 새로운 표현으로 의사소통할 수 있다. '것 같다'를 활용하여 과제를 수행하기 위하여 다음과 같은 단계를 거친다.

단계	교사 활동	학생 활동
과제 준비	• 교사가 전체 학급을 대상으로 오늘 피곤한 것 같은 사람이 있는지 물어보고 왜 피곤한 것 같은지 물어본다.(여기에서 이미 학습된 어휘 및 표현이 나온다). • 교사는 누군가가 피곤한 것 같고 왜 피곤한 것 같은지 다시 한번 반복해 준다.	• 학생들은 교사의 지시에 따라 반친구들을 살피고 적절한 대답을 한다.
과제 설정	• 교사가 학급 구성원 중 한 사람의 상태를 알려 주고 거기에 필요한 표현들을 써 준다. • 과제의 기능을 그림이나 사진, 상황 그림 등을 이용하여 칠판에 붙인다. • 과제를 수행할 그룹을 정해주고 역할을 분담한다. 이 때 그룹은 2인이 될 수도 있고 그 이상이 될 수도 있다. 또 대화 상대를 바꿔가면서 인터뷰의 형태를 도입할 수도 있다. • 각각의 역할에 따라 무슨 말을 해야 하는지 전체적으로 묻는다.	• 그림이나 사진, 상황 그림을 보고 과제를 수행할 방법을 생각한다. • '것 같다'와 관련된 듣기 활동을 한다.
과제 수행	• 구성된 그룹별로 대화를 구성하게 한다. • 교사는 각 그룹을 모니터하고 활동이 잘 이루어지도록 도와준다. • 학습자들로 하여금 메모하도록 하여 쓰기와 연계시킨다.	• 구성된 그룹별로 대화를 구성한다. • 대화 내용을 메모하여 쓰기와 연계한다.
과제 평가	• 개인별 또는 그룹별로 발표를 시키고 발표가 끝나면 전체적으로 오류를 수정한다. • 모범대화문을 확인 점검한다. • 과제와 관련된 숙제를 준다.	• 자신이 어떤 오류를 범했는지 확인한다. • 모범 대화문으로 강화한다. • 과제와 관련된 숙제를 한다.

이상과 같은 과정을 통해서 '-것 같다'의 표현을 제시하고 연습하며, 의사소통 행위를 함으로써 목표 표현을 내재화하고 이를 통하여 실제 의사소통에서 활용할 수 있는 능력을 기를 수 있다.

이상 '-것 같다' 표현을 의사소통적으로 교수하는 구체적인 방법을 표로 제시해 보면 다음과 같다.

4.2 의사소통식 교수법을 적용한 지도안

학습 목표	추측 표현으로 말할 수 있다.
주요 학습 내용	-(으)ㄴ 것, -는 것, -(으)ㄹ 것 어휘: 같다
학습자 정보	초급 1단계
수업 소요 시간	50분

(교사 : T, 학생 : S)

구분	과정	교수·학습 활동	유의점	준비물
도입 (10분)	인사/복습을 통한 유도(질 문/대답) 그림 보면서 말하기	교사는 '-는 것, -(으)ㄴ 것, -(으)ㄹ 것'을 제 시 또는 복습하면서 그 의미를 상기시켜 준 다. (사과를 먹는 그림을 보여주면서) T: 이 사람은 뭐 해요? S: 사과를 먹습니다. T: 그래요. 이 사람은 사과를 먹는 사람입 니다. 그럼 이 그림은 어떤 그림입니까? S: 사과를 먹는 그림입니다. T: 그렇습니다. 그래서 이 사람은 지금 사 과를 먹는 거예요. (운동하는 그림을 보여주면서) T: 이 사람은 뭐 하는 거예요?	(이전에 관 형형 '-는', '-(으)ㄴ', '-(으)ㄹ'을 모두 학습 하지 않았 을 경우 한 것으로 만 도입할 수 있음)	그림 카드

| | | S: 운동합니다.
T: 그래요. 운동하는 거예요.

(쇼핑하는 그림을 보여주면서)
T: 그럼, 이 사람은 뭐 하는 거예요?
S: 쇼핑하는 거예요.

(밥 그림을 보여주면서)
T: 오늘 아침에 밥 먹었어요?
S: 네, 먹었습니다.
T: 그래요. 이것은 여러 분이 오늘 아침에
먹은 거예요.

(학생 중 하나의 물건을 들어 보이면서)
T: 이것은 어디에서 산 거예요?
S: 동대문에서 샀어요.
T: 동대문에서 산 거예요?
S: 네.

(영화 포스터를 보여주면서)
T: 이 영화는 여러분이 본 거예요?
S: 네, 본 거예요/아니요, 안 본 거예요.

T: 오늘 오후에는 뭐 할 거예요?
S: 도서관에서 공부합니다.
T: 오후에 할 것이 공부예요?
S: 네.
T: 점심에 먹을 것이 뭐예요?
S: 아직 모릅니다.
T: 점심에 먹을 것을 아직 몰라요?
S: 네, 아마 학생 식당에 갈 거예요.

T: 집에 가서 할 것은 뭐예요?
S: 집에 가서 할 것은...숙제(빨래, 운동
등)입니다.
T: 그래요. 여러분은 집에서 할 것이 많아요.

T: 여러분, 서울은 어때요?
S: 사람들이 많아요. | | |

| | | (북경에서 온 학생에게)
T: 그럼, 북경은 어때요?
S: 북경에도 사람들이 많아요.
T: 아, 그래요. 북경도 서울 같군요.
S: 네...

(노래하는 여자 그림을 보여주면서)
T: 이 사람은 뭐 해요?
S: 노래해요.
T: 가수예요?
S: 잘 모르지만, 아마 가수예요.
T: 이 사람은 가수 같아요?
S: 네.

(여러 가지로 보일 수 있는 그림을 보여주면서)
T: 이 그림은 뭐 같아요?
S: _____예요?(여러 가지 대답이 나올 수 있다)
T: 정말이에요?
S: 잘 모르지만, _____ 같아요. | | |
| 제시
(10분) | 교사/학생간
대화그림을
통한 대화 | 판서: -것 같다(학습자들의 언어 능력에 따라서 과거, 현재, 미래를 하나로 고정시킬 수 있다. 여기에서는 과거로 고정시킨다)

(학생들 중 피곤해 보이는 사람을 골라서 대상으로 삼는다)
T: _____씨는 피곤하세요?
S: 네, 조금 피곤해요.
T: 그래요? 여러분 _____씨는 왜 피곤해요? 그 이유를 알아요?
S: 잘 모르지만, 아마 공부 너무 많이 했어요.
T: 그래요. _____씨는 어제 공부를 많이 한 것 같아요.

(뚱뚱한 사람의 사진이나 그림을 보여주면서)
T: 이 사람은 어때요? | ('같다'의
의미를 알고 활용할 수 있으면 이 과정은 생략할 수도 있다) | |

		S: 뚱뚱해요.		
		T: 왜 뚱뚱해요?		
		S: 많이 먹었어요/운동을 안 했어요.		
		T: 그래요. 아마 많이 먹은 것 같아요.		
		S: 네, 많이 먹은 것 같아요.		
		(늦게 온 학생을 예로 들면서)		
		T: _____씨는 오늘 조금 늦게 왔어요. 여러분 _____씨가 왜 늦게 왔어요? 알아요?		
		S: 잘 모르지만, 아마 늦게 일어난 것 같아요.		
		T: 네, 그래요		
연습 (10분)	짝활동	짝활동 1 : 교사가 준비한 여러 가지 그림을 학생들에게 나누어 주고 제시된 표현을 연습하게 한다. 이 때 교사는 돌아다니면서 모니터링을 한다.		
활용 (15분)	인터뷰	(배운 표현의 내재화 과정이 충분히 이루어졌다고 판단되면 과제를 주어 의사소통 활동을 하게 한다)		
		짝활동 2 : 돌아다니면서 반 친구들한테 질문하세요. 그리고 왜 그런지 얘기해 보세요. 친구들의 이야기를 메모하세요.(주요 표현을 판서해 준다)		
		주요 표현 : _____ 씨는 오늘 어때요? 어제 _____(으)ㄴ 것 같아요.		
		짝활동이 끝나면 몇몇 학생들이 나와서 발표하게 한다.		
		발표한 내용에 대해서 모범 대화문을 확인해 주고 오류를 수정해 준다.		
마무리 (5분)		숙제: 자신의 주위 사람들에 대한 생각을 글로 써오게 한다.		

총체적 언어 접근법
(Whole Language Approach)

총체적 언어 접근법에서는 언어 교육의 실제성과 통합성을 강조하는데, 이것은 기존의 획일화된 언어 교육에 반대하여 등장한 언어와 학습, 학습자에 관한 하나의 관점이며 철학으로 볼 수 있다. 총체적 언어 접근법은 학습자를 중심으로 한 전인적인 교육을 실시한다는 전제 하에 내용 이해, 사회적 상호작용을 위한 언어 교육에 역점을 둔다. 언어 학습을 각각의 개별적인 언어 기능 습득하는 것으로 생각하지 않고 듣기, 말하기, 읽기, 쓰기 등이 하나로 통합된 과정으로 여긴다. 또한 의미 이해에 중심을 둠과 동시에 학습자 위주의 학습이 됨으로써 개인의 필요와 흥미에 맞도록 기능적으로 교육하는 것을 중시한다. 그리고 총체적 언어 접근법을 적용한 수업에서는 학습자들의 의견을 최대한 수렴하고, 이들이 자신의 필요와 목적에 따라 자연스러운 대화를 나누게 하는 데 관심을 기울인다. 이러한 교수방법은 학습자가 그들의 경험을 다른 사람과 나누는 과정에서 언어 학습에 대한 흥미를 느끼고, 실제 담화 상황에서 자연스러운 의사소통을 하도록 하기 위함이다.

1. 총체적 언어 접근법의 이론적 배경

총체적 언어 접근법(Whole language Approach)은 특정 인물이 개발한 구체적인 언어 교수법이 아니라, 심리 · 언어 · 교육 분야의 여러 학자들의 이론과 교육 운동이 토대가 되어 발전된 교수 철학이며 교육 접근법(approach)이다.

'총체적 언어교육'의 개념은 17세기 코메니우스(Comenius)를 비롯한 교육 운동가들의 아동 중심 교육 철학과 그 맥락을 같이 한다. Comenius는 아동들의 언어 학습이 자연스런 언어 사용으로 이어지기 위해서는 학습 내용이 일상적인 경험과 친숙한 것에 의해 안내되고, 그 내용을 구체적인 사물이나 상황으로 직접 조작해 보아야 한다고 주장했다. 이러한 자연적인 언어 교수법은 당시 암기 위주의 언어교육과는 다른 경험 중심·학습자 중심의 교육철학이었고, 이것은 오늘날 총체적 언어 접근법의 관점과 유사하다.

그 후 총체적 언어 접근법에 영향을 미친 대표적인 학자로는 존 듀이(John Dewey), 피아제(Piaget), 비고스키(Vygotsky), 핼리데이(Halliday) 등을 들 수 있다. 교육학자인 Dewey는 학습에 있어서 학습자들이 스스로 자신의 문제를 탐구하고, 실제적 경험과 활동을 통해 학습의 의미를 발견하게 함으로써 경험적·통합적 교육을 기본으로 삼는 총체적 언어 교육의 토대를 구축했다. 그리고 Piaget는 각각의 학습자들이 가지고 있는 경험 세계의 차이를 중요하게 생각하며 각 아동에게 적합한 실제적 활동을 통해 언어를 교육해야 한다고 역설했다. 그리고 러시아의 심리학자인 Vygotsky는 학습자에게 사회적 맥락이 끼치는 영향력 간의 관계, 특히 교사와 학습 환경에 대한 상관관계를 탐구하였다. 그가 강조한 환경, 활동, 집단 역할의 사회적 측면은 총체적 언어 접근법의 등장에 기여했다. 언어학자인 Halliday는 학습자가 언어를 사용하는 동시에, 그 언어를 통해 해당 언어를 학습한다는 이론을 설정하고, 언어 학습을 상황적 맥락과 교수자·학습자들 관계와 관련시키는 기능적인 문법 체계를 개발하였다.

위에서 언급한 학자들 이외에도 많은 읽기 교육자들이 총체적 언어 접근법에 관심을 가지고 직접적이고 본격적인 방법론을 연구하였다. Rosenblatt(1938)는 최초로 읽기를 독자와 텍스트 간의 상호교류 행위로 설명하고, 읽기에서의 학습자의 권리와 책임을 강조하였는데, 이는 읽기 교육에서 학습자와 교재와의 상호 교류에 대한 연구로 이어졌다. 이후 Goodman과 Smith(1971)가 영어를 모국어로 하는 아이들을 대상으로 제시한 상호 교류적 읽기 학습, 즉 총체적 언어(Whole language) 중심 읽기 교육 개념은 문학과 언어 경험 중심의 읽기 프로그램 개발에 이론적 기반을 제공했다.

그리고 총체적 언어 접근법의 기본 관점과 방향은 경험과 상호작용을 중시하는 통합 교육 과정 이론과 언어 기능의 통합적 지도 방안에서도 많은 영향을 받았다. 그러나 총체적 언어 접근법은 두 이론에 비해 보다 학습자의 흥미나 욕구에 초점을 두고 있으며 언어나 학습, 학습자에 대해 보다 적극적이고 긍정적인 관점을 취한다고 할 수 있다.

이렇듯 총체적 언어 접근법은 학생 중심, 경험 중심의 교육 접근법이며, 언어의 체계의 모든 자질의 사용을 강조하기 때문에 교육은 언어 처리과정의 네 가지 기능인 듣기 · 말하기 · 읽기 · 쓰기가 통합되어 이루어진다. 이들 4가지 언어 기능은 자유로운 의사소통을 위해 긴밀한 상호 연관성이 있기 때문이다. 그리고 총체적 언어 학습에서는 학습자의 의미 이해에 중점을 두고, 개인의 필요와 흥미에 맞도록 기능적으로 교수하는 것을 원칙으로 한다. 또한 교사와 학생의 능동적인 상호작용을 통한 자연스런 언어학습을 강조한다.

2. 총체적 언어 접근법의 원리와 특징

2.1 총체적 언어 접근법의 원리

총체적 언어 접근법에서 언어는 단어, 구, 문장으로 구분되어 있지만 사실상 나누어질 수 없는 것이라고 전제한다. 왜냐하면 언어는 실제적인 발화에서 항상 동시적으로 제시되기 때문이다. 즉 총체적 언어에서 총체적(whole)이라고 하는 것은 각 부분들의 합 이상의 의미이고, 언어의 부분들은 전체 발화(whole utterance)내에서만 의미가 있다. 따라서 총체적 언어 접근법에서 언어 교육은 언어의 제 기능들이 서로 독립적으로 교수되고 학습되는 것이 아니라, 구어와 문어의 상호작용을 통해 통합적으로 이루어진다.

그리고 총체적 언어 접근법에서의 언어는 특정한 몇 사람들이 아닌 사회 구성원들이 모두 공유하는 것으로, 개인의 언어는 사회 구성원과의 상호작용을 통해 풍부해지고 다양해진다. 하지만 사회 구성원 각각의 언어가 모두 같은 것이 아니며 개인의 경험과 사고능력에 따라 달라지므로 언어는 개인적이면서 동시에 사회적인 것이라고 할 수 있다.

이러한 총체적 언어 접근법의 언어를 바라보는 관점은 부분보다 전체를 중시하며, 사회적 맥락에서의 자연스런 의사소통을 목표로 하는 학습자 중심적 교육 원리로 이어진다. 몇 가지 대표적인 교수·학습 원리를 정리하면 다음과 같다.

① 학습은 전체로부터 부분으로 진행된다.
학습자들은 커다란 그림을 먼저 볼 줄 알아야 세세한 사실을 더 잘 알 수 있다. 그래서 학습은 중심적인 주제에서 부분적인 의미나 내용으로, 상황적 맥락이 분명한 것에서 보다 추상적인 것으로, 친숙한 것에서 친숙하지 않은 것으로 진행된다.

② 학습은 다양한 언어 기능들이 서로 통합되어 이루어져야 한다.
총체적 언어교육은 구어와 문어가 통합된 상태를 말하는데, 한 언어 기능에 국한되는 것이 아니라 듣기, 말하기, 읽기, 쓰기가 통합적으로 교수될 때만 의미를 가진다. 따라서 언어 기능 간의 위계나 보편화된

계열이 존재하지 않으며, 각각의 언어 기능이 의사소통에서 필수적인 위치를 담당한다. 그리고 이러한 언어 기능은 단순히 통합된 것만이 아니라 실제적인 사용에 유용한 목적적·기능적인 것이어야 한다.

③ 학습은 학습자들을 위한 의미와 목적을 가져야 한다.

교실에서 학습되는 내용은 학습자가 현재 가지고 있는 경험에 기초해서 만들어져야 하고, 이것은 학습자의 동기를 유발시키는 유의미한 것이어야 한다. 따라서 교재는 흥미롭고 기능적이며, 학습자의 수준에 적절한 내용이 담긴 텍스트여야 한다. 이를 통해 학습자는 스스로 학습의 의미와 목표를 발견하게 되며 배운 것을 교실이 아닌 실제 발화에서도 사용할 수 있게 된다.

④ 학습은 의미 있는 사회적인 상호작용에 참여하는 동안 일어난다.

학습자들은 사회적 상호작용 속에서 언어를 학습하게 된다. 다른 사람과 의사소통을 하는 과정에서 자신의 언어를 수정·보완함으로써, 자신만의 언어를 만들어 간다. 결국 언어는 학습자 주위의 사회적 맥락과 밀접한 관계를 가지고 있으므로 교사는 자연스러운 의사소통이 가능한 사회적인 언어 환경을 마련해 주는 것이 중요하다

⑤ 학습은 학습자가 적극적으로 지식을 형성해 가는 것이므로, 수업은 학습자 중심이어야 한다.

학습의 목적은 스스로 학습 내용을 선택하고, 통제·계획하여 사회적 상황에서 자유롭게 말할 수 있게 하는 것에 있으며, 학습의 권리와 책임은 기본적으로 학습자에게 있다. 따라서 수업은 학습자들이 알고 있는 것으로부터 시작되고, 활동들은 학습자들이 흥미를 느끼는 것을 중심으로 이루어진다. 또한 교사는 학습자의 다양성을 인정하고 의견을 최대한 수렴하여 학습 내용과 시간을 구성한다.

⑥ 학습에서 교사는 학습자의 충실한 협력자와 보조자가 되어야 한다.

교사는 특정 내용을 학생에게 주입하는 상향식 지도(bottom-up processing) 대신 학습자들의 자연스러운 언어 발달을 도와주는 역할을 담당한다. 또한 학습자들의 배경과 경험을 고려하여 적합한 환경을 만들고, 의미 이해에 도움이 되는 흥미로운 활동을 준비하며 관찰과 격려를 아끼지 않아야 한다.

2.2 총체적 언어 접근법의 특징

총체적 언어 접근법의 몇 가지 특징을 전통적 언어 교수법과 비교하여 살펴보자.

첫째, 총체적 언어 접근법에서 언어는 의사소통의 필요에 따라 그 기능을 수행할 때 그 존재 가치와 참모습을 가지며, 기능 수행은 사회적 맥락 안에서 의미 있고 자연스러운 언어로 의미 교환과 상호작용을 할 때 이루어진다. 언어 사용 목적, 곧 의사소통을 중시하며 이것이 언어 교육의 시발점이 되어야 한다는 면에서는 최근의 의사소통 중심 교수법과 유사한 점이 많으나 총체적 언어 접근법에서는 언어를 가능한 한 나누지 않고 실제로 사용되는 자연스러운 형태 그대로 접근할 것을 강조한다. 이러한 특징은 구체적이고 개별적인 언어 기술을 향상시키는 데 초점을 둔 전통적 언어 교수법과 비교된다. 전통적 교수법에서는 각각의 언어 기술의 오류를 지적하여 교정해 주는데, 이는 학습자들의 자연스럽고 인지적인 의미 형성 과정을 방해하여 학습의 흥미와 동기를 잃어버리게 한다고 여긴다.

둘째, 총체적 언어 접근법은 학습자와 교사와의 유대관계를 중시하며 학습자들이 자신의 학습에 대해 주인의식과 책임감을 가지고 있다. 교사에 의해 학습시간과 내용이 구성되었던 전통적 교수법과는 달리, 학습자와 교사가 함께 주제와 내용을 결정한다. 학습 시간과 학습방법에도 학습자의 의견이 상당히 개입되어 융통성 있게 조절될 수 있다.

셋째, 총체적 언어 접근법은 협력 활동과 통합적인 학습을 위해 각종 정보 자료 및 시청각 매체, 그리고 실제 사물 등 다양한 자료를 교재로 활용한다. 이는 개별 활동과 교재와 유인물 등 제한된 자료만을 이용하던 전통적 교수법과는 차이를 보인다. 또한 학습이 교실 안에서만 이루어지는 것이 아니라 직접 언어를 경험할 수 있고, 적용할 수 있는 다양한 공간이 학습 공간으로 활용될 수 있는 것도 차이점 중 하나이다.

넷째, 총체적 언어 접근법은 전통적 교수법에서처럼 획일적이고 표준화된 기준을 통해 학습자들의 우위를 평가하지 않고, 학습 과정 중에 끊임없이 학습자를 관찰하여 총체적으로 평가한다. 여기서 평가는 학습자의 언어 학습에게 유용한 정보를 제공해 주는 것에 목적이 있으므로 교사는 학습자 지향적 평가를 하려고 노력한다.

다섯째, 총체적 언어 접근법은 학생들이 학습에서 하는 오류를 언어 능력 발전 과정의 당연한 순서로 인식하고, 그들의 실수를 수용해 준다. 이것은 전통적 교수법에서 학습자의 실수를 즉각적으로 교정해 주는 것과는 차이가 있다.

이상의 내용을 표를 나타내면 아래와 같다.

구분	총체적 언어 접근법	전통적 언어 교수법
학습 목적	• 언어를 통한 자연스러운 의사소통 능력 함양 • 전반적인 내용 이해 중심의 학습을 통한 부분적인 언어 기술의 습득 • 사회적 맥락의 상호작용 능력 향상	• 개인의 언어 기술의 향상
교수 · 학습 방법	• 학습자 중심으로 학습 내용이 구성됨 • 학습자들의 필요에 맞게 학습 계획이 수정될 수 있으며, 그들에게 유의미한 활동을 선택함	• 교사에 의해 학습 내용이 결정됨 • 학습 계획이 고정되어 있음 • 교사중심의 일방적인 지도 • 개별적인 언어 기능을 교수함

• 학습자와 교사의 긴밀한 의사소통을 통한 공생적 교수·학습 • 다양한 언어 기능들을 통합하여 교수함 • 교실이외의 다른 곳도 학습의 장소로 이용됨 • 다양한 학습 자료의 활용 • 학습자 지향적인 평가 • 실수의 수용	• 교실 내에서 학습함. • 제한된 자료 사용 • 표준적 기준을 적용한 상대 평가 • 실수의 즉각적인 교정

3. 총체적 언어 접근법의 실제

3.1 수업 절차

총체적 언어 접근법의 가장 큰 특징은 억지스럽고 부자연스러운 주입 중심의 외국어 교육을 지양하고 학생들이 스스로 학습의 필요를 느끼고, 목적을 가지고 의사소통하는 수업을 추구한다는 점이다. 따라서 이 언어 접근법에서의 수업은 학습자들의 자연적이며 자발적으로 언어의 전체적인 흐름과 내용 이해를 한 후, 세부적이고 구체적인 학습을 하도록 구성되어 있다. 그리고 학습한 내용을 실제 상황에서 적용시켜 봄으로써 학습자 자신의 확실한 의사소통 능력 기술로 만드는 단계를 거친다.

이같은 총체적 언어 접근법의 수업절차를 정리하면 추측단계, 이해·연습 단계, 활용 단계 3가지로 나누어 볼 수 있다. 첫 번째, 추측 단계는 학습자가 시각·청각 자료를 통해서 언어 상황을 추측하는 단계로 교사는 그림이나 비디오, 실물을 보여 주고 상황과 말의 의미를 이해하게 하는 단계이다. 예를 들어 교사는 학습자들에게 생일 축하 노래를 들려 주면서 학습자 스스로 오늘 학습할 내용이 생일에 관한 것임을 추측하게 한다.

두 번째, 이해·연습 단계는 교사의 지도하에 학습할 내용의 전체적인 의미를 파악하는 단계로 학습할 내용의 의미에 대한 이해가 끝난 후에는 그룹을 지어 다른 학습자들과 주요 문형을 연습해 보는 단계이다.

마지막 단계인 활용 단계는 학습한 내용을 다른 상황에 적용시키는 단계로 학습자들에게 보다 의미 있는 활동으로 이루어진다. 예를 들어 교사는 배운 문형으로 역할극, 노래 만들기, 게임, 모국어 화자와 직접 대화하기 등의 활동을 통해서 학습자들이 그 문형을 실제 상황에서 자연스럽게 사용하도록 유도한다.

3.2 교수 · 학습의 활동 유형

총체적 언어 접근법의 활동 유형은 친숙해지기(Getting-to-Know you), 집단 협동 학습, 문화 이해 학습, 읽기 · 쓰기 학습, 내용 중심적 학습 등으로 구분되며 그와 관련된 세부적이며, 구체적인 활동들은 매우 다양하게 이루어진다. 그러므로 교사는 실제적인 자료나 학습자의 자유로운 의사소통을 위한 여러 가지 활동 자료를 만들어서 자유롭게 활용할 수 있다. 총체적 언어 접근법의 대표적인 활동 유형을 정리한다.

① 개인 정보 알아보기
이 활동은 수업시간에 학습자들의 서로에 대해 친숙해지도록 유도하는 것인데, 의사소통을 중요시 하는 총체적 언어 접근법에서 학급 구성원에 대한 정보를 아는 것은 학습에 도움을 준다. 먼저 질문에 담긴 표를 학습자들에게 나눠 주고 제한시간에 표를 완성하도록 한다. 이러한 면담식 조사 활동은 하나의 과제수행형 학습 활동으로 학습자의 수준과 학습 내용에 맞게 응용할 수 있다.

② 보고 듣기(Look and Listen)
이 활동은 추측하기 단계에 해당하는 것으로 먼저 그림이나 자료

화면을 보면서 내용에 대한 호기심을 가지고 대화문을 들어보는 활동이다. 이 때 듣는 내용을 빠짐없이 모두 들어야 한다는 생각을 가지지 말고, 전체적인 상황과 맥락을 먼저 파악하여 대화의 내용을 전체적으로 이해하는 데 역점을 두도록 지도한다. 한 단어라도 빠짐없이 들으려고 하는 데서 오는 부담감을 최소화시키도록 하고, 해당 언어의 자연스러운 억양과 리듬에 익숙해지도록 유의한다.

③ 듣고 따라하기(Listen and Repeat)

이 활동은 '보고 듣기' 활동에 이어 내용·연습 단계에 적용해 볼 수 있는 활동이다. '보고 듣기' 단계에서 제시된 대화문을 보다 구체적인 사항으로 세분화하여 어휘나 문장 단위로 제시하고 교사의 말을 따라하게 한다. 학습자들은 직접 발음을 따라 해 보면서 해당 언어의 발음과 억양, 리듬에 대해 좀 더 친숙해지고 주의 깊게 들을 수 있는 바탕이 된다.

이 활동은 가장 초보단계의 발화 활동에 해당되는 것인데, 수업 중에 교사는 수동적이고 정적인 학습이 되지 않고 능동적이고 동적인 학습이 될 수 있도록 주의한다.

④ 조각 이야기 맞추기(jigsaw story)

이 활동은 고급 단계의 학습자에게 적용할 수 있는 활동인데, 3-4 그룹으로 나누어 각 그룹마다 잘려진 이야기 한 세트를 나누어주고, 적절한 순서로 맞추어 이야기를 재구성하게 한다. 이야기가 완성되면 그룹마다 서로 비교해 보고, 앞에서 발표도 한다. 또한 이야기가 올바르게 재구성되었다고 판단되면 제목을 붙이고 주인공을 정해 역할극을 해볼 수도 있다.

⑤ 노래 배우기

이 활동은 해당 언어에 대한 두려움을 줄여주고 자연스러운 언어

습득을 도와준다. 언어 특유의 리듬에 맞춰서 노래해 봄으로써 활동 자체에 재미를 느끼고, 중요한 단어나 표현을 반복적으로 발화하여 익히는 활동이다. 학습자들은 녹음 테이프를 통해서 노래에 익숙해진 후, 교사와 함께 직접 소리내며 해 보도록 한다. 전체가 박수를 치거나, 율동을 하면서 노래를 하고 남녀별, 소집단별의 순서로 노래를 연습한다. 또한 노래에 학습한 표현이 들어가 하나의 의사소통 상황을 연습할 수 있도록 하면 학습 효과를 극대화할 수 있다.

⑥ 게임하기

언어 학습에서 게임은 단순한 기분 전환을 위한 오락이 아니라 게임을 하는 동안에 해당언어를 사용하도록 만들기 때문에 유창성을 기르는 데 도움이 된다. 게임과 놀이는 실제 의사소통 상황에서처럼 의견 조정, 설득하기, 주장하기 등의 언어 기술을 이용하기 때문에 다른 언어 수업에 비해 의사소통 활동이 적극적으로 일어난다. 게임은 빙고게임, 단어 설명하고 맞추기, 스무고개 등 학습자의 흥미를 유발시키는 다양한 유형이 적용될 수 있다.

3.3 현장 적용시 유의점

총체적 언어 접근법을 이용하여 교수할 때 유의해야 할 점을 학습 내용과 교수방법, 학습 환경 등 3가지로 나누어 살펴보자.

첫째, 총체적 언어 접근법에서의 궁극적인 목적은 학습자가 교실 이외의 실제 발화 환경에서 통용될 수 있는 의사소통 기능을 학습하도록 하는 것에 있으므로, 학습 내용이 실제적인 학습 자료와 학습 활동으로 이루어져야 한다. 교사는 생활 주변에서 매일 접할 수 있는 교통 신호나, TV의 광고 등 실제 생활과 관련이 있는 제시문을 제공하며, 학습자들이 교실 상황에서도 실제 생활을 하는 것처럼 의사소통 할 수 있도록 도와주어야 한다. 또한 언어의 4가지 기능인 읽기, 말하기, 듣기, 쓰기가 따로 독립된 별개의 기능이 아닌 통합된 기능을 담당하도록 학습 내용을 구성해야 한다.

둘째, 총체적 언어 학습을 교수할 때 교수 방법 및 교사가 유의해야 할 점이다. 교사는 적절한 제시문을 정확하게 읽어 학생들이 듣게 한 후 전체적인 의미를 파악하도록 도와주어야 한다. 현장에서 학습자는 규칙적인 기본 원리로 좋은 제시문을 들을 필요가 있다. 소리를 듣는 것은 학습자들로 하여금 흥미를 느끼게 해 주며 언어 사용 능력을 증진시키는 데에 도움을 주기 때문이다.

그리고 학습 상황에서 학습자들의 언어 능력과 사고방식에 허용적인 분위기를 제공해야 한다. 실수를 즉각적으로 교정하여 학습자들이 의욕을 상실하도록 하지 말고, 실수에 대해 부드러운 반응을 보인다. 그리고 학습자가 언어 규칙 형성을 하도록 시도하며, 실수를 하며 언어를 배우게 된다는 것을 강조하고 친절하게 여러 번 수정해 준다. 이 때 학습자들을 성적별로 분류하거나 등급을 매기지 않도록 주의한다. 또한 수업은 특정한 기술을 획득하는 데 주력하기 보다는 주제나 화제에 중심을 두는 것이 좋다. 이를 위해 학습자들이 다른 구성원들과 협동적이고 조화로운 분위기를 형성할 수 있도록 성적이 비슷한 학생들이 아닌 흥미가 같은 학습자들을 소그룹으로 구성해 준다.

셋째, 총체적 언어 교수법을 적용할 때, 교실 환경은 학습을 촉진시키는 전략이 되어야 한다. 교실이 학생들과 교사의 솜씨로 보기 좋고 편안하게 꾸며지면 학습자들이 안락하고 생산적으로 학습하는 공동체의 분위기를 느끼게 된다. 그리고 학습에 도움이 되는 책과 신문, 잡지, 비디오 등 다양한 자료가 충분히 구비되어 있고, 방해 없이 책을 읽거나 음악을 듣거나, 비디오를 볼 수 있는 공간이 마련되어 있는 것이 좋다. 이 때 교사는 이러한 환경이 충분히 활용될 수 있도록 적절한 기회를 제공해야 한다.

4. 한국어 교육에서의 적용

4.1 총체적 언어 접근법을 적용한 수업 모형

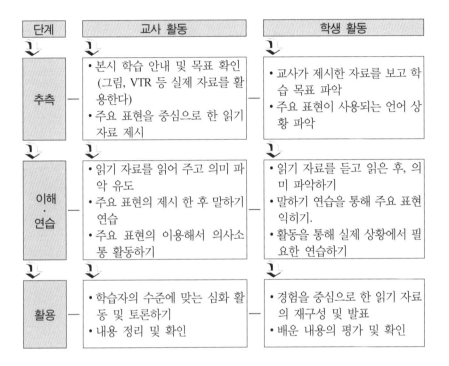

단계	교사 활동	학생 활동
추측	• 본시 학습 안내 및 목표 확인 (그림, VTR 등 실제 자료를 활용한다) • 주요 표현을 중심으로 한 읽기 자료 제시	• 교사가 제시한 자료를 보고 학습 목표 파악 • 주요 표현이 사용되는 언어 상황 파악
이해 · 연습	• 읽기 자료를 읽어 주고 의미 파악 유도 • 주요 표현의 제시 한 후 말하기 연습 • 주요 표현의 이용해서 의사소통 활동하기	• 읽기 자료를 듣고 읽은 후, 의미 파악하기 • 말하기 연습을 통해 주요 표현 익히기. • 활동을 통해 실제 상황에서 필요한 연습하기
활용	• 학습자의 수준에 맞는 심화 활동 및 토론하기 • 내용 정리 및 확인	• 경험을 중심으로 한 읽기 자료의 재구성 및 발표 • 배운 내용의 평가 및 확인

4.2 총체적 언어 접근법을 적용한 지도안

학습 목표	날씨에 관한 제시문을 이해하고 날씨를 묻고 대답할 수 있다.
주요 학습 내용	1) 문형 : N이/가 어떻습니까?, Vst+지 않다. 2) 어휘 : 춥다/덥다/따뜻하다/시원하다
학습자 정보	다양한 국적의 초급 학습자
수업 소요 시간	약 1시간 (수업 상황에 따라 변동 가능)

구분 (시간)	과정	교수·학습 활동	유의점	준비물
추측 (7분)	인사 및 복습 동기 유발	T: 여러분, 안녕하세요. S: 선생님, 안녕하세요. T: (S1을 보며) S1씨, 어제 무엇을 했습니까? S1: 다나카 씨하고 비빔밥을 먹었어요. T: 그 비빔밥은 맛있어요? S1: 조금 매웠지만 아주 맛있어요. T: 네! 잘 했어요. 지난 시간에 우리는 '맛' 에 대해 공부했어요. 어제 배운 '맛있는 한국음식'이라는 노래를 같이 한번 불러 볼까요? S: 네! (어제 배운 테이프를 들으면서 같이 노래 부른다) T: 아주 잘 했어요. 이 음식이 무엇인지 알아 요? S2: 네! 냉면이에요. T: 네, 맞아요. 이 음식은 (겨울과 여름 사진 을 들고) 언제 먹을까요? S3: (손으로 여름 사진을 가리키며) 더워요. 이 때 먹어요. T: 네, 맞아요. 한국 사람들은 더울 때 냉면 을 먹어요. 이번 시간에는 날씨에 관한 이야기를 배 울 거예요. 준비됐어요? S: 네!	사진은 학생 들의 흥미를 끌만한 것으 로 준비한다.	카세트 사진 : 냉면 겨울 여름
제시 (10분)	보고 듣기 Look and Listen	T: (교과서에 삽입된 그림을 보면서) 그림을 보세요. 무슨 이야기인 것 같아 요? S: 여자 고향은.. 춥다.. 남자 고향은 안.. 춥 다... T: 네, 잘 했어요. 지금부터 카세트에서 나오 는 대화를 잘 들어보세요.	학생들이 언 어 상황을 자 유롭게 짐작 하도록 도와 준다.	교재의 그림 대화가 녹음된 테이프

<table>
<tr><td colspan="2"></td><td>

[교과서 대화]
왕영: 존슨 씨, 고향이 어디예요?
존슨: 제 고향은 미국이에요.
왕영: 미국은 날씨가 어때요? 추워요?
존슨: 요즘 미국은 춥지 않아요. 따뜻해요.
　　　왕영 씨는 고향이 어디예요?
왕영: 제 고향은 중국이에요.
존슨: 중국은 날씨가 어때요?
왕영: 요즘 중국은 덥습니다.

T:　존슨 씨 고향은 어디입니까?
S2:　미국입니다.
T:　미국은 날씨가 춥습니까?
S4:　아니요, 안 추워요. 따뜻합니다.
T:　왕영 씨 고향 날씨는 어떻습니까?
S1:　덥습니다.
T:　잘 했어요. 잘 들었어요.

</td><td></td><td></td></tr>
<tr>
<td>연습
(15분)</td>
<td>어휘와
문형
익히기

듣고
따라하
기

Listen
and
Repeat</td>
<td>

T:　그럼, 지금부터 단어와 문장에 대해 공부
　　해 봅시다.
S:　네!
T:　고향이 무엇입니까?
S:　내가 아이 때부터 자란 곳이에요.
T:　네, 고향은 여러분이 태어난 곳이에요.
　　선생님 고향은 한국, 부산이에요.
　　쏘냐 씨의 고향은 어디예요?
S4:　러시아예요.
T:　네, 잘했어요.
　　그럼, 여러분 친구의 고향 날씨를 알고 싶
　　어요.
　　어떻게 질문할까요?
S2:　고향 날씨가 어떻습니까?
T:　잘 했어요. 그럼 사진을 보고 어떤 날씨인
　　지 생각하세요.
　　(각각의 날씨 사진을 보여주며)
　　날씨가 어떻습니까?

</td>
<td>

학생들이 필
요로 하는 단
어와 문법을
더 확장해도
좋다

문장은 판서
나 카드를 통
해 제시한다.

교사는 '듣고
따라하기'가
수동적이고

</td>
<td>

단어
카드

문형
카드

사진

</td>
</tr>
</table>

		S:	(제스처로) 추..워..요..	지루해지지	
		T:	(사진을 뒤로 돌리면 단어가 적혀있다)	않도록 주의	
			네, 춥다! 춥습니다.	한다.	
			* 이와 같은 방법으로 필요한 문형과 단어를		
			공부한다.		
			(춥다/덥다/시원하다/따뜻하다/날씨가 좋다, 나		
			쁘다)		
		T:	자, 지금부터는 교과서를 보면서 다시 한		
			번 대화문을 들으세요.		
		S:	네!		
		T:	잘 들었죠? 그럼 선생님과 같이 대화문을		
			읽어봅시다.		
			선생님이 읽으면 따라 읽으세요.		
		S:	네!		
		T:	이번에는 남학생들은 존슨, 여학생들은		
			왕영 씨를 해 봅시다.		
		S:	네!		
활용	인터뷰	T:	자, 지금부터는 오늘 배운 문형을 친구들	말하기 듣기	인터뷰
(20분)			에게 물어보는 시간이에요. 여기 인터뷰	수업이 자연	를 위한
			해야 하는 질문지가 있어요. 친구의 고향	스러운 쓰기	질문지
			과 요즘 고향의 날씨를 알아오세요.	로 이어지도	
		S1:	우리 반 친구 모두에게 해요?	록 한다.	
		T::	같은 그룹에 있는 친구들 5명에게 물어보		
			세요.		
			(학생들 서로 서로 질문한다)		
		S1:	고향이 어디입니까?		
			요즘 고향 날씨가 어떻습니까?		
		S2:	날씨가 춥습니다.		
			(학생들이 질문이 다 끝나면)		
		T:	친구들의 고향과 그 고향의 요즘 날씨를		
			알았어요?		
		S:	네!		
		T:	자, 그럼 종이에 친구들의 고향과 날씨에		
			대해 글을 써 봅시다.		

		S:	제 고향과 날씨도 씁니까?		
		T:	네, 여러분 고향 날씨도 쓰세요.		
			(학생들은 글을 쓴다)		
		T:	누가 한번 발표해 볼까요? 네! 유카 씨가 해보세요.		
		S:	제 고향은 일본 홋카이도입니다. 홋카이도는 요즘 춥습니다. 마이클 씨의 고향은 호주입니다. 호주는 지금 춥지 않습니다. 덥습니다. 안젤라 씨의 고향은….		
		T:	네! 잘 했어요.		
정리 (8분)	평가 및 다음 차시 예고	T:	자 이번 수업은 친구의 고향에 대한 날씨 말하기를 배웠어요. 날씨를 물어볼 때 뭐라고 해요?		
		S3:	날씨가 어떻습니까?		
		T:	네, 좋아요. 스미스 씨 오늘 날씨가 어떻습니까? 춥습니까?		
		S4:	음.. 조금 춥지만 좋습니다.		
		T:	네, 잘 했어요. 다음 시간에는 더 다양한 날씨 표현에 대해 알아보고 여러분 나라의 지금의 날씨를 세계지도에 표시하려고 해요.		
		S:	와! 그럼 지금 우리나라의 날씨를 찾아봐야겠어요!		
		T:	네, 맞아요. 여러분 나라의 날씨를 알아오고, 재미있는 사진도 한 장씩 준비하세요. 지도에 붙일 거예요. 재미있겠죠?		
		S:	네!		
		T:	그럼 다음 시간에 만나요.		
		S:	네! 선생님, 감사합니다.		

과제 중심 교수법
(Task-based Approach)

과제 중심 교수법(Task-based Approach)은 의사소통 중심 언어교수법의 중요한 한 갈래로서 교사에 의한 교육보다는 학습자가 학습과정에서 과제(task)를 수행하게 하여 체험적인 학습을 유도하는 교수방법이다. 학습자에게 주어지는 과제는 실생활과 관련이 있으며 유의미한 과업을 통하여 언어학습에 도움이 되도록 하는 시도라고 볼 수 있다. 따라서 이 교수법은 수업의 결과보다는 과제수행 자체를 더욱 중요시한다. 과제 수행 과정에서 학습자들은 서로 의사소통을 하면서 협력적으로 과제를 해결한다. 이를 위해 잘 고안된 과제 제시가 매우 중요하며 교사는 학생들이 과제를 제대로 해결할 수 있도록 도와주는 역할을 담당한다.

1. 과제 중심 교수법의 이론적 배경

과제 중심 교수법은 언어의 구조와 형태보다 의미와 의사전달 기능에 중점을 두는 의사소통 중심 언어교수법(communicative Language Teaching)의 한 갈래이다. 따라서 언어 학습이 교사에 의한 일방적인 지도로 이루어지기보다는 학습자 개개인이 겪는 시행착오를 통해 창조적으로 이루어진다고 본다. 또한 학습자들이 서로 협력적으로 상호작용을 하면서 학습을 진행하는 과정이 학습에 긍정적인 역할을 한다고 본다. 이와 같이 과제 중심 교수법은 최근의 언어교수 접근법인 학습자 중심 접근 방법(learner-centered approach)의 이론적 원리라 할 수 있는 차별화와 상호의존적인 학습자 개념을 반영하고 있다.

과제 중심 교수법에서 학습 내용은 학습 목표 언어의 형태나 구조와 같은 언어 요소를 중심으로 조직하는 것이 아니라 목표 언어를 사용하여 달성해야 할 과제를 중심으로 조직하게 된다. 과제는 학습자가 가지고 있는 배경 지식과 경험을 고려하여 구성하며 학습자가 무난히 수행해 낼 수 있을 정도로 복잡한 과제가 부과되어야 한다.

과제 중심 교수법은 언어를 의미 표현의 수단으로 본다. 따라서 이 교수법에서 형태보다는 의미를 더 중요시한다. 과제를 수행하기 위해서는 학습자들이 대화를 통해 협의를 하는 과정이 필수적으로 수반되므로 의미의 교환이 일차적인 수단이 된다. 이 대화 과정에서 형태 학습이 이루어진다고 본다.

과제 중심 교수법에서는 학습자가 과제를 수행할 때 언어를 실제 목적을 위해 유의미하게 사용하도록 하는데 그 과정에서 학습자가 겪는 경험을 학습의 일환으로 본다. 학습자는 대화 과정에서 자신의 의사를 정확하게 전달하기 위하여 자신의 표현을 수정하거나 다른 표현으로 바꾸기도 하고 때에 따라서는 대화 상대방과 의미협상을 하기도 한다. 이렇게 의미를 입출력하고 의미협상을 하는 과정을 통해 학습자는 정보 전달을 연습하게 되는 것이다. 과제 중심 교수법에서는 이와 같이 학습자가 정보 전달 행위를 실행하는 과정에서 여러 가지 시행착오를 거치면서 능동적으로 학습이 이루어진다고 본다. 따라서 이 교수법에서 제시하는 과제는 매우 중요한 의미를 가진다.

학습자에게 부여되는 과제는 학습자가 수행하기에 버겁지 않을 정도의 복잡성을 가지는 것이 바람직하다. 지나치게 간단하고 쉽거나 도저히 감당할 수 없을 정도로 고난도의 과제는 학습자에게 좌절감과 지루함을 주어 새로운 학습에 대한 동기부여를 할 수 없기 때문이다. 따라서 적당히 어려운 과제를 제시하여 학습자에게 성취감을 주고 새로운 학습에 대한 동기를 부여하도록 하는 것이 중요하다. 과제는 학습자들의 흥미를 끌 수 있도록 실생활과 연관되어 있어야 하고 학습자가 자신의 경험을 토대로 해결할 수 있는 것으로 구성하면 동기유발에 큰 도움이 된다.

2. 과제 중심 교수법의 원리와 특징

2.1 과제 중심 교수법의 원리

과제 중심 교수법은 과제 수행을 통해 목표 언어를 사용하여 언어를 학습하게 하는 방법이다. 즉, 의사소통이 포함된 활동이 언어 학습의 기본이 되어야 하고, 유의미한 과제를 수행하기 위하여 언어를 사용하는 활동을 하게 되면 학습이 증진된다는 원리이다. 따라서 과제 중심 교수법에서는 목표 언어를 사용하도록 하는 과제를 제시하는 것이 중요하다.

과제는 학습자가 일정한 결과를 만들어내기 위하여 의사소통을 목적으로 외국어를 사용하는 활동을 의미한다. 과제 수행을 통한 언어학습은 궁극적으로 학습자의 개별학습을 목적으로 한다. 수업에서 제시되는 과제 해결은 짝활동이나 그룹활동의 형태로 해결할 수 있으나 학습자 개개인의 필요에 의한 과제가 되어야 한다. 그러므로 과제를 구성하기 전에 학습자가 일상생활에서 필요로 하는 것에 대한 조사가 조심스럽고 심도있게 이루어져야 하며 그 정보를 바탕으로 과제가 구성되어야 한다.

과제의 종류는 크게 교육적 과제(pedagogical task)와 실제적 과제(real-world task)로 나뉜다. 교육적 과제는 제2언어 습득에서 심리언어학적 근거로 제시되는 것으로 실생활과는 꼭 연결되는 것은 아니다. 그에 반하여 실제적 과제는 학습자의 요구분석(needs analysis)에 의해 분석된 것으로 실생활에서도 중요한 과제들이다.

　과제 중심 교수법이 소기의 성과를 얻는 것에 가장 걸림돌이 되는 것은 과제의 난이도에 대한 판단이다. 가장 효과적인 과제는 학습자가 약간 어렵다고 느끼는 정도의 것이어야 한다. 그러나 표준화된 기준이 없기 때문에 과제의 난이도 결정은 매우 어렵다. Honeyfield는 다음과 같은 내용을 난이도 판단 기준으로 제시한다.

① 과제 진행 절차의 복잡성 정도
② 입력자료의 수준
③ 출력자료의 형태와 수준 : 언어항목, 기능, 내용, 대화 전략 등등
④ 도움말의 양과 유형
⑤ 교사와 학습자의 역할 비중
⑥ 과제 수행 제한 시간
⑦ 동기
⑧ 학습자의 자신감
⑨ 학습 유형

　과제 중심 교수법은 학습자의 능동적인 학습참여가 절대적으로 필요하다. 그러나 겉으로 드러나지 않으나 교사의 역할 또한 대단히 중요하다. 과제 중심 교수법을 이끌어가는 교사는 과제를 선택하고 배열하는 역할을 수행해야 한다. 또한 그 과제를 학습자에게 제시하여 학습자가 제대로 수행할 수 있도록 준비를 시켜야 한다. 그리고 학습자가 과제를 수행하는 과정에서 사용하고 접하는 언어에 대한 주의를 환기시키는 역할도 담당한다.

　과제 중심 교수법은 과제 수행 과정을 통해 학습자 개개인이 스스로 학습하도록 유도하는 개별학습, 자학자습의 수업방식이다. 그러나 과제 수행은 짝활동(pair work), 그룹활동(group work)으로 진행되는

경우가 많아서 학습자 상호간의 의견 조정이 매우 중요하다. 따라서 과제 중심 교수법을 실시할 때 학습자들이 상호 존중과 배려의 원칙을 지키는 것이 필요하다. 이를 위해서 학습자는 과제를 완수하는 것이 학습의 목표가 아니라 과제 수행 과정 자체가 학습하는 방법이라는 것을 이해할 필요가 있다. 따라서 학습자는 과제 수행에서 언어가 어떻게 사용되는가를 관찰하고 스스로 감시할 수 있어야 한다. 또한 학습자 스스로가 과제 수행을 위하여 자신의 언어능력을 최대한 발휘하여 새로운 표현을 통해 의미를 전달하는 실험을 실시하도록 노력해야 한다.

이러한 과제 중심 교수법에서 학습자들은 학습자들과의 상호작용을 해 나가도록 되어 있다. 다른 학습자들과 함께 활동을 진행하면 학습자들은 진정한 의미의 의사소통을 하면서 지루하지 않게 같은 형태의 질문이나 대답을 반복 연습할 수 있게 된다. 교사가 전체 학생을 대상으로 질문하고 대답하는 것보다 학생들이 짝이나 그룹으로 활동하면 학생들 개개인은 언어 연습 기회를 더 많이 갖게 된다. 또한 학습자들은 자신의 학습과정에 참여하게 되므로 그 학습에 대하여 책임감을 가지며 그만큼 학습 성취도가 향상될 수 있다.

2.2 과제 중심 교수법의 특징

과제 중심 교수법에서 중요한 것은 '목표 언어의 개별 구조를 어느 정도까지 교육할 것인가'와 '어떻게 가르쳐야 학습자 개개인에게 고루 적용이 될 것인가'에 관한 것이다. 이것은 학습자들을 위한 수업계획과 관련되는 것인데 모든 학습자들을 위한 계획을 어느 정도까지 세워야 하며 학습자의 차이를 고려하기 위하여 어느 정도까지 자세하게 안내해야 하는가의 문제인 것이다. 이에 대한 명시적인 기준은 아직 제시된 것이 없다. 교사가 이러한 점에 고민하며 과제를 구성하고 학습자들에 의해 그 과제가 수행된다고 해도 과제 수행 결과는 학습자들마다 다를 수밖에 없다. 과제 수행의 결과가 이렇게 다양한 것은 학습자, 과제, 과제 수행의 상황이 요인이 될 것이나 이에 대해 교사는 미리 예측할 수 없기 때문이다. 예를 들면, 과제의 유형이 특정한 학습자의 성향과 배치될 수도 있고 과제가 학습자에게 요구하는 수행 생겨날 수도 있기 때문이다. 따라서 학습자에게 교사가 제시하는 언어학습 과제가 얼마나 의미있게 해석되느냐에 따라 과제 수행의 결과가 달라질 수 있는 것이다.

과제 중심 교수법에서 교사는 학습자의 과제 수행을 촉진하는 자(facilitator)로서 항상 학습을 위한 주요 조건을 잘 유지하여야 한다. 과제 수행의 각 단계에서 교사의 역할은 매우 중요하다. 과제 전 단계에서는 교사가 미리 구성한 과제를 학습자가 잘 이해할 수 있게 전달하여야 한다. 즉, 안내자의 역할을 잘 수행하여야 하는 것이다. 과제 단계에서는 과제의 목표에 따라 학습자들이 능동적으로 과제 수행에 참여하도록 독려하여야 한다. 과제 후 단계에서는 언어의 형식에 초점을 두어 언어 안내자(language guide)로서의 역할을 해야 한다.

다음은 과제 중심 교수법의 주요 특징이다(Feeze, Nunan, Willis).

① 수업의 초점을 결과의 산출에 두지 않고 학습의 과정에 둔다.
② 수업의 기본 요소는 다양한 활동 혹은 과제로서, 여기에 참여한 학생들은 개개인의 과제를 하기 위하여 유의미한 상호작용 및 의사소통을 통하여 결과를 산출한다.
③ 학습에 사용되는 과제는 실제 생활에서 성취할 수 있는 것이어야 하며 그와 동시에 교육적인 목적을 가지고 있어야 한다.
④ 과제 중심 교수법에 근거한 교육과정 혹은 교수요목은 난이도에 따라 조절된다. 이때 과제의 난이도에 영향을 주는 요소는 과제의 복잡성, 과제 수행에 필요한 언어 수준, 도움을 받을 수 있는

정도 등이 있다.

⑤ 학습의 대부분이 짝 활동, 그룹 활동으로 이루어진다. 그룹별로 활동을 하게 하면 진정한 의미의 언어사용을 할 수 있는 이유를 제공해 줄 수 있을 뿐만 아니라 언어 연습의 경우에도 학생들이 같은 형태의 질문이나 대답을 반복하는 것에 대한 이유를 제공해 줄 수 있다.

⑥ 교사가 전체 학생을 대상으로 질문하고 대답하는 것보다 학생들이 그룹별로 질문하고 대답하게 하면 학생들 개개인의 언어 연습 기회가 훨씬 많아진다.

⑦ 과제 중심 교수법에서 교사는 충고자(advisor), 촉진자(facilitator)로서 학습을 위해 필요한 조건을 유지시킨다.

⑧ 학생은 학습 과정에 능동적으로 참여하며, 교사와 협의하여 배우고 있는 과정의 교수요목을 결정하기도 하고, 학습 자료의 선정에 관여하여 자신의 진도에 따라서 공부할 수도 있으며, 적절한 학습 전략을 충분히 검토하여 선정하기도 한다.

⑨ 언어 학습은 종합적인 방법으로 습득된다고 본다.

⑩ 과제 수행 중 발생하는 오류는 의사소통에 방해가 될 때에만 지적한다.

⑪ 과제 중심 교수법에서는 언어를 문맥 속에서 파악하고자 하며 사회언어학적 능력에 주목한다.

⑫ 교실 환경은 학습자들의 상호작용을 돕도록 설계되어야 한다. 책상은 그룹활동을 할 수 있도록 배치되어야 하며 학습자들은 서로를 바라볼 수 있는 자리에 앉아야 한다.

이러한 특징을 가지는 과제 중심 교수법은 무엇보다 학습자 스스로가 과제를 선택하고 과제수행에 능동적으로 참여함으로써 학습에 대한 동기 유발이 용이하다는 장점이 있다. 또한 학습자의 연령, 배경에 상관없이 여러 계층의 학습자에게 광범위하게 적용할 수 있다는 점도 긍정적으로 평가할 수 있다. 또한 학습자들이 실제적인 과제를 수행하면서 언어와 함께 문화적이고 인지적인 삶의 기술 등을 배우는 데도 유용하다. 그러나 과제 중심 교수법은 전통적인 언어학습 형태에 익숙한 학습자들에게는 적용하는 데 어려움이 따른다. 또한 지나치게 다른 배경을 가진 학습자들이 함께 과제를 수행하는 데도 어려움이 있다.

3. 과제 중심 교수법의 실제

3.1 수업 절차

과제 중심 교수법의 수업 절차는 주제와 과제를 소개하는 과제 전 단계, 학생들의 과제수행일 이루어지는 과제 수행 단계, 과제 수행의 결과를 보고하고 중요 표현을 배우고 익히는 과제 후 단계로 나뉜다.

3.1.1 과제 전 단계

교사는 과제의 목표와 주제를 설명하고 유용한 단어와 구를 설명하고 학습자들은 과제 수행 방법을 모색하는 단계이다. 이를 위해 교사는 과제의 목표와 주제와 관련된 개인적인 경험을 이야기하거나 마임으로 보여주어 학습자에게 주제를 제시한다. 주제를 이해한 학습자들은 교사와 함께 주제와 관련된 자신의 경험을 이야기하면서 과제의 목표를 구체적으로 인식한다. 그 후, 과제 수행을 위한 방법에 대해 논의한다. 이때 교사는 과제 수행을 위해 필요한 단어나 구를 미리 안내해 준다.

3.1.2 과제 수행 단계

학습자들이 짝이나 그룹으로 과제를 수행한다. 이 단계에서는 과제를 수행하기 위한 계획 세우기, 그룹으로 나뉘어 과제 수행하기, 결과를 기록하여 발표하기와 같은 활동이 이루어진다. 이때 교사는 학습자들이 목표어로 의사소통을 하도록 학습자들의 동기를 촉진시키고 집단별 과제수행을 모니터하며 어려움을 겪고 있는 집단에 대해서는 도움을 주어 문제를 원만히 해결하도록 도와주는 역할을 하게 된다.

3.1.3 과제 후 단계

학습자들은 다른 학습자들의 과제수행 발표를 들으며 자신의 방법과 비교하고 반성한다. 이때 학습자들은 자기 평가 및 조별 평가를 실시하게 된다. 교사는 과제 수행 중 많이 사용된 단어나 구를 정리하여 주고 이후의 과제 활동을 위하여 과제 수행에 필요한 표현 정리 및 결과를 확인한다. 또는 과제를 하면서 사용했던 언어 재료나 녹음 재료를 가지고 언어적 특면에서 학습을 실시하기도 한다.

3.2 교수 · 학습의 활동 유형

과제 중심 교수법에서 학습 활동은 과제 수행 활동이다. 따라서 활동의 유형을 알아보기 위해서는 과제의 유형을 정리할 필요가 있다. 다음은 Willis, Pattison이 제시한 과제의 유형이다.

3.2.1 Willis의 과제 유형

① 열거하기(listing)
학습자가 자신의 지식이나 경험을 바탕으로 짝이나 그룹 활동을 통

해 브레인스토밍(brainstorming)하기, 다른 사람에게 묻거나 책을 참고로 하여 사실 찾아내기 등의 활동이 포함된다.

② 순서 맞추기와 분류하기(ordering & sorting)
논리적, 시대적으로 어떤 행동이나 사건의 차례 정하기(sequencing), 개인적인 가치나 특정 기준에 따라 순위 정하기(ranking), 주어진 주제별로 분류하기(categorizing), 각기 다른 방법으로 범주를 주지 않고 분류하기(classifying)

③ 비교하기(comparing)
비슷한 의미를 가지는 정보를 가지고 비교하여 유사점과 차이점을 발견하기

④ 문제해결하기(problem solving)
지적 추론 능력을 이용하여 논리적인 문제에 대한 퍼즐이나 실생활과 관련된 문제의 해결책을 찾는 활동

⑤ 경험 이야기하기(sharing personal experience)
학습자에게 그들 자신, 또는 경험에 대해 자유롭게 이야기할 수 있도록 격려하는 활동, 특정한 학습목표를 설정하지 않는 활동이다.

⑥ 창의적인 과제(creative task)
프로젝트(project)라고 부르기도 한다. 학습자들이 자유로운 분위기에서 실생활에서 일어나는 일을 모의로 경험하게 하는 활동이다. 이러한 과제를 수행하기 위해 종종 교실 밖에서 활동이 이루어지기도 한다. 우체국에 가서 편지를 부치거나 시장에서 물건을 사기도 하고 여행사에 문의하여 여행계획을 세우기도 한다.

3.2.2 Pattison의 과제 유형

① 질의와 응답
정보수집이나 정보 차를 이용하는 활동이다. 질문과 응답을 통해 정보 차이를 좁히는 활동이다.

② 대화와 역할극
만들어진 대본대로 실시하거나 즉석에서 구성하여 행하는 방법이 있다. 주어진 대화를 그대로 반복하는 것보다는 학습자들에게 선택적인 참여를 보장하여 성취감을 얻도록 할 수 있다.

③ 연결
서로 관련되는 항목끼리 짝을 짓거나 전체를 완성하는 활동이다. 빙고 게임, 부분대화(split dialogue) 등이 있다.

④ 의사소통 전략
학습자들이 상황에 맞는 의사소통 전략을 고안하도록 하는 활동이다. 특정한 내용을 바꾸어 말하기(paraghrasing), 몸짓으로 표현하기, 단순화하기 등이 예가 된다.

⑤ 그림 이야기
사진이나 그림을 이용하여 하는 의사소통 활동이다.

⑥ 수수께끼와 문제 해결
수수께끼, 또는 문제를 제시하고 학습자들이 일반적인 지식이나 경험을 토대로 상상이나 추론을 하게 하는 활동이다.

⑦ 토론과 결정

학습자 스스로가 정보를 직접 수집하고 서로 정보를 교류하면서 결정을 이끌어내도록 하는 활동이다. '신도시 건설 계획 세우기' 등이 이에 해당하는 예이다.

위에서 열거한 과제들은 교사에 의해 학습자들에게 제시된다. 과제를 제시하는 방법은 학습자의 언어이해 수준, 과제 활동의 형태 등에 따라 달라질 수 있다. 첫 번째 방법은 교사가 미리 과제의 목표와 과제 수행 방법에 대해 정리한 학습 자료를 학습자들에게 나누어주고 학습자들 스스로가 과제의 수행 순서를 읽어보도록 하는 것이다. 학습자들은 그 내용에 대해 교사에게 궁금한 점을 질문할 수 있다. 두 번째 방법은 교사가 과제 수행 방법을 직접 보여주거나 실행해 보이는 것이다. 특히 게임 활동의 경우, 교사의 시범이 매우 효과적이다. 마지막으로 세 번째 방법은 시각자료를 통해 보여주는 방법이다. 비디오나 상황 묘사 사진 등을 보여주면서 과제를 이해시키는 방법이다.

다음은 가장 대표적인 과제 활동의 유형을 소개한 것이다.

⑧ 정보전달 활동(information gap activities)

이 활동은 학생들이 서로 다른 부분의 정보를 가지고 있는 상태에서 학습자 상호간에 의사소통을 통해 정보를 교환하여 종합적인 정보를 찾아내는 활동이다. 한 학생은 정보를 전달하기만 하고 다른 학생은 정보를 전달받기만 한다면 둘은 일방적인 정보 전달 방식을 사용하고 있다고 할 수 있고 두 학생이 서로 정보를 주고받는다면 둘은 쌍방향 전달 방식을, 여러 학생이 서로 간에 정보를 주고받는다면 다방향 전달 방식을 취한다고 할 수 있다. 활동이 끝난 후 학생들은 각자가 가진 정보를 제시하여 주고받은 정보의 내용이 제대로 전달되었는지를 확인할 수 있다.

예) "가방에 무엇이 있습니까?"

교사는 가방에 들어 있는 물건의 목록이 적힌 카드를 가지고 있고 3명의 학생은 각기 다른 정보가 담긴 카드를 하나씩 받는다. 학생들은 서로에게 '가방에 무엇이 있습니까?'로 대화를 하면서 가방 안에 들어 있는 물건의 목록을 완성한다.

<교사용 카드>

볼펜	수첩	지갑
화장품	휴지	책
편지	전자사전	학생증
사진	음료수	휴대전화

<학생1의 카드>

	수첩	지갑
	휴지	
편지		학생증
사진	음료수	휴대전화

<학생2의 카드>

볼펜	수첩	
화장품		책
편지	전자사전	
	음료수	휴대전화

<학생3의 카드>

볼펜		지갑
화장품	휴지	책
	전자사전	학생증
사진		

⑨ 빙고 게임(bingo games)

네모 칸의 카드를 가지고 가로, 세로, 또는 대각선으로 상대방이 불러준 것을 모두 맞추었을 때 "빙고"라고 외치며 과제 완수를 알리는 활동이다. 과제의 난이도에 따라서 교사가 요구하는 직선의 수는 하나에서 세 개까지 조절할 수 있다.

예) "몇입니까?"

아래와 같은 빙고판을 학생들에게 나누어준 후 마음대로 숫자를 1부터 16까지의 수를 쓰게 한다. 교사가 말하면 학생들은 그 내용에 맞는 숫자를 찾아 동그라미 표시를 한다. 가장 먼저 가로, 세로, 또는 대각선으로 직선을 만드는 학생이 이긴다.

<빙고판>

<교사 지시사항의 예>

> • 한쪽 손의 손가락은 몇 개입니까? (5)
> • 한국어 수업은 하루에 몇 시간 합니까? (4)
> • 외대앞 지하철 역은 몇 호선입니까? (1)

⑩ 보드 게임(board games)

숫자가 적힌 보드판과 주사위나 윷을 사용하여 하는 활동이다. 보드판에는 숫자마다 학습자가 수행해야 하는 활동이 표기되어 있고 학생들은 주사위(또는 윷)를 던져 나오는 숫자의 과제를 수행한다.

예) "이렇게 하세요"

<보드판>

1	2
3	4
5	6

<보드판의 과제>

> 1. 가족을 소개해 주세요.
> 2. 존경하는 사람이 누구입니까? 왜요?
> 3. 반 친구 중 가족이 가장 많은 사람을 찾으세요.
> 4. 맛있는 고향 요리 만드는 법을 알려 주세요.
> 5. 한국어 공부 후 계획에 대해 이야기해 주세요.
> 6. 반 친구의 고향에 대해 물어보세요.

교사는 학생들과 순서를 정한다(제비뽑기, 가위바위보, 이름순서 등의 방법으로 정할 수 있다). 학생들은 자신의 순서에 따라 앞으로 나와 주사위를 던진다. 1번이 나온 학생은 자신의 가족을 소개한다.

3.3 현장 적용시 유의점

과제 중심 교수법은 학습자가 학습 과정의 주체로 활동하는 언어학습법이다. 따라서 학습자의 능동적인 참여가 필수적으로 요구된다. 이에 따라 교사는 학생이 학습 과정에서 능동적으로 참여하도록 유도해야 한다. 또한 교사는 학습자들의 관심과 필요에 맞으면서도 실제적이고 교육적인 목적을 반영하는 과제를 구성할 수 있어야 한다. 이를 위해서는 학습자를 대상으로 한 요구분석 등이 선행되어야 하며 학습자의 개인차를 파악하는 작업이 필요하다. 무엇보다 학습자들이 상호간의 의사소통 과정에서 많은 양의 언어 연습이 이루어질 수 있도록 이끌어주는 것이 중요하다.

4. 한국어교육에서의 적용

4.1 과제 중심 교수법을 적용한 수업 모형

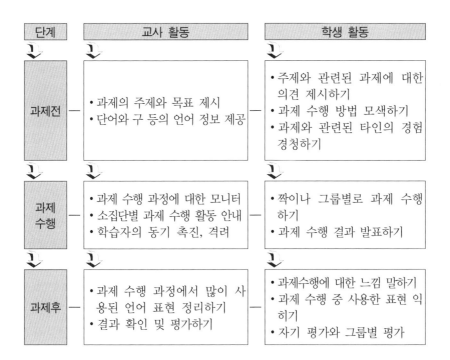

단계	교사 활동	학생 활동
과제전	• 과제의 주제와 목표 제시 • 단어와 구 등의 언어 정보 제공	• 주제와 관련된 과제에 대한 의견 제시하기 • 과제 수행 방법 모색하기 • 과제와 관련된 타인의 경험 경청하기
과제 수행	• 과제 수행 과정에 대한 모니터 • 소집단별 과제 수행 활동 안내 • 학습자의 동기 촉진, 격려	• 짝이나 그룹별로 과제 수행하기 • 과제 수행 결과 발표하기
과제후	• 과제 수행 과정에서 많이 사용된 언어 표현 정리하기 • 결과 확인 및 평가하기	• 과제수행에 대한 느낌 말하기 • 과제 수행 중 사용한 표현 익히기 • 자기 평가와 그룹별 평가

4.2 과제 중심 교수법을 적용한 지도안

학습 목표	여러 가지 사물 명사를 사용하여 존재유무를 말할 수 있다.
주요 학습 내용	1) 문형 : (장소)에, -이/가 있다, -이/가 없다 2) 어휘 : 가방, 볼펜, 수첩, 지갑, 화장품, 휴지, 책, 편지, 　　　　전자사전, 학생증, 사진, 음료수, 휴대전화
학습자 정보	초급, 6명
수업 소요 시간	50분

(교사 : T, 학생 : S)

단계 (시간)	과정	교수·학습 활동	유의점	준비물
과제 전 (15분)	인사	T:　안녕하세요? S:　네, 안녕하세요?	학습자들의 시선을 모으 는 것이 중 요하다.	어휘 카드
	복습 을 통한 유도	교사는 학습자들이 이미 배운 단어로 만든 단어 카드를 하나씩 제시하며 과제 수행을 위한 어휘 복습을 실시한다. T:　('가방'카드를 보여주며)이것이 무엇입니까? S:　가방입니다. T:　네, 가방입니다. 교사는 과제에 사용할 '가방, 볼펜, 수첩, 지갑, 화 장품, 휴지, 책, 편지, 전자사전, 학생증, 사진, 음 료수, 휴대전화'를 모두 같은 방식으로 복습하며 의미를 상기시킨다.		
	과제 활동 제시	T:　이것은 가방입니다. 가방이 무겁습니다. (동 　　작으로 보여주면서). 가방 안에 무엇이 있습 　　니까? 여러분은 알아요? S:　모릅니다. T:　저는 압니다.(이때 교사는 교사용 빙고판을 　　보여준다)	시선집중! 몸동작은 크 고 분명하게 해야 한다.	빙고판

1	2	3	4
5	6	7	8
9	10	11	12

이 가방 안에 하나, 둘, 셋, 넷…. 열두 개가 있습니다. 하지만 여러분은 모릅니다. 그래서 제가 여러분한테 힌트를 줍니다.

교사는 학생용 빙고판 두 개를 보여준다.

1		
	2	

1		
	2	

T: 한 사람이 두 개를 압니다. 미키 씨는 이것과 이것을 압니다. 유리 씨는 이것과 이것을 압니다. (교사는 학생들이 서로 다른 정보를 가지고 있음을 설명해준다). 여러분은 친구한테 질문을 합니다. "가방 안에 무엇이 있습니까?" 그리고 여기에 씁니다. 누가 먼저 이 세 개를 찾습니까? 그 사람이 '빙고!'합니다.

교사는 학생들에게 마임으로 과제 수행 방법을 명시적으로 알려준다.

T: 제가 유리입니다. 저는 1, 2를 압니다. 하지만 3, 4를 모릅니다. 그래서 제가 미키한테 질문합니다. 미키 씨, 가방 안에 무엇이 있습니까? 연필이 있습니까? 연필. 에릭 씨, 가방 안에 무엇이 있습니까? 모자가 있습니까? 모자. 영수 씨, 가방 안에 무엇이 있습니까? 카메라가 있습니까? '카메라'. '빙고!'

연필	1	카메라	모자
		2	

빙고에서 만들어야 하는 직선/대각선의 수는 임의로 정할 수 있다.

과제 (25분)	pairing	교사는 학습자들이 쉽게 대화를 시작할 수 있도록 제비뽑기를 통해 첫 대화 파트너를 정해 준다.	제비뽑기용

		(이 과정에서도 학습자들이 결정 방법을 정할 수 있다.)	종이
		T: 하나 씩 뽑으세요. 에릭 씨, 무엇입니까? S: 야옹! T: 미키 씨는 무엇입니까? S: 강아지! T: 유리 씨는 무엇입니까? S: 멍멍! T: 그렇습니까? 에릭 씨와 유리 씨가 같이 합니다.	
	과제 수행	이런 식으로 대화 파트너를 찾고 학습자들은 과제 수행에 들어간다. 과제 수행이 진행되는 동안 교사는 교실을 돌아다니면서 과제 수행을 감독하고 독려한다.	
		S1: 가방 안에 무엇이 있습니까? S2: 지갑입니다. S1: 무엇이 있습니까? S2: 지갑입니다. T: 가방 안에 지갑이 있습니까? S2: 네, 지갑이 있습니다. T: 여러분, 이제 앉으세요. 누가 빙고를 했습니까?	오류수정은 학습자들사이에 의사소통이 어려운 경우에만 실시하며 학습자 스스로 교정할 수 있도록 유도한다.
	과제 수행 종료	교사는 빙고를 한 학습자를 찾아 과제 수행을 제대로 해 낸 것을 격려한다. T: 네, 미키 씨가 빙고를 했습니다. 잘 했습니다. (박수~)	
과제 후 (10분)	과제 결과 확인 하기	교사는 빈 빙고판을 준비한다. 그리고 학습자들과 함께 빙고판을 메워가며 학습자들이 바르게 수행했는지 스스로 점검할 수 있도록 한다. T: 미키 씨 가방 안에는 무엇이 있습니까? 학생들은 자신이 처음에 받은 빙고판에 있는 정	빙고판

		보를 말한다.		
		S1: 휴지와 전자 사전이 있습니다. T: 유리 씨 가방 안에는 무엇이 있습니까? S2: 화장품과 편지가 있습니다. …… 이렇게 학생들 각자가 가진 정보를 모아서 다음과 같은 빙고판을 완성한다.		
				어휘 카드
	어휘 와 표현 정리	그 후 마지막으로 수업 중에 배운 표현을 다시 복습한다. T: 여러분, 이 가방 안에 무엇이 있습니까?(교사는 단어카드를 하나씩 보여주며 대답을 유도한다.) S: 가방 안에 휴지가 있습니다. S: 편지가 있습니다. ……		
	인사	T: 잘 했습니다. 안녕히 계세요. S: 네, 안녕히 가세요.		

빙고판:

볼펜	수첩	지갑
화장품	휴지	책
편지	전자사전	학생증
사진	음료수	휴대전화

참고문헌

강덕신(1997), 우화 활용을 통한 초등학교에서의 영어지도에 관한 연구, 한국교
　　원대학교 석사학위논문.

강용구(1997), 「의사소통적 영어수업」, 보성.

고광덕(1997), 초등학교 영어수업에서 암시교수법을 적용한 실험 연구, 한국교원
　　대학교 석사학위논문.

고명균 외(2005), 한국어교육학 개론, 박이정.

권경민(2000), 동화의 Shared Reading이 초등 영어 읽기 능력과 태도에 미치는 효
　　과, 부산교육대학교 석사학위논문.

김덕기(1996), 「영어교육론」, 고려대학교 출판부.

김동군(1999), 체험활동을 통한 초등학교 영어수업에 관한 실험 탐구, 한국교원
　　대학교 석사학위논문.

김보현(2000), 초등학교 영어학습을 위한 멀티미디어 CD-ROM 코스웨어 개발에
　　관한 연구, 한국교원대학교 석사학위논문.

김선명(1999), 재즈 챈트와 동화를 활용한 초등학교 영어지도 및 학습에 관한 연
　　구, 한국교원대학교 석사학위논문.

김선미(1998), 침묵식 교수법을 응용한 초등학교 영어 음성 지도 연구, 한국교원
　　대학교 석사학위논문.

김선정 외(2005), 외국어로서의 한국어교육학, 한국방송통신대학교출판부.

김성문(2000), 초등영어교육을 위한 교수법 연구, 대구교육대학교 석사학위논문.

김성식(1997), 자연교수법을 적용한 초등학교 영어교수방법의 연구, 한국교원대
　　학교 석사학위논문.

김수미(1999), 초등학교 영어의 초기 읽기 지도방법에 관한 연구, 한국교원대학
　　교 석사학위논문.

김영선(1997), 경험수업과 설명식 수업이 학업성취와 학습태도에 미치는 효과,

한국교원대학교 석사학위논문.

김영숙(1977), 'the Silent Way 소고,' 「응용언어어학」 9.1:1-6.

김영숙 외(1999), 「영어과 교육론」, 한국문화사.

김영숙(2000), 초등학교 5학년 영어 읽기 지도방법 및 절차에 관한 연구, 한국교
        원대학교 석사학위 논문.

김영철(2000), 「초등영어 교재론」, 학문출판사.

김영희 외(1997), 「초등 영어지도 실제―노래, 첸트와 게임의 활용 연구」, 민지
        사.

김용권(1993), 중등학교에서의 의사소통을 위한 영어교육, 성균관대 교육대학원,
        석사학위논문.

김인석(1998), 멀티미디어 초등영어교수법의 이론과 실제, 「응용 언어학」, 14(2),
        177~208.

_____(1999), 제2언어 습득이론과 보편문법이론의 위상, 「외국어습득 및 교육과
        정론」, 한국문화사.

김임득(1999), 제2언어 습득 이론의 발달, 「외국어습득 및 교육과정론」, 한국문화
        사.

김재영(2000), 초등학교 영어교육에서 효과적인 어휘지도에 관한 연구, 진주교육
        대학교 석사학위논문.

김정렬(2000), 「내용, 방법 및 매체를 중심으로 본 21C 영어교육」, 홍릉 과학 출판
        사.

_____(2001), 「영어과 교수-학습 방법론」, 한국문화사.

_____(2001), 「웹기반 영어교육」, 한국문화사.

김정렬·김현주·황경호(1999), 「살아 있는 교실 영어」, 교문사.

김정표(2000), 초등영어 열린교육의 통합학습 방안에 관한 연구, 부산교육대학교
        석사학위논문.

김지민(2000), 총체적 언어 접근법을 적용한 영어 읽기 지도에 관한 연구, 한국교
        원대학교 석사학위논문.

김진우(1969), '언어학과 언어교육,' 「언어교육」 1.1:10-18.

_____(2002), 「제2어 습득연구: 현황과 전망」, 한국문화사.

김진철 외(1998), 「초등 영어교수법」, 학문출판사.

_____(1999), 「현장 수업 적용을 위한 초등 영어지도법」, 한국문화사.

김춘남(1973), Oral approach 실제 적용상의 문제점, 조선대학교 석사학위논문.

김충배(1991), 「영어교육론」, 한신문화사.

김충배·정동빈(1991),「영어교육론」, 한신문화사.

김태희(2001), 초등학생의 학습유형에 따른 통합적 경험수업이 영어학습에 미치
　　　는 영향, 한국교원대학교 석사학위논문.

김홍미(1999), 멀티미디어 CD-ROM을 활용한 초등영어의 효과적인 수업절차에
　　　관한 연구, 한국교원대학교 석사학위논문.

김환건 외(1999), 「대학교수를 위한 교수법」, 서경대 교수법연구회, 국학자료원.

나일주(1999), 「웹 기반 학습」, 교육과학사.

노은숙(1997), 「제2언어 교수이론」, 한신문화사.

류지형(1993), 전신 반응 학습활동을 통한 영어의 의사소통능력 신장방안 연구,
　　　충북대학교 석사학위논문.

문종진(1996), 우화 및 신화를 이용한 초등영어교육방안 연구, 한국교원대학교
　　　석사학위논문.

문희순(1994), Community Language Learning을 이용한 국민학교 영어지도법 연
　　　구, 한국교원대학교 석사학위논문.

박　원(1996), 「영어교육학」, 인하대 출판부.

박경수(1998), 「초등 영어교육론」, 형설출판사.

박경자 외(1994), 언어교수학, 박영사.

_____(2000), 영어교육에서 중간언어의 중요성, 「영어어문교육」, 한국영어어문
　　　교육학회.

박만선(1970), 한국에서의 기초영어 Oral approach, 고려대학교 석사학위논
　　　문.

박성애(1998), 동화 SKIT를 이용한 초등영어지도방법 연구, 한국교원대학교 석
　　　사학위논문.

박성익 · 권낙원(1989), 「수업 모형의 적용기술」, 성원사.

박수일(1972), A study of oral approach to the teaching English, 고려대학교 석사학위논문.

박영배(1998), 「수업방법탐구 : 열린 교과 교육적 접근」, 형설출판사.

박유미(1998), 초등학교에서의 영어지도를 위한 storytelling 활용에 관한 연구, 한국교원대학교 석사학위논문.

박은아(1998), 외국어 학습에 있어서 정의적 요인의 중요성과 교수법에의 적용방안, 숙명여자대학교 석사학위논문.

박의재(1989), 「영어학습 지도의 이론과 실재」, 학문사.

박이도(1996), 「모국어습득과 외국어학습」, 한국문화사.

박화목(1989), 「아동 문학 개론」, 민문교.

배두본(1997), 「초등학교 영어교육-이론과 적용」, 한국문화사.

_____(1998), 「영어교육학」, 한신문화사.

배소영(1993), 「Suggestopedia 교수방법 연구」, 경상대학교 출판부.

백영균(1999), 「웹 기반 학습 환경의 준비와 개발도구」, 원미사.

_____(1999), 「웹 기반 학습의 설계」, 양서원.

서상곤(1998), Whole Language Approach를 통한 의사소통능력 신장 연구, 군산대학교 석사학위논문.

서영란(2000), 의사소통 능력 향상을 위한 초등영어지도, 진주교육대학교 석사학위 논문.

석희선(1985), 「현대 영어교수방법과 학습 총론」, 한신문화사.

신성철 외(1987), 「영어교수법」, 한신문화사.

신성철 역(1996), 외국어교수 학습의 원리, 한신문화사.

신성철 외(1999), 「현대영어교육」, 문경출판사.

신성철 · 박의재(1994), 「영어교수법」, 한신문화사.

신용진(1982), 「교수-학습이론과 실재」, 한신문화사.

_____(1984), 「영어교수 학습이론과 실제」, 한신문화사.

_____(1994), 「영어교수 공학」, 한신문화사.

_____(1997), The whole language approach와 세가지 주용 교수법의 구문지도 비교, Foreign Language Education, 3, 21-45.

심우길(1996), 초등학교에서 동화를 이용한 영어지도 연구, 한국교원대학교 석사학위논문.

심정진(2002), 의사소통 향상을 위한 영어교수법 고찰, 중앙대 교육대학원, 석사학위논문.

안효숙(1989), 협력학습을 통한 중학교 영어과 학습 부진아의 학력향상에 관한 연구, 전북대학교 석사학위논문.

양영선·조은순(1998), 「원격 교육의 이해와 적용」, 예지각.

엄성용(2001), 자기 주도적 초등학교 영어학습을 위한 웹 페이지의 개발 및 활용, 한국교원대학교 석사학위논문.

오마리아(1996), 「놀이로 가르치는 초등학교 영어」, 홍익미디어.

오정오(1995), 초등 영어 문자 지도에 있어 Phonics 도입의 효과에 관한 실험 연구, 공주교육대학교 석사학위논문.

원성용(1998), 교실영어 활성화를 통한 듣기와 말하기 능력향상에 대한 연구, 강원대학교 석사학위논문.

원숙민(2000), 전신 반응 교수법을 통한 효과적인 초등 영어 듣기 지도방법, 진주교육대학교 석사학위논문.

유경환(1996), 의사소통 중심 영어교수법을 적용한 실험연구, 한국교원대학교 석사학위논문.

유현경(1988), Oral method와 Oral approach의 비교분석, 이화여자대학교 석사학위논문.

윤미화(1997), EFL 상황에서의 두 어휘 교수법 비교: 정의 중심 교수법과 문맥 중심 교수법, 서울대학교 석사학위논문.

윤진섭(1999), 인터넷을 활용한 중학교 영어교수-학습 사례 연구, 한국교원대학교 석사학위논문.

이경륜(1998), 열린교육에 대한 교사의 수용태도와 역할 수행에 관한 연구, 한국교원대학교 석사학위논문.

이귀염(2000), 영어이야기 들려주기를 통한 어휘인지도 비교연구, 서울교육대학교 석사학위논문.

이다미(2000), 제2언어 습득: 이론과 문제점, 「응용언어학」 16-2, 한국응용언어학회.

이보령(1999), 초등학교 영어과 열린 수업을 적용한 학습자의 자기 주도적 학습에 관한 연구, 한국교원대학교 석사학위논문.

이상금・장영희(1990), 「유아 교육론」, 교문사.

이상화(1973), Sentence pattern drill의 실험연구: Oral approach를 중심으로, 고려대학교 석사학위논문.

이성은(1994), 「총체적 언어교육: 교실적용의 이론과 실제」, 창지사.

이성은・황경의(1998), "총체적 언어학습이 초등학교 아동의 영어학습 성취와 영어불안에 미치는 효과", 「초등영어교육」, 4, 157-179.

이순희(2000), 열린 수업을 적용한 초등학교 영어교육의 효과에 관한 연구, 한국교원대학교 석사학위논문.

이승민(1998), 시청각 교수법을 적용한 초등학교 영어교수방법에 관한 연구, 한국교원대학교 석사학위논문.

이영아(2000), 초등 영어 어휘의 효과적인 지도 방안에 관한 실험 연구, 한국교원대학교 석사학위논문.

이영헌 외(2000), 「현대영어학의 이해」, 조선대 출판부.

이완기(1998), 「초등영어교육론」, 문진미디어.

_____(1999), 「초등영어지도법」, 문진미디어.

_____(2000), 「초등영어교육론」, 문진당.

이원경(1977), the Silent Way의 원리에 대한 인지적 고찰, 이화여자대학교 대학원 석사학위 논문.

이홍수 편저(1999), 「외국어습득 및 교육과정론」, 한국문화사.

이화자(1994), 「조기 영어학습자를 위한 Whole Language Approach의 효과에 관한 연구」, 한국문화사.

이홍수(1999), 「초등 영어교육론」, 한국문화사.

이희숙(1991), 조기 영어교육을 위한 아동문학 활용 연구, 「서울교육대학교 논문집
        」.

임경빈(1998), 영어 동화를 이용한 초등학교 영어지도에 있어 reading aloud 기법
        의 효과적 이용에 관한 연구, 한국교원대학교 석사학위논문.

임명식(1997), CALL 프로그램을 활용한 영어수업모형에 관한 연구, 한국교원대
        학교 석사학위논문.

임병빈(1992), 「외국어교육」, 한신문화사.

_____(1994), 「영어교육론」, 형설출판사.

장수년(2001), 초등학생의 영어교수-학습을 위한 웹 기반 설계 및 활용, 한국교원
        대학교 석사학위논문.

장신재(1996), 「영어를 어떻게 배우고 가르칠 것인가?」, 신아사.

전병만(1999), 「외국어 교육 접근방법과 교수법」, 홍익 FLT.

전영미(2000), 그림과 문자의 제시가 초등학생의 영어학습에 미치는 효과, 한국
        교원대학교 석사학위논문.

전주열(1999), 초등학교 영어교육을 위한 직접식 교수법 적용실험 연구, 한국교
        원대학교 석사학위논문.

정동빈(1991), 「영어교육론」, 한신문화사.

_____(1992), 「심리언어학」, 중앙대학교 출판부.

_____(1999), 「조기영어교육론」, 한국문화사.

정문치(1989), 초등학교 영어특활 학습을 위한 청각구두식 방법과 전신 반응방법
        의 효과 비교, 한국교원대학교 석사학위논문.

정양수 · 김영은(2005), 「영어 교수 학습의 원리」, 한신문화사.

정운길(1974), 영어학습지도에 있어서 the Silent Way 도입에 관한 연구, 연세대
        학교 교육대학원 석사학위 논문.

정인성(1999), 「웹 기반 교수-학습 체제 설계 모형」, 교육과학사.

정정섭(1982), 「외국어 교육의 기초와 실천」, 동원출판사.

정현준(1999), 인터넷을 활용한 영어 읽기 교수-학습 방안에 관한 연구, 한국교원
        대학교 석사학위논문.

조남호(2003), 한국어 학습용 어휘 선정 결과 보고서, 국립국어연구원.

조명원(1999), 외국어 학습, 교수 연구의 유형과 이론, 「외국어습득 및 교육과정론」, 한국문화사.

조명원·선규수(1992), 「외국어 교육의 기술과 원리」, 한신문화사.

조명한 외(2003), 「언어심리학」, 학지사.

조연주 외(1997), 「구성주의와 교육」, 학지사.

차용길(1977), Oral approach에 관한 연구, 고려대학교 석사학위논문.

채준기·전병쾌(1995), 「현대영어교수방법」, 형설출판사.

최길시(1998), 한국어교육의 실제, 태학사.

최수영(1996), 효과적인 영어교육을 위한 컴퓨터 보조학습 프로그램의 현장 적용 연구, 「영어교육」, 51, 177~202.

최윤석(1999), 초등 영어교육에서 역할놀이를 통한 의사소통능력 향상 방안 연구, 공주교육대학교 석사학위논문.

최윤성(2000), 초등영어교육의 스토리텔링 적용에 관한 연구, 대구교육대학교 석사학위논문.

최진황(1986), 「영어교수법 이론과 적용」, 민족 문화 문고 간행회.

_____(1997), 「초등 영어수업모형과 교실 영어」, 영탑.

하정자(1982), 無言原理에 입각한 英語와 韓國語의 教授法研究, 중앙대학교 교육대학원 석사학위논문.

한문희(1997), CD-ROM이 영어 듣기 능력에 미치는 영향, 연세대학교 석사학위논문.

한재영 외(2005), 한국어교수법, 태학사.

홍재표(1993), Silent way의 적용에 관한 실험 연구: 국민학교 4학년 학생을 대상으로, 한교원대학교 석사학위논문.

홍현자(2000), 소집단 활동을 통한 과제 중심의 초등학교 영어수업에 관한 연구, 한국교원대학교 석사학위논문.

황영숙(1975), 영어교수법으로서의 The Silent Way, 경북대학교 교육대학원 석사학위 논문.

황윤한(1999), 교수-학습 이론으로서의 구성주의, 한국교원대학교 초등교육연구
　　　소 편, 「구성주의와 교과교육」(pp, 39~96), 문음사.

황적륜(1984), 「영어교수법」, 신아사.

황종배(2004), 「제2언어 습득론개관」, 경진문화사.

河野 美抄子(2004), 日本語教授法, 東京法令出版.

鎌田 修 外(2000), 日本語教授法, 凡人社.

竹田惠子(1987), TPRを利用した初級日本語教育, 日本語教育63号.

田中 望(1999), 日本語教育の方法, 大修館書店.

教授法入門(1996), 國際交流基金, 凡人社.

やさしい日本語指導 9(1999), 國際日本語研修協會.

Alessi, S., & Trollip, B.(1985), *Computer-based instruction, Englewood Cliffs*, NJ:
　　　Prentice-Hall, Inc.

All wright, R. L.(1979), The importance of interaction in classroom language
　　　learning. *Applied Linguistics, 5*(2).

Asher, J. & Price, B. S.(1967), The learning strategy of the total physical response:
　　　Some age differences, *Child Development*, 38, 119-127.

Asher, J.(1965), The strategy of the total physical response: An application to
　　　learning Russian, *International Review of Applied Linguistics*, 3, 291-300.

_____(1966), The Learning strategy of the total physical response: A review,
　　　Modern Language Journal, 50, 79-84.

_____(1969), The total physical response approach to second language learning,
　　　Modern Language Journal, 56, 130-139.

_____(1977), *Learning another Language Through Actions*: The Complete
　　　Teacher's Guide Book, Los Gatos, CA: Sky Oaks Productions.

_____(1981a), The extinction of second language learning in American schools:
　　　An intervention model, in H. Winitz (Ed.), *The Comprehension Approach to*

Foreign Language Instruction(pp. 49-68), Rowley, Mass.: Newbury House.

_____(1981b), The fear of foreign language, *Psychology Today, 15*(8), 52-59.

_____(1982), Total Physical Response Approach, *Inovative Approaches to Second Language Learning*, R.W.Blair(ed.), Newbury House; Mass.

_____(1997), Learning Another Language through Actions. The complete teacher's guidebook. Los Gatos, Cal: Sky Oaks Productions.

Asher, J., Kusudo, J. A. & De La Torre, R.(1974), Learning a second language through commands: the second field test, *Modern Language Journal*, 58, 24-32.

Ausubel, D. A.(1968), *Educational psychology : A cognitive view*, New York: Holt, Rinehart & Winstion.

Bancroft, W. J.(1972), The psychology of suggestopedia or learning without stress, *The Educational Courier*, Feb., 16-19.

Bank, A., & Hernerson, M.(1989), *A practical guide to program planning: A teaching models approach*, Englewood Cliffs, NJ: Prentice-Hall, Inc.

Bartoli, Cecilia(1979), *Booklet of Exercises for English the Silent Way, a Video Program By Caleb Gattegno*, New York : Educational Solutions.

Bialystok, E.(1978), A theoretical model of second language learning. *Language Learning*, 28 : 69-84.

Billows, F. L(1961), *The Techniques of Language Teaching*. London: Longman.

Bloomfield, K.(1993), *Language*, New York : Holt.

Books, N.(1964), *Language and Language Learning: Theory and Practice* (2nd ed.), New york: harcourt Brace.

Breen, M. & Candlin, M. N.(1980), The essentials of a communicative curriculum in language teaching, *Applied Linguistics*, 1(2), 89-112.

Breen, M. P.(1987), Learner contributions to task design, In C. Candlin & Murphy (Eds), *Language learning tasks*, Englewood Cliffs, NJ: Prentice-Hall.

Brown, H. D.(1973), Affective variables in second language acquisition, *Language*

Learning 23: 231-244.

_____(1994), *Principles of language learning and teaching*(3rd ed.), NL: Prentice-Hall.

_____(1994), *Teaching by principles*, Englewood Cliffs. NJ : Prentice Hall Regents.

_____(2000), *Principles of language and teaching* (4th ed.), 이흥수 외 역 (2001), 「외국어 학습·교수의 원리」, Longman.

_____(2001), *Teaching by Principles : An Interactive Approach to Language Pedagogy*, Addison Wesley Longman, Inc.

Brown, R.(1973), *A first language : The early stages*, Harmondsworth : Penguin Books.

Brumfit, C. J. & Johnson, K. (Eds.)(1979), *The Communicative Approach to Language Teaching*, Oxford: Oxford University Press.

Brunner, J.(1966), *On Knowing: Essays for the Left Hand*, New York: Atheneum.

Byrne, F. L.(1976), *Teaching Oral English*, London: Longman.

Cameron, L.(2001), *Teaching languages to young learners*, Cambridge, UK: Cambridge University Press.

Canale, N. & Swain, M.(1980), Theoretical bases of communicative approaches to second language teaching and testing. Applied Linguistics, 1 : 1-47.

Candlin, C. N., & Murphy, J. (Eds).(1987), *Language learning tasks*, Englewood Cliffs NJ: Prentice-Hall.

Carroll, J. & S. Sapon(1959), *Modern Language Aptitude Test*, New York: The Psychological Corporation.

Carroll, J.(1965), *The prediction of success in intensive foreign language training*, New York: Wiley.

_____(1966), *The contributions of psychological theory and educational research to the teaching of foreign languages*, New York: McGraw-Hill.

Chastain, K.(1971), *The Developement of modern language skills: Theory to practice*, Philadelphia: Center for Curriculum Development.

_____(1976), *Developing Second language skills: theory to practice* (2nd ed.), Chicago: Rand McNally.

Chomsky, N.(1959), *Syntactic structures*, The Hague: Mouton.

_____(1965), *Aspects of the theory of syntax*, Cambridge, MA: The MIT Press.

_____(1981), Principles and parameters in syntactic theory, in Hornstein & Lightfoot (eds.) (1981).

_____(1986), *Barriers*, Cambridge, MA: MIT Press.

Cunningham, P.(1992), What kind of phonics instruction will we have? In C. Kinzer & D. Leu(Eds.), *Literacy research, theory, and practice: view from many perspectives*, Chicago: National reading conference.

Curran, C. A.(1972), *Counseling-Learning in Second Languages*, Apple River : Illinois, Apple River Press.

_____(1976), *Counseling-Learning in Second Languages*, Apple River, IL.: Apple River Press.

_____(1976), *Counseling-Learning: A Whole-person Model for Education*, New York: Grune and Stratton.

Curtis, Rhoda p. (1979), *Acompanion of Six Major Methodologies in the Teaching of Englush as a Second or Foreign Language*, unpublished.

Davies, M.(1989), *An experiential approach to outdoor/social education with EFL students*, Bell Educational Trust, Cambridge.

Davies, P., Roberts, J. & Rossner, R.(1975), *Situational Lesson Plans*, Mexico city: Macmillan.

Diane Larsen-Freeman, D.(2000), Techniques and Principles in Language Teaching. Oxford University Press.

Diller, K.(1971), *Generative grammar, structural linguists, and language teaching*, Rowley, Mass: Newbury House.

_____(1978), *The language teaching controversy*, Rowley, Mass: Newbury House.

Doughty, C., & Pica, T.(1986), Information gap tasks: An aid to second language acquistion? *TESOL Quarterly*, 20(2), 305-325.

Duchastel, P.(1990), Examining cognitive processing in hypermedia usage, *Hypermedia*, 2(3), 221-233.

Dulay, H. & M. Burt.(1973), 'Should we teach children syntax?' *Language Learning* 23 : 245-58

_____(1974), Natural sequences in child second language acquisition. *Language Learning* 24 : 37-53.

_____(1977), Remarks on creativity in language acquisition, in M. Burt & M. Finocchiaro (eds.), *On TESOL '75*, TESOL.

Easy Korean 1(2004), 한국어교육문화원.

Eckman, F.(1997), Markedness and the Contrastive Analysis Hypothesis, *Language Learning* 27 : 315-30.

Edelsky, C., Altwergel, B. & Flores, B.(1991), *Whole language approach: What's the difference?* Portsmouth, NH: Heinemann.

Ellis, G. & Brewster, J.(1991), *The storytelling handbook for primary teachers*, Penguin Books.

Ellis, N. C. & Beato, N. A.(1995), Psycholinguistic determinants of foreign language vocabulary learning, *Language Learning* 43(2), 559-617.

Ellis, R.(1985), *Understanding second language acquisition*, 김윤경 역(1998), 「외국어습득론」, 한국문화사.

_____(1991), *Instructed second language acquisition: Learning in the second classroom*, Cambridge, MA: Basil Blackwell.

_____(1994), *The Study of Second Language Acquisition*, Oxford University Press.

_____(1997), *Second Language Acquisition*, London: Oxford University Press.

Enger, Dale A. (1982), *Teaching English in a Korean High School* : an

Experiment, unpublished.

Eyring, J.(1991), Experiential language learning, In M. Celce-Murcia (Ed), *Teaching English as a Second or Foreign language* (pp. 346-359), Second Edition, Rowley, Mass: Newbury Haouse.

Farr, R. & Roser, N.(1979), *Teaching a child to read*, NY: Harcourt Brace Jovanovich.

Faucett, L., West, M. Palmer, H. E. & Thorndike, E. L.(1936), *The Interim Report on Vocabulary Selection for the Teaching of English as a Foreign Language*, London: P. S. King.

Finocchiaro, M., & Brumfit, C.(1983), *The functional-notional approach: From theory to practice*, New York: Oxford University Press.

Flynn, S.(1987), Contrast and construction in a Parameter-Setting model of L2 Acquisition. *Language Learning* vol. 37, No. 1.

Freeman, D. & Freeman, Y.(1988), *Whole language for second language learners*, Portsmouth, NH: Heinemann.

French, F. G.(1950), *The Teaching of English Abroad. Vol 3*, Oxford: Oxford University Press.

Fries, C. C.(1945), *Teaching and Learning English as a Foreign Language*, Ann Arbor : University of Michigan Press.

Frisby, A. W.(1957), Teaching English: Notes and Comments on Teaching English Overseas, London: Longman.

Gaston, E. T.(1968), *Music in Therapy*, New York: Macmillan.

Gattegno, C.(1963), *Teaching Foreing Language in Schools : the Silent Way*, N.Y.: Educaional Solutions.

_____(1972), *Teaching Foreign Languages in Schools: The Silent Way* (2nd ed.). New York: Educational Solutions.

_____(1976), *The Common Sense of Teaching Foreign Language*, N.Y. : Educational Solutions.

_____(1979), *English, the Silent Way: a Video Program*, N.Y.: Educational Solutions.

_____(no date), *The Silent way: an Empirical Approach*, N.Y.: Educational Solutions.

Goodman, K. & Goodman, Y.(1981), *A whole language comprehension- centered view of reading development: A position paper*, Tucson, AZ: University of Arizona, Program in Language & Literacy.

Goodman, Y.(1986), *What's whole in whole language?* Portsmouth, NH: Heinmann.

Gregg, K.(1984), Krashen's monitor and Occam's razor, *Applied Linguistics* 5: 79-100.

Hackbarth, S.(1996), *The Educational Technology Handbook: A Comprehensive Guide-Process and Products for Learning*, Englewood Cliffs, NJ: Educational Technology Publications.

Hall, E.(1978), Situational reinforcement, *TESOL Quarterly*, 12(2).

Halliday, M. A. K.(1975), *Explorations in the Functions of Language*, London: Edward Amold.

Halliday, M. A. K., McIntosh, A. & Strevens, P.(1964), *The Linguistic Sciences and Language Teaching*, London: Longman.

Harris, J.(1997), *Sample curriculum-based K-12 educational telecomputing projects, organized by activity structures.*

(http://Irs.ed.uiuc.edu/Activity-Structures/web-activity-structures.html).

Harte, J. C. & Burke, C. L.(1977), A new hypothesis for reading teacher education research: Both the teaching and learning of reading are theoretically based, in P. D. Pearson (Ed.), *Reading: Research, theory, and practice: Twenty-sixth yearbook of the National Reading Conference*, Chicago: National Reading Conference.

Hatch, E.(1983), *Psycholinguistics : a second language perspective*, Newbury House, Rowley, Mass.

Hester, R.(1970), *Teaching a living language*. New York: Harper and Row.

Hilles, S.(1986), Interlanguage and the pro-drop parameter. *Second Language Research* vol. 2, No. 1.

Hornstein & Lightfoot (eds.) (1981), *Explanations in Linguistics: The Logical Problem of Language Acquisition*, Longman.

Howatt, A. P. R.(1984), *A History of English Language Teaching*, Oxford: Oxford University Press.

Hymes, D.(1972), On communicative competence, in Pride & Holmes (eds.)(1972), *Sociolinguistics*, Penguin Books.

Johnson, P. & Pearson, D.(1984), *Teaching reading comprehension*, New York: Holt, Rinehart and Winston.

Jung, C.(1979), Psychological types. New Jersey: Princeton University Press.

Karlin, R.(1980), *Teaching elementary reading*, NY: Harcourt Brace Jovanovich.

Keenan, E. & B. Comrie.(1977), Noun phrase accessibility and Universal Grammar *Linguistic Inquiry* 8 : 63-99.

Kelly, G.(1955), *A theory of personality: The psychology of personal constructs*. NY: Norton and Company.

Koba et al.(2000), Using the Community Language Learning Approach to Cope with Language Anxiety, The Internet TESL Journal, Vol.VI, No.11, http://iteslj.org/.

Kohonen, V.(1989), Experiential language learning: second language learning as cooperative learner education. In D. Nunan(Ed), *Collaborative language learning and teaching* (pp. 14-39). Cambridge: Cambridge University Press.

Kolb, D.(1984), *Experiential learning: Experience as the source of learning and development*. Englewood Cliffs, NJ: Prentice-Hall.

Krashen, S. D. & Terrell, T.(1983), *The natural approach : Language acquisition in the classroom*, Oxford : Pergamon.

Krashen, S. D.(1977), Some issues relating to the monitor model in H. Brown, C.

Yorio, and R. Crymes (eds.). *On TESOL '77*, Washington D.C. : TESOL.

_____(1978), Individual variation in the use of monitor. In W. C. Ritchie (ed.), *Second language acquisition*, San Francisco : Academic Press.

_____(1981), *Second language acquisition and second language learning*. Oxford : Pergamon Press.

_____(1985), *Input hypothesis : Issues and implications*, London : Longman.

La Forge, P. G.(1979), "Reflection in the Context of Community Language Learning," *English Language Teaching Journal*, 33 (4), 247-254.

_____(1983), *Counseling and Culture in Second Language Acquisition*, Oxford: Pergamon.

Lado, R.(1957), *Linguistics Across Cultures : Applied Linguistics for Language Teachers*, Ann Arbor, Michigan : University of Michigan.

Larsen-Freeman, D. & M. Long(1991), *An Introduction to Second Language Acquisition research*, London. Longman Group Limited.

Larsen-Freeman, D.(1986), *Teaching and principles in language teaching*, Oxford: Oxford University Press.

Lee, W.(1968), Thoughts on contrastive linguistics in the context of language teaching, in J. Alatis (ed.) *Contrastive Linguistics and its Pedagogical Implications*, Washington, D.C. : Georgetown University.

Lewin, K.(1951), *Field theory in social science*. New York: Harper & Row.

LightBown, P. & N. Spada(1993), *How Languages are Learned*, 조일제 역(1999), 「외국어 교사를 위한 언어습득론: 옥스퍼드 지침서」, 한국문화사.

Littlewood, W.(1981), *Communicative Language Teaching*, Cambridge: Cambridge University Press.

Long, M. H.(1985), Input, interaction and second language acquisition. In S. M. Gass & C. G. Madden (eds.), Input in second language acquisition. Rowley, Mass. : Newbury House.

_____(1996), The role of the linguistic environment in second language acquisition. in W. C. Ritchie & T. K. Bhatia (eds.), *Handbook of second language acquisition*, San Diego : Academic Press.

Long, M., & Croockes, G.(1993), Units of analysis in syllabus design: The case for task, In Tasks *in pedagogical context: Integrating Theory and Practice*. Multilingual matters.

Lozanov, G.(1978), *Suggestology and Outlines of Suggestopedy*, New York: Gordon and Breach.

Mackey, W. V.(1972), *Bilingual Educationin a Binational School*, Rowley, Mass.: Newbury House.

McCallum, G. P.(1980), *101 word games*, Oxford: Oxford University Press.

McLaghlin, B.(1978), The monitor model: Some methodological considerations, *Language Learning, 28.*

_____(1987), *Theories of second language learning*, London : Edward Arnold.

McLaughlin, Barry, Rossman, Tammi, & McLeod, Beverly(1983), Second language learning: An information-processing perspective, *Language Learning* 33: 135-158.

Merrill, P., Hammins, K., Tolman, M., Christensen, L., Vincent, B., & Reynolds, P.(1996), *Computers in education*, Mass: A Simon & Schuster Company.

Miller, W.(1980), *The reading activities handbook*, NY: Holt, Rinehart and Winston.

Morgan, A.(1983), Theoretical aspects of project-based learning in higher education. *British Journal of Education Technology*, 1(14), 66-78.

Morrow, K.(1979), Communicaticve language testing: revolution or evoution, In C. Brumfit & K. Johnson (Eds.), *The communicative approach to language teaching*, London: Longman.

Moskowitz, G.(1978), *Caring and Sharing in the Foreign Language Class*, Rowley,

Mass.: Newbury House.

Moulton, W. G.(1961), Linguistics and language teaching in the United States 1940~1960, in C. Mohrmann, A. Sommerfelt & J. Whatmouth(eds.), *Trends in European and American Linguistics 1930~1960*. Urecht: Spectrum Publisher.

Nation, I. S. P.(1978), Translation and the teaching of meaning: Some techinques, *English Language Teaching Journal*, 32(3), 171-175.

_____(Ed.)(1994), *New ways in teaching Vocabulary*, Boston: Heinle & Heinle.

Nemser, W.(1971), Approximative systems of foreign language learners, *International Review of Applied Linguistics* IX : 115-23.

Newmark, L. & Reibel, D. A.(1968), Necessity and sufficiency in language learning, *International Review of Applied Linguistics*, 6(2), 145-164.

Nunan, D.(1988), *The learner-centered curriculum. Communicative Classroom*, Cambridge: Cambridge University Press.

_____(1989), *Designing Tasks for the Communicative Classroom*, Cambridge University Press.

Otto, H. & Pizillo, C.(1979), Effect of intralist similarity on kindergarten pupil's rate of word recognition and transfer, *Journal of Reading Behavior, 3.*

Paiget, J. (1970), *Genetic epistemology*. NY: Columbia University Press.

Palmer, H. E.(1912), *Principles of Language Study*, New York: World Book Co.

_____(1917), *The Scientific Study and Teaching of Languages*, Reprinted, Londn: Oxford University Press, 1968.

_____(1923), *The Oral Method of Teaching Languages*, Cambridge: Heffer.

_____(1938), *Grammar of English Words*, London: Longman.

_____(1940), *The Teaching of Oral English*, London: Longman.

Patkowski, M.(1980), Two puzzles for the acquisition of syntax in a second language, *Language Learning*, 30 : 449-472.

Pattison, B.(1964), Modern methods of language teaching, *English Language Teaching, 19*(1).

Pattison, P.(1987), Developing communication skills, Cambridge: Cambridge University Press.

Paulston, C. B. & Bruder, M. N.(1976), *Teaching English as a second language*, Cambridge, Mass: Winthrop Publishers.

Peterson, P.(1981), Ability & treatment interaction effects on children's learning in large-group and small-group approaches. American *Educational Reaserch Journal*, 18, 87-105.

Petty, W., Herold, C. & Stoll, E.(1968), The structure of the knoledhe about the teaching of vocabulary, *Cooperative Research Project, No. 3128*, Champagin, IL: National council of teachers of English.

Pimsleur, P.(1966), *Pimsleur Language Aptitude Battery*, New York: Harcourt, Brace & World.

Pittman, G.(1963), *Teaching Structural English*, Brisbane: Jacaranda.

Povey, J.(1972), Literature in TESL programs: The language and the culture, In Allen & Campbell (Eds.) *Teaching English as a Second language*, New york: McGraw-Hill Inc.

Prabhu, N. S.(1987), *Second Language pedagogy*. Oxford University Press.

Rardin, J. P., Tranel, D. D., P. L. Tirone and Green, B. D. (1988), "Education in a New Dimension." East Dubuque, IL: Counseling-Learning Publications.

Rector, Gary, Brian Berry, and Young-ro Kim(1976). *English is Fun I,II,III*, Seoul: Language Teaching Research Center.

Richards, J. C. & Rodgers, T. S.(1986), *Approaches and Methods in Language Teaching*: A description and analysis (2nd edition), Cambridge: Cambridge University Press.

_____(1995), *Approaches and Methods in Language Teaching*: A description and analysis, Cambridge University

Press.

_____(2001), Approaches and Methods in Language Teaching. Cambridge University Press.

Rivers, W.(1964), *The Psychological and the Foreign Language Teacher*, Chicago : University of Chicago Press.

_____(1972), *Speaking in many tongues*, Rowley, Mass: Newbury House.

Rogers, C.(1975), The interpersonal relationship in the facilitation of learning. In D. Read & S. Simon (Eds.), *Humanistic Education Sourcebook*. Englewood Cilffs, NJ: Prentice-Hall.

Samimy, K. K.(1989), "A Comparative Study of Teaching Japanese in the Audio-Lingual Method and the Counseling-learning Approach." The Modern Language Journal, 73 (ii), 169-177.

Sauveur, L.(1875), *Introducion to the teaching of living languages without grammar or dictionary*, New York: F. W. Christern.

Schmitt, N. & Schmitt, D.(1995), Vocabulary notebooks: theoretical underpinning and practical suggestions, *ELT Journalm, 49*(2), 133-143.

Schreck, F, & Schreck, J.(1991), Computer-Assisted Language Learing. In Celce Murcia, (Ed.), *Technology English as a Second Language or Foreign Language* (pp. 472-486). Boston, Mass: Heinle and Heinle.

Schumann, J.(1978), *The Pidginization Process : a model for second language acquisition*, Rowley, Mass. : Newbury House.

Selinker, L.(1972), *Interlanguage*, International Review of Applied Linguistics 10 : 209-31.

Shepherd, G., & Fagan, W.(1981), *Modern elementary curriculum* (6th ed.). University of Oklahoma.

Skehan, P.(1996), Second Language acquisition research and task-based instruction. In J. Wills & D. Wills (Eds.), *Challenge and Change in Language Teaching*. New York: Heinemann.

Sorenson, M.(1981), Storytelling Techniques, In L. Lamme (Ed.), *Learning to Love Literature*, USA: National Council of English.

Stanovich, K.(1991), Word recognition: Changing Perspectives, In R. BArr, M. Kmail, P. Mosenthal & P. Pearson (Eds.), *Handbook of reading research Ⅱ*, NY: Longman.

Steinberg, D.(1981), *Psycholinguistics*, 박경자 · 유석훈 역(1986), 「심리언어학」, 한신문화사.

Stephens, L.(1974), *The teacher's guide to open education.* New York: Rinerhart & Winston. Willis, J. (1996). *A Framework for task-based learning.* New York: Longman.

Stern, H. M.(1983), *Fundamental concepts of language teaching*, Oxford: Oxford University Press.

Stevick, E. W.(1969), *Memory, Meaning and Method: Some Psychological Perspectives on Language Learning*, Rowley, Mass: Newbury House Publishers.

_____(1976), *Memory, Meaning and Method: Some Psychological Perspectives on Language Learning*, Rowley, Mass: Newbury House.

_____(1980), *A Way and Ways, Rowley*, Mass: Newbury House Publishers.

_____(1982), *Teaching and learning language*, New York: Cambridge University Press.

Sundval, Herbert and Judi Keen(1976), *Manipulation of Sentence Structure with Cuisinaire Rods for Teaching of English as a Second Language*, unpublished.

Tranel, D. D.(1968), Teaching Latin with the chromachord, *The Classical Journal*, 63.

Watcyn-Jones, P.(1993), *Vocabulary Games and Activities for Teachres*, London: Penguin.

Watson, D.(1989), Defining and describing whole language, In whole language, *Elementary School Journal*, 73(2), 160-168.

Watts, S.(1995), Vocabulary instruction during reading lessons in six classrooms, *Journal of Reading Behavior, 27*, 399-424.

Wells, G.(1981), Becoming a communicator, in G. Wells et al. (eds.), *Learning through interaction : The study of interaction development*, Cambridge : Cambridge University Press.

Wendy, A. & Lisbeth, H.(1990), *Teaching English to children*, New York: Longman.

Wexler, K. & Culicover, P.(1980), *Formal Principles of Language Acquisition*, Cambridge, MA: MIT Press.

White, L.(1989), The principle of adjacency on second language acquisition: Do L2 Learners observe the subset principle?, in S. Gass & J. Schachter(eds.), *Linguistic perspectives on second language acquisition*, Dordrecht: Kluwer.

Widdowson, H. G.(1978), *Teaching Language as Communication,* Londond: Oxford University Press.

Wilkins, D. A.(1972), *Linguistics in language teaching*, London: Arnold.

_____(1976), *National Syllabuses*, Oxford: Oxford University Press.

Wode, H.(1976), Developmental sequences in naturalistic L2 acquisition. *Working Papers in Bilingualism* (Toronto), 11 : 1-31

Yopp, H. & Yopp, R.(1996), *Literature-Based Reading Activities*, NY: A Simon & Schuster Company.

Young, R.(1988), Input and interaction, *Annual Review of Applied Linguistics*, 9 : 122-134.